한국과 아시아의 미래 2040

: 세상을 변화시킬 10가지 미래 동인

Sohail Inayatullah · Lu Na **지음** | 윤기영 **옮김**

박영사

아시아 2040 개정판 서문

코로나-19와 아시아에 대한 미래적 사고

  최근 동료 중 한 명이 미래에 대한 책을 PC(Pre-COVID-19) 즉, 코로나 이전과 AC(After COVID-19)로 나눌 수 있지 않느냐는 질문을 했다. 나는 이에 대해 '아마 그럴 거야'라고 답했다. 그런데 미래학적 관점에서 보자면, 내게 질문한 동료는 미래적 사고(futures thinking)[i]와 미래예측(foresight)의 의미를 제대로 이해하지 못했던 것으로 보인다. 일반적으로 그리고 특히 이 책에서, 미래적 사고에 대한 우리 저자의 역할은 인류를 향해 다가오는 다양한 대안 미래에 대한 지도를 작성하고, 파괴적 변혁으로 인한 1차와 2차의 파급영향을 탐색하고, 선호미래를 만드는 것이다.

  코로나-19는 첫째, 미래적 사고가 모든 정부와 기업조직 및 공동체와 개인에게 핵심적인 역량이라는 것을 다시 한번 확인시켰다. 둘째, 이머징 이슈(emerging issue) 분석, 즉 영향도는 높으나 상대적으로 덜 알려준 사건의 탐색은 개인과 조직에게 미래에 대한 이해를 높이기 위한 가장 기본적 방법임도 재확인하게 했다. 셋째, 전략은 다양한 관점으로 수립해야 하는데 이를 고려한다면 미래를 단순히 관찰 가능한 현상으로만 보아서는 안 되며, 이를 심층적 인과관계의 틀로 이해해야 함을

---

i) 역자주: 미래학에서 미래는 단수인 Future가 아니라 복수인 Futures이다. 복수인 Futures가 미래를 의미하는 이유는 미래가 정해져 있지 않으며, 다양한 가능성으로 열려 있음을 분명하게 표현하기 위한 것이다.

확인시킨다. 즉, 지속적으로 변화하는 세계를 이해하기 위해서는 변화를 일으키는 원인, 그 원인에 대한 세계관, 그 세계관의 근저에 깔린 신화와 신념 및 메타포어를 심층적 인과관계로 이해해야 한다.

코로나−19는 틀림없이 아시아의 미래를 바꿀 것으로, 이 책의 본문에서 다루게 될 변화의 물결을 거세게 할 것이다. 코로나−19는 보건 영역에서 예방, 원격진단 및 이해관계자의 참여에 있어서 변혁을 강화할 것이다. SARS(중증급성호흡기증후군)가 발발한 2003년으로 돌아가 보면, 알리바바는 비즈니스 모델을 바꾸었고 온라인으로 전환했으며, 이후 알리바바의 시장지배력이 강해졌다. 이제 아시아에 코로나−19로 인해 새로운 알리바바가 다수 등장할 것으로 예상할 수 있다. 기후위기를 다룬 6장에서 논의했듯이, 위기는 사회와 경제를 파괴하거나 혹은 새로운 혁신으로 이어질 수 있다. 앞으로 세계 특히 아시아에서의 신종 감염병을 포함하여 새로운 변화를 예측하기 위한 미래예측의 제도화가 강화될 것이다. 파괴적 변화가 아시아에서 거버넌스의 성격을 바꿀 것이다. 정부는 장기 미래를 고려하여 의사결정을 하거나 전략을 택함으로써, 정책결정의 전체 과정에 대해 재고하게 될 것이다. 미래예측 체계와 제도화에 따라, 8장에서 논의된 아시아 연맹을 만드는 과정에 착수하기 위해, 장기적 관점에서 아시아는 협력해야 할 것이다.

코로나−19는 여행의 성격에도 지속적으로 영향을 미칠 것으로 보인다. 5장의 '성장지향에서 문화지향으로'에서 아시아는 경제성장만을 지향하는 것이 아니라 문화적으로 여유를 가지는 일종의 방랑과 탐험을 할 것임을 주장했다. 아시아인의 방랑은 물리적이며 사이버공간에서의 가상적일 것이다. 2020년 현재 코로나−19로 인해 국경이 봉쇄되어 있는 상황을 고려한다면, 장기적으로 보았을 때 이러한 아시아인의 방랑이 어떻게 가능할 것인지에 대한 의문이 제기될 수 있다. 장기적인 국경봉쇄는 단순히 물리적 여행을 줄이는 데 그치지 않고, 인터넷과 사이

버 공간의 여행은 더욱 활성화될 것이다. 오전 9시에서 오후 6시까지의
사무실 출근, 구조화된 학습 시스템은 산업사회의 성과인데, 이는 신종
감염병의 확산으로 인해 도전을 받을 것이다. 코로나−19가 지나가면,
우리의 삶 중 일부는 이전으로 돌아가겠으나, 교육·원격근무 및 보건분
야 등은 현재 상상하기 어려울 정도로 변혁될 것이다.

코로나−19는 과거와 같은 삶의 방식, 업무 방식이 그대로 유지되
지 않을 것임을 분명하게 한다.

이 책에서는 이머징 이슈 분석과 다중인과계층분석(Causal Layered
Analysis)ⅱ)에 초점을 맞추고 있기는 하나, 다양한 미래 시나리오가 그
근간에 있다. 이머징 이슈 분석과 다중인과계층분석 등은 미래 문해력
을 높여서 미래에 대한 이해도를 높인다. 그런데 미래 시나리오는 대안
적 복수의 미래를 제시함으로써 미래가 다양한 가능성으로 열려 있다는
미래적 사고를 보장한다. 대부분의 사람은 현재의 문제는 명확하게 인
지하고, 일부의 사람은 트렌드를 인식하고, 그보다 적은 사람이 이머징
이슈를 볼 수 있다. 그런데 시나리오는 미래를 현재의 연장선을 넘어서
서 다양한 가능성을 가진 것으로 인식하도록 한다. 시나리오는 우리로
하여금 미래의 가능한 경로를 고려하도록 하게 한다.

코로나−19에 대한 나와 동료의 미래연구를 통해 4가지 미래 시나
리오를 도출했다.ⅲ) 첫 번째, "좀비 아포칼립스(Zombie Apocalypse)"
시나리오에서는 시장과 국가가 무너지고 공포와 공황이 지배한다. 두
번째, "일시 중지(The Needed Pause)" 시나리오에서는 1년 정도의 폐

ⅱ) 역자주: 이 책의 각 장에서 다중인과계층분석을 보여주고 있는데, 이에 대한 상세한
설명은 역자 서문에서 제시하겠다.

ⅲ) Soahil Inayatullah & Peter Black, "Neither A Black Swan Nor A Zombie
Apocalypse: The Futures Of A World With The Covid-19 Coronavirus," Journal of
Futures Studies, 2020.03.18. https://jfsdigital.org/2020/03/18/neither-a-black-swan-nor-a
-zombie-apocalypse-the-futures-of-a-world-with-the-covid-19-coronavirus/

쇄가 풀린 2021년 후반에 코로나 이전의 질서와 경제 시스템으로 빠른 복귀가 있을 것이다. 백신과 치료제의 개발로 세상은 다시 안전하게 되고 우리는 코로나 이전의 질서로 되돌아간다. 세 번째 시나리오는 "보건 체계에 대한 세계적 각성(Global Health Awakening)"이다. 이 시나리오에서 코로나−19의 위기는 정밀의료(Precision), 예방적 의료(Prevention), 의료의 개인화(Personalization), 의료의 파트너십(Partnership)과 참여(Participation)의 5P 보건 모델을 이끌어 낸다. 이를 통해 직주일체, 즉 주거공간과 일하는 공간이 하나가 됨으로써 다양한 이익이 확보될 것이다. 이는 청정한 하늘과 도시, 유연근무와 여유로 상징될 것이다. 네 번째 시나리오는 "거대한 절망(A Great Despair)"이다. 국가 간, 지역 간 벽과 단절이 생기며 세계화는 사라지고, 변종 바이러스가 지속적으로 등장한다. 코로나−19로 인한 정치, 경제 및 사회는 후퇴하고 코로나 이전으로 돌아가지 않는다.

위의 네 개의 미래 시나리오 중 두 번째와 세 번째 시나리오가 아시아 사회가 선호하는 이상적 미래에 해당한다. 특히 세 번째 시나리오는 아시아에 새로운 동적 균형을 가져올 수 있다는 점에서 선호될 것이다. 첫 번째와 네 번째 시나리오에서는 아시아 내의 민족 국가 간, 아시아와 세계의 다른 지역 간 갈등이 높아짐에 따라 아시아의 전환을 지체하게 할 것이다.

아시아의 전환은 어떤 모습을 띠게 될까? 이 책의 본문에서 젠더 평등, 신기술, 직장과 교육 기관의 문화적 변화를 다룰 것이며, 마지막 장에서는 서양에 대해 자신감을 회복한 도약하는 아시아를 주제로 했다. 그러나 미래로의 여정은 변화할 수 있다. 아시아의 내부 모순과 외부의 충격은 디스토피아적 미래를 가져올 수 있다. 예를 들어, 테러리즘과 극단적 기후 변화는 "요새화된 아시아(Fortress Asia)"로 이어질 수 있다. 코로나−19의 변종 바이러스가 지속적으로 출현하고, 신종감염병이 주기적으로 팬데믹으로 발전하는 경우, 요새화된 아시아의 가능성을 높이고, 아시아 연맹의 가능성을 낮춘다. 경제와 자연의 내적 모순, 자본과 노동의 모순 혹은 지정학이나 고령사회로 야기된 아시아의 내적 모순은 젠더 평등과 교육 등의 아시아의 긍정적 전환을 지체시키고 그 대신 아시아의 쇠퇴의 원인이 될 것이다. 코로나-19로 인해 장기적 경기침체나 혹은 경기 후퇴가 발생하는 경우, 아시아의 내적 모순 과정이 가속화될 수 있다. 그러한 경우 기술을 이용한 감시국가와 생존경제의 결과를 낳을 것이다.

따라서 현재의 핵심 문제는 코로나-19이겠으나, 10년 후에는 새로운 신종감염병, 핵전쟁, 남북한 통일, 남아시아의 분열, 중국 내의 극적인 정치적 변화, 급진적 신재생 에너지 기술 발전, 인공지능의 발전, 국민총행복지수와 같은 새로운 기준, 기본소득 및 포스트 자본주의iv)와 같은 것이 새로운 현안이 될 수 있다.

오늘날의 긴급한 현안에 대해 인지하고 있지 않은 것은 아니다. 이 책에서 풀어낸 미래적 사고는 독자로 하여금 장기적인 시각 틀을 가지고 정책과 전략을 볼 수 있도록 한다. 먼 미래에 대한 상상과 전망은 현재로서는 불가능할 것 같은 꿈으로 보일 수도 있다. 그러나 과거의 미래이며, 현재의 과거는 불가능할 것 같았던 미래가 달성된 것임을 잊지 말아야 한다. 미래적 사고는 새로운 미래를 탐색하고, 대안적 미래를 상상하며, 선호 미래를 만들기 위해 구조화된 방법을 사용함으로써 정책과 전략을 전환하게 한다. 이는 정부와 기업의 의사결정권자뿐만 아니라 지역 공동체와 개인에게도 필요하다.

---

iv) 역자주: 본문에서는 Spiritual Transformation으로 쓰여 있다. 이는 9장의 포스트 자본주의와 같은 내용으로 독자가 '영적'이라는 단어를 오해하는 것을 막기 위해 '포스트 자본주의'로 번역했다. 여기서 영적이라고 함은 종교적인 의미가 아님을 굳이 강조하겠다.

필자가 희망하고 기술한 미래가 한국의 많은 독자에게 공유되길 바란다. 이 책에서 다룬 다양한 대안 미래와 가능성에 대해서도 한국의 독자가 고민하고 생각하길 기대한다. 이를 통해 선호미래를 달성하고, 회피하고자 하는 미래에 대한 회복 탄력성을 키울 수 있기 때문이다.

우리 저자는 이 책의 역자인 윤기영 교수에게 특별한 감사를 드린다. 그리고 이 책의 한국어출간을 가능하게 해준 박영사 이영조 팀장, 이현진 선생에게 깊은 감사를 드린다. 이 책이 변화의 물결을 타고 한국이 새로운 아시아를 만드는 데 도움이 되기를 바란다.

2020. 06.

소하일 이나야툴라(Sohail Inayatullah)와 루나(Lu Na)

역자 서문

미래학자로서 세계미래학의 석학인 이나야툴라 교수의 책을 번역하여 우리나라 독자에게 소개할 수 있는 것은 개인적인 영광에 그치지 않는다. 그의 책을 굳이 번역하겠다는 욕심을 낸 이유는 그가 미래학에서 세계적 석학이기 때문인 것만은 아니다.

이 책은 한국사회가 포함된 동남아시아를 이해할 수 있는 틀을 제공하여 우리 정부의 신남방전략의 방향성을 정하거나 아시아에서 비즈니스 전략을 수립하는 데 있어서 실질적 도움이 될 수 있다. 세계질서가 다극화되고 있는 현재, 한국사회는 거대전략(grand strategy)을 고민해야 할 시점이다. 또한 이 책은 맥락적 미래를 전망할 수 있도록 하는 다중인과계층분석(Causal Layered Analysis)을 이용하여 현재를 분석하고 미래를 전망했다. 이나야툴라가 고안한 방법론인 다중인과계층분석은 다수의 이해관계자가 미래에 대해 사회적 합의를 할 수 있도록 한다. 이 책을 통해 독자가 미래학과 다중인과계층분석을 이해할 수 있기를 바란다. 마지막으로 이 책은 한국사회가 안고 있는 현재의 문제를 미래학의 시각으로 풀어내는 데 도움이 될 것으로 판단했다. 역사학이 현재의 문제를 과거의 시각으로 돌아보는 것이라면, 미래학은 추상적 미래에 대한 탐색에 그치는 것이 아니라, 미래라는 시각으로 현재의 문제에 관한 대안을 찾고자 하는 것이다.

-9-

위에 책을 번역한 이유를 개략적으로 세 가지를 들었는데, 이를 각각 상세하게 설명하여 독자의 이해를 구하겠다. 이 세 가지 이유는 독자가 이 책을 사거나, 빌리거나, 혹은 서점의 서가에서 삼매경에 들어 읽어야 할 이유이기도 하다.

첫 번째, 신남방전략의 거대 전략을 수립하려 하거나 혹은 아시아를 대상으로 비즈니스 전략을 수립하려는 독자는 이 책을 읽어야 한다. 이나야툴라 교수는 아시아 출신으로 한국, 중국, 인도, 일본, 대만, 태국, 말레이시아, 브루나이를 포함하여 세계 전역에서 미래전략 자문을 수행했다. 이 책은 동남아시아의 다양한 사례와 미래에 대한 전망을 풍부하게 담고 있다. 세계질서가 미국 중심의 단극적 질서에서 다극적 질서로 전환하는 현재, 한국사회의 생존과 성장을 위해서는 신남방전략, 신북방전략, 신아프리카전략 및 신중동전략과 같은 거대 전략을 고민해야 한다. 한국사회가 속한 아시아를 중심으로 아시아연맹의 결성을 주도적으로 진행해야 하며, 기후위기에 따른 에너지위기와 식량위기에 대응하기 위해 신북방전략을 고민해야 하며, 신아프리카전략으로 21세기 하반기에 대비해야 하며, 신중동전략으로 국제적 균형과 화폐전쟁 등에 대비해야 한다.

이 책은 아시아와 아시아인을 중심으로 미래를 전망한 것으로, 아시아를 잘 이해할 수 있는 기회를 준다. 역자는 이 책을 번역하면서 아시아에 속한 다수의 나라를 보다 잘 이해할 수 있게 되었다. 그들의 현재의 문제와 미래에 대한 희망을 읽을 수 있었다. 아시아에 진출하고 신남방전략을 수립하려는 독자는 이 책을 반드시 읽어야 한다. 아시아의 역사와 현재 및 미래에 대해 충분한 지식을 가지고 있는 독자라면 이 책을 통해 그 지식과 이해를 심화시킬 수 있을 것이다.

두 번째, 미래를 체계적으로 이해하려는 독자는 이 책을 읽어야 한다. 미래는 맥락적이다. 시간과 공간이 의미에 영향을 미친다. 따라서 서구의 미래와 동양의 미래가 같을 수 없다. 같은 미래라 하더라도 서구의 미래에 대한 해석과 동양의 미래에 대한 해석이 같을 수 없다. 한국의 미래는 한국사회에 속한 시민의 주체적 시각과 한국이 처한 공간과 시간에 의해서 해석되고 전망되며 만들어져야 한다. 인류 차원의 미래를 전망하는 경우 민족, 국가 및 지역차원의 다양한 시각을 이해하고 전망하는 것이 필요하다.

그런데 이나야툴라 교수의 다중인과계층분석은 이에 필요한 시각틀을 제공한다. 파키스탄계 미국인인 그는 다양한 문화를 체험하여 다양한 문화와 이해관계 속에서 미래를 전망하는 방법을 제공했다. 그의 분석방법은 한국사회의 맥락적 미래를 전망하고, 사회적 합의에 따른 미래를 만드는 방법이다. 그의 다중인과계층분석은 사회적 현상, 사회적 원인, 세계관, 메타포어의 4층의 인과구조로 분석한다. 신문 등에 현상이 나타나고, 이의 사회적 원인이 분석되는데, 이 원인의 이면에는 일정한 세계관이 자리를 잡고 있다. 그리고 더 심층적으로 들어가면 우리의 무의식이 존재하는데, 이를 메타포어로 상징적으로 표현하거나 신화로 나타낼 수 있다. 이러한 인과계층분석은 토마스 쿤의 과학적 진실과 이론의 상대성과 유동성에 기반을 두며, 포스트 모더니즘 중의 하나인 탈구조주의적 접근을 할 수 있도록 하며, 우리의 인식구조의 틀을 전환할 기회를 준다.

[그림] 다중인과계층분석 구조도

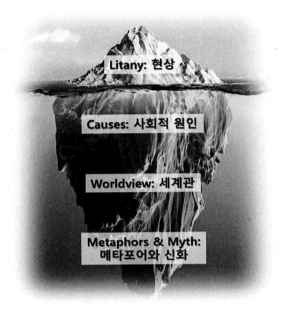

    다중인과계층분석이 낯선 독자를 위해 다음 쪽에 한국사회의 초저
출산을 사례로 제시했다. 한국사회의 2020년 합계 출산율은 0.84로 낮
아졌고, 2021년 0.7대 중반으로 낮아질 것인데, 세대에 따라 남녀에 따
라, 정부와 개인에 따라 인과계층분석이 다를 수 있다. 여기서는 다중인
과계층분석의 이해를 위한 것이므로 세대 간 다중인과계층분석으로 단
순화하였다.

〈표〉저출산 혹은 인구규모의 조정에 대한 다중인과계층분석

구분	X세대	Y세대
현상	• 초저출산	• 인구 규모의 조정
사회적 원인	• 늦은 결혼 • 결혼율 하락	• 양질의 일자리 부족 • 부동산 문제 • 여성의 육아독박
세계관	• 경제성장이 가장 중요	• 개인의 안정적 삶 우선시 • 개인의 생존을 지향
메타포어	• "한국이여 영원하라"	• "우리는 애 낳는 기계가 아니다"

위의 다중인과계층분석은 다양한 사람의 의견을 청취하여 역자의 추론으로 작성한 것으로, 실제 워크숍을 진행하면 다른 형태로 나타날 수 있으나, 큰 차이가 없을 것이다. 어떻든 위의 다중인과계층분석은 저출산을 둘러싼 세대 간의 인식차를 보여주며, 새롭게 미래를 만들 가능성을 연다는 점에 주목해야 한다. 다중인과계층분석은 다수의 이해관계자 혹은 다양한 시점으로 구성될 수 있다는 점에도 착안해야 한다. 이를 통해 우리는 현재의 문제를 미래라는 시각 틀로 사회적 합의와 대안을 모색할 수 있다.

마지막으로, 한국사회가 당면한 문제에 대한 대안을 모색하려는 독자는 이 책을 읽어야 한다. 이 책은 젠더, 가족, 권위주의 문화, 교육, 경제성장에 대한 인식 전환, 기후위기 등의 문제를 다룬다. 이는 아시아의 문제이며 한국사회가 직면한 문제다. 아시아인의 고민과 미래에 대한 전망을 이해한다면 우리 한국인은 개인, 기업, 한국사회, 아시아 및 인류사회 모두에게 더욱 타당한 대안적 미래를 모색할 수 있을 것이다. 한국사회에만 매몰된다면 우리는 '우물 안의 개구리'가 되거나, '딜레마에 빠진 수인'이 되거나, 근본적 인식의 전환을 할 수 있는 기회를 놓치게 될 것이다.

이 책을 번역하면서 인식의 전환을 화두로 삼게 되었다. 지식과 신념의 근간을 이루는 메타포어와 신화의 변혁이 필요하다는 것을 깨달았다. 그것을 패러다임의 전환이라 해도 좋고, 마인드 셋(mind set)의 변경이라 해도 좋다. 21세기 들어 인류가 당면한 것으로, 세계적 차원의 경제적 양극화의 극단적 심화, 기후위기의 가속화는 인류가 20세기의 세계관과 메타포어를 더 이상 유지할 수 없음을 보여준다. 다만 기존 질서와 이해관계 및 현실주의적 국제정치 속에서 이러한 전환은 지체되거나 뒤뚱거리거나 혹은 후퇴될 가능성 또한 있다. 절제, 균형, 경계 등이 필요한 이유다.

이 책의 한국어 번역을 요청했던 소하일 이나야툴라 교수에게 큰 고마움을 드린다. 그의 식견과 열정에 감복했다. 내가 그에게 정식으로 사사를 받지 않았으나, 그의 글과 그와의 대화를 통해 나는 많은 것을 배웠다. 이나야툴라 교수는 나에게는 이미 스승이다.

이 책의 번역 출간을 허락해준 박영사와 이영조 팀장께 큰 신세를 졌다. 이영조 팀장의 도움이 없었다면 이 책은 출간되지 못했을 것이다. 이 책의 교정과 편집을 담당한 조보나 대리, 최은혜 선생께도 감사를 드린다.

마지막으로 이 책의 독자에게도 감사를 드린다. 이 책을 사서 보실 분, 혹은 빌려서 보실 분, 서점의 서가에서 독서삼매경에 빠지실 분 혹은 인터넷 해적판으로라도 이 글을 접할 모든 분에게 큰 감사를 드린다. 이 책의 독자는 이 책을 통해 한국사회를 성장시키고, 아시아와 인류를 향한 시각을 넓히며, 개인의 세계관과 메타포어를 바꿀 기회를 열 것이다. 이 책의 독자는 나와 이 시대의 동료이다.

2021. 04.

미래학자 윤기영

목 차

서 언

저자와 책에 대한 소개

"소하일 이나야툴라(Sohail Inayatullah)"

나는 1958년 파키스탄의 라호르(Lahore)ᵛ)에서 태어났는데, 태어난 이후 내게 수십 년 동안 혼란과 문화적 단절이 있을 것임을 우리 가족 중에서 예견한 사람은 없었다. 세상은 그 자리에 머물러 있지 못하고 끊임없이 변전한다. 과거 50년간 세상은 극적으로 변했다. 나는 인디애나, 뉴욕, 이슬라마바드, 제네바, 방콕, 쿠알라룸푸르, 호놀룰루를 전전하면서 성장했다. 이러한 개인적 경험은 세계가 끊임없이 변화하고 있다는 것을 알게 해주었으며, 그 변화를 현장에서 경험할 수 있도록 해주었다. 지난 25년간 나와 나의 가족은 유럽, 아시아, 호주 등 3개 대륙에서 거주하며 직업을 얻었다. 나는 그 기간 동안 미국과 아프리카를 자주 방문했다. 이로써 나는 지구상의 5개 대륙의 문화를 모두 경험할 수 있었다. 아시아에서는 대만, 말레이시아, 브루나이의 다루살람에서 대학교수 겸 연구원으로 일했다. 그 외에도 한국, 방글라데시, 중국, 피지, 홍콩, 인도, 인도네시아, 이란, 일본, 파키스탄, 필리핀, 싱가포르, 태국, 터키 등에서 다수의 정부부처, 대학, 기업, 지역사회단체와 함께 미래와 관련한 기조연설과 워크숍을 담당했다. 2016년부터 미래에 대한

ᵛ) 역자주: 라호르는 파키스탄 펀자브주의 수도이다.

풍부하고 다양한 생각을 더욱 깊게 하기 위해, 유네스코(UNESCO)의 미래연구 의장을 맡았다. 유네스코 미래연구는 말레이시아 대학교가 주최하고 있다. 유네스코에 미래연구 의장 자리가 신설된 이유는 미래연구의 중요성이 세계적으로 인정되었기 때문이다. 이는 미래연구의 씨앗을 심고 묘목을 육성하여, 숲이라는 생태계를 구축하는 것이다. 또한 개인에게 미래예측의 영감을 일으켜, 조직과 사회의 변혁을 도와서 집단적 변화를 지속하기 위한 것이다.

내가 맡은 역할이 쉽지 않은 경우도 있었다. 그러나 나는 수십 개의 국가와 수백 개의 조직에서 미래연구를 진행하고, 그 나라에서 다양한 문화적 경험을 가질 수 있었던 데에 대해 우선 고마워한다. 이러한 경험은 다양한 문화, 언어, 국가에 걸쳐서 미래를 새롭게 볼 수 있도록 했다. 특히, 내가 이머징 이슈(emerging issue)vi)와 전환적 변혁을 인지하는 데 도움이 되었다.

이머징 이슈는 1960년대 그레이엄 몰리토(Graham Molitor)1)가 개발했고, 이후 이고르 안소프(Igor Ansoff)2)의 이머징 이슈와 아니타 힐투넨(Elina Hiltonen)3)의 미래 신호로 정교해졌으며, 나심 탈렙(Nassim Talbe)의 책인 『블랙 스완』4)을 통해 대중화되었다. 이머징 이슈는 식별 당시에는 발생 가능성이 낮으나, 발생하는 경우 상당한 영향력이 있는 미래 변화 요인을 의미한다. 이머징 이슈는 게임에서의 승자와 패자를

---

vi) 역자주: 이머징 이슈는 약한 신호(weak signal) 혹은 변화의 씨앗(seed of change)이라고도 한다. 그 신호의 강도가 낮아 감지하기 어려워서 약한 신호라 하며, 이머징 이슈가 성숙하면 미래 변화를 야기하므로 변화의 씨앗이라고 한다. 트렌드는 전형적으로 S-Curve의 형태를 지니는데, 그 시작이 이머징 이슈 혹은 약한 이슈에서 출발하여 신규 트렌드(emergent trend)를 거쳐 트렌드로 성숙한다. 트렌드는 일정 시간이 지나면 약화되거나 소멸한다. 이머징 이슈의 대표적인 사례가 일론 머스크의 우주 발사체 재활용에 대한 시도이다. 지금은 우주 발사체 재활용이 충분히 성공을 거두어 트렌드가 되었으나, 이에 대한 논의가 시작되었거나 연구가 착수될 당시에 이는 이머징 이슈에 해당한다.

바꿀 뿐만 아니라 게임의 규칙까지도 변경한다. 이들은 기존의 법칙과 흐름을 단절시킨다. 이머징 이슈는 무엇이 새로운지, 무엇이 적합하지 않은지, 무엇이 다른지 질문하여 찾을 수 있다. 이머징 이슈는 쉽게 식별될 수 있다는 점에서 매력적이다. 이머징 이슈를 분석하기 위해서는 엄밀성(rigorousness)이 요구된다. 그러나 세계를 보는 방식이 세계의 형상을 규정하는 것과 같이, 이머징 이슈는 미래학자의 편향과 세계관을 반영한다는 것을 잊지 말아야 한다.

나는 동아시아, 남아시아 및 동남아시아가 가난으로부터 탈출하여 경제적 번영을 이룩한 "위대한 상승"을 현장에서 목격했는데, 이를 통해 아시아에 대한 나의 관념이 만들어졌다. 아시아의 위대한 상승이란 선진국의 지식을 수동적으로 수용하는 과거에서 벗어나서, 이제는 창조적 아시아를 적극적으로 만들고 있음을 의미한다. 또한 과거에 대한 집착에서 벗어나, 새로운 아시아의 미래상을 지향하는 것을 포함한다. 아시아는 새로운 기회를 제공하며, 급격한 경제적 발전을 이룩하고, 전 인류를 위해 새로운 미래를 구상하는 데 있어 최적지가 될 수 있다. 나는 미래학자로서 변화를 촉진하는 역할을 수행한다. 새로운 것과 미래의 가능성을 찾는 데 초점을 둔다. 따라서 나의 시각은 새로운 것과 변화에 편향되어 있음을 고백한다.

다른 사람처럼, 나의 시각에도 약점과 맹점이 있다. 내가 가진 주요한 맹점과 약점은 아마 변화하고 있는 것에 지나치게 초점을 맞추고 있는 것일 텐데 이는 어쩔 수 없는 일이다. 1970년대 초 내가 농구 토너먼트 경기에서 고등학교를 대표하여 싱가포르를 방문했을 때였다. 당시 싱가포르는 농구 경기 후에 마약을 하는 것도 가능했고, 거리에서는 공공 섹스도 벌어졌다. 마치 서부개척시대로 들어간 것 같았다. 그런데 현재의 싱가포르는 과거의 싱가포르와는 완전히 다르다. 환경친화적 도시 설계, 강력한 법규제와 혁신은 이 도시국가의 특징이 되었다. 다른 아시아의 도시는 부가 축적되었으나, 도시 내 빈부격차가 심했다. 도시는 이웃 농촌 지역의 자본을 빨아들이고 공동체를 붕괴시키는 블랙홀이 되었다. 예를 들어, 쿠알라룸푸르는 매력적인 세계적 도시로 변모했으나, "나는 쇼핑한다, 고로 나는 존재한다"와 같은 주문이 이 도시를 지배하는 듯하다. 이에 대해 나는 개인적으로 정서적 불편함이 없지 않다. 싱가포르에서는 이를 현금(Cash), 고급 아파트(Condominium), 신용카드(Credit Card), 자동차(Car), 컨트리 클럽(Country Club) 등의 5C 비전이라 부른다. 대부분의 사람은 자신의 고향을 떠나 대도시로 이주하고 싶어 한다. 이러한 흐름 속에서 서남아시아의 전통적인 시골 마을인 캄풍(Kampung)이 도시와 통합되어 새로운 공동체를 형성할 수 있을까? 이런 질문이 이 책에서 탐색할 대상이다.

    이 책은, 나와 부루나이 다루살람(Brunei Darussalam)에 기반을 둔 연구자였던 루나(Lu Na)와 함께 썼다. 이 책에서 아시아의 새로운 가능성을 탐색하기 위한 10개의 상호 연결된 이머징 이슈와 이로 인한 아시아의 전환을 다루고 있다. 루나와 나는 아시아의 전통적 미래를 전환할 가능성 있는 이머징 이슈에 초점을 맞추었다. 이슈, 전환 및 미래의 신호를 탐색하고 아시아의 사회적 변화상을 전망하기 위해 세 가지 방법을 사용했다. 첫 번째는, 앞에서 이미 언급된 것으로 이머징 이슈 분석이다. 이머징 이슈는 발생 확률은 낮으나 발생하는 경우 영향력이 높은 것을 의미한다. 이때 이머징 이슈는 신뢰할 수 있는 출처로부터 도출되어야 한다. 이머징 이슈 분석과 같이 다중인과계층분석[5]을 사용했다. 다중인과계층분석은 피상적이고 현상적인 신호를 넘어서서 우리가 보다 심층적인 인과관계를 탐색할 수 있도록 한다. 이는 현상의 문제를 4계층의 인과분석을 통해 풀어낼 수 있도록 한다. 인과의 4계층은 문제의 현상적이고 공식적인 관점, 문제에 대한 시스템적 원인, 문제를 납득하게 만드는 세계관 및 그 이면에 자리 잡은 문화적이고 정서적인 메타포어와 신화로 구성된다. 문화적이고 정서적인 메타포어는 은닉된 사회적 동인이다. 그리고 다중인과계층분석은 뒤에 숨은 이 메타포어를 밝힐 수 있는 방법이다. 이를 통해 우리는 미래에 대한 질문의 이면에 자리한 근본적으로 다른 세계관을 탐색하고, 이머징 이슈와 대안적 논의를 찾을 수 있었다. 세 번째 방법은 선형적 혹은 정태적 사고방식에서 벗어나는 것이다. 특정한 문제의 의미를 이해하기 위해서는, 다양한 역사적 패턴을 적용하는 것이다. 역사에 비추어 보면 새로운 미래를 만들었던 역사적 패턴에는 순환적 패턴, 시계추와 같이 두가지 상태의 반복 및 나선과 같은 확장 패턴 등이 존재한다.

우리는 아시아 세계에서의 가족의 성격과 위상의 변화, 일과 삶의 균형, 이민으로 인한 삶의 변화 등의 이슈를 조사했다. 이들 변화를 야기하는 힘은 기후변화, 세계화 및 디지털 기술의 확산 등이다. 이러한 사건은 극적인 변화로 이어질 것임에 틀림없으나, 세계관의 근본적 변화를 얼마나 일으킬지는 분명하지 않다. 아시아에서 변화는 기존의 것을 유지한 채 그 위에 누적되는 경향을 보여주었기 때문이다. 인도에서 힌두교의 신처럼, 기존의 시스템은 폐기되지 않으며, 최근의 변화가 기존의 것 위에 누적된다.

그 이외의 이슈로는 포스트 자본주의 사회로의 이동, 아시아 연맹, 젠더 평등 혹은 탈 근대를 뛰어넘는 트랜스 모던을 창조하는 도약하는 아시아 등이 있다. 이들에 각각의 이슈가 상호 일관되며 일치하는 것은 아니다. 직장에서 '권위주의의 지배'와 같은 단일성에서 '신선한 음식 시장'과 같은 다원성으로 내러티브(narrartive)vii)가 이행할 것을 제안하는 것이다. 전자는, 소수의 사람만이 혜택을 누리는 것으로 권위주의적인

---

vii) 역자주: 여기서 내러티브는 다중인과계층분석의 신화와 메타포어를 서술적으로 기술한 것을 의미하며, '인간의 삶을 이해하는 기본 원리'이며 '인간의 자아를 구성'하는 요소로 이해한다.

직장문화다. 후자는 국가가 시장을 평등하고 안전한 경기장이 되도록 보장하여, 시장에 자유롭게 참여할 수 있도록 하는 거버넌스에 기반을 둔다.

이 책은 아시아에게 가능한 대안적 미래상에 대한 것이다. 이 책의 중요성은 아시아에 있어서 최선의 가능한 미래를 상상하는 데 있다. 이 책의 공동필자인 우리는 다가오는 변화의 물결에 대해 '기회를 최대화'하거나, '위험을 완화'하거나 혹은 '변화에 대한 적응'을 하기 위한 방법을 단순히 조언하는 자문가로 머무르기를 원치 않는다. 우리는 객관적이고 중립적인 지식의 생산자로 머무르기도, 조용한 관찰자가 되기도 원하지 않는다. 다수의 미래지향적 동료들과 미래를 만들기 위해 협력하여, 전통적인 미래상에 도전하여 새로운 대안적 미래상을 만들어가는 것이 지난 수십 년간 우리의 역할이었다. 대안적 미래상의 도출은 가능한 사회변화에 대해 민주적이고 숙의적 과정과 지혜를 기반으로 진행되어야 한다. 이 와중에, 공공영역과 민간영역의 의사결정과 전략의 수립에 있어서 심층적 미래예측(deep foresight)을 활용하는 문화와 분위기가 정착되고 있다. 이러한 과정 속에서, 미래학적 사고가 일종의 규범, 혹은 새로운 질서이거나 기본적 태도로 활용되는 심층적 미래예측으로 진화하기를 바란다. 이 책을 읽고 나서 독자가 다음 두 개의 질문을 스스로에게 물어보도록 하는 것이, 우리가 이 책을 쓴 의도이기도 하다.

- 내가 그리고 우리가 희망하는 아시아의 미래상은 무엇인가?
- 선호하는 미래를 만들기 위해 우리가 할 수 있는 최선의 방안은 무엇인가?

새로운 미래로 전환하는 것은 쉽지 않다. 더구나 선호 미래를 만드는 것은 더욱 어렵다. 게다가 사람들로 하여금 현실 세계에 대한 이해를 근본적으로 전환하도록 촉진하는 것이 우리의 역할이며, 그간 바꾸는 것이 불가능하다고 여겼던 일을 가능하게 하는 방법을 찾도록 하는 것이 우리의 역할이다. 대다수의 제도와 사회적 관행은 향후 20년간 변하지 않고 유지될 수도 있다. 혹은 그들 중 많은 것이 극단적으로 변화할 수도 있다. 이 책은 미래 변화의 지도를 제공하려고 한다. 이 책에서 한국과 아시아의 2040년까지의 변화 가능성을 알기 쉬운 마인드 맵으로 제공할 것이다. 이를 통해 한국과 아시아가 혁신과 번영을 지속하면서도 현재 세대와 미래 세대 모두가 공존할 수 있는 가능성을 높이고자 한다.

아시아인은 누구이며 아시아는 무엇인가?

아시아는 지리적 지역이자 특정한 이미지의 공간이다. 이 책은 아시아의 변화 및 동아시아, 동남아시아 및 남아시아 지역의 사회적 변화에 초점을 맞추고 있다. 남서아시아에 위치한 이란과 터키가 미래 창조적 측면에서 밀접한 관련이 있음에도 불구하고, 남서아시아에 대한 논의는 많지 않았다. 터키와 이란 모두 미래연구에 있어서 선진적 대학 교과과정과 연구기관을 갖추고 있다. 이 두 나라, 특히 이란은, 서남아시아 지역과 세계의 모습을 형성하는 데 있어서 강력한 역할을 하고 있다. 그러나 이 책은 특정 국가에 대한 연구는 아니며, 아시아 전 지역의 변화 가능성에 대한 탐색이다. 우리는 아시아 지역의 광대하고 다양한 지식을 모두 가지고 있지 않다. 다만 아시아의 여러 지역에서 생활하고 일했던 경험을 활용할 수 있을 따름이다. 따라서 우리 작업의 주된 초점은 특정 지역이나 국가가 아니며, "정상적인 것과 비정상적인 것에 대한" 인식의 근본적 변화와 관련한 문명과 인식체계에 대한 것이다.

이러한 의미에서 아시아는 고착화된 이미지가 존재한다. 지난 500년 동안 아시아에 대한 이미지는, 그것이 이국적인 것이든 혹은 불합리한 것이든 서구에 의해 형성되었다. 지난 2세기 동안 아시아에게는, 외부의 강제력에 의해, 두 가지 선택지만 있었다. 그중 하나는 진보, 개인주의, 세속주의에 초점을 맞춰 자유주의적 자본주의를 통해 발전하는 것이며, 다른 하나는 "각자가 필요에 따라, 각자의 능력에 따라"라는 노동자의 이상향을 가진 사회주의 및 공산주의를 통해 발전하는 것이다. 그런데 지난 수십 년간 제3의 대안이 개발되었다. 예를 들어, "아시아의 기적"이라고 알려진 것은 부의 새로운 모델, 개인주의, 비판적 집단주의, 국가 주도 자본주의, 새로운 형태의 민주주의로 이어졌다. 여기에 더해 발전과 개선으로 여겨지는 일련의 실험으로도 이어졌는데, 예를 들어, 부탄의 "국민총행복지수"[6]나 일본의 "국민총문화지수"가 이에 해당한다. 1980년대[7]의 일련의 미래예측은 "태평양 지역으로 권력 이동"이 있을 것으로 전망했는데, 2020년 현재, 그러한 권력 이동이 일어났다. 예를 들어, 1980년대의 전망은 중국의 GDP가 2050년에 미국의 GDP를 넘을 것이라고 전망했으나, 실제 구매력에 기초한 IMF 데이터는 2014년에 이미 중국이 미국을 넘어서 세계에서 가장 큰 경제가 되었음을 보여주었다.[8]

다수의 국가와 지역 간에 역동성이 있는 세계는 지속적으로 변화하고 있다. 아시아, 특히 동아시아는 이러한 변화의 중심이다. 예를 들어, 아시아에는 이틀에 한 번 새로운 억만장자가 등장하고 있으며, 전 세계 억만장자의 41%가 아시아에 소재한다.[9] 싱가포르는 6가구 중 1가구가 백만장자로, 세계 최고 수준의 백만장자 밀집도를 보여준다.[10] 세계 특허의 47%를 아시아가 차지하고 있으며, 특허 보유 상위 기업 10개

중 7개가 중국, 일본 및 한국 기업이다.[11] 그런데 이는 아시아가 서구를 따라잡는 것이 아니다. 중국과 인도가 전 세계 GDP의 절반 이상을 차지했던 1850년대의 세계로 되돌아가는 것이다.[12]

아시아적 맥락에서 사회를 정의하는 것은 쉬운 일이 아니다. 아시아 내의 이슬람, 힌두교, 밀교, 불교 및 유교적 전통을 불문하고 그렇다. 아시아적 맥락에서 사회란 언제나 정치, 경제 및 자연환경과 구분되어 있지 않으며, 통합된 지식의 일부에 속했다. 그것은 아시아와 아시아적인 것을 의미하는 무엇인가의 일부였다. 서구에 비해 상대적으로 빈곤한 아시아를 고려하면, 사회가 경제 및 환경과 분리된 것은 최근의 일이다. 한국의 지도자가 과거의 경제적 발전을 위한 대가[13]에 관해 언급했듯이, 서구의 "오염산업"을 기꺼이 받아들였다. 한국사회는 과거 국가의 발전을 위해 개인의 건강과 자연환경을 훼손하는 오염 산업을 수용했었다. 이는 경제적 발전이 먼저이며, 환경과 문화는 그 다음[14]이라고 주장하는 미국의 개발 우선주의자의 귀에는 달게 들렸을 것이다. 서구의 지적 전통에 있어서, 사회에 대한 또렷한 인식은 사회과학과 과학을 나누고, 그 다음 사회과학에서 경제학, 사회학, 정치학을 구분하면서 일어났다.[15] 이러한 진행은 아시아 국가에서 유래한 것이 아니다. 사회는 문화, 가치, 가족, 생활양식 및 성과와 같은 문제를 주로 다루었다. 사회와 정치, 경제 및 환경의 상호 관련성이 상당히 중요하게 여겨졌다.

지난 50년간 변화의 동력은 경제성장과 기술의 발전이었다. 이들 발전은 이어서 사회와 문화의 변화를 가져왔다. 근본적 동인은 경제와 기술이 앞선 서양을 쫓아가는 것이었다. 아직도 아시아에는 "서양이 최고"라는 이미지가 여전히 남아 있다. 지난 수십 년간 아시아의 여정은 서구를 쫓아가는 것이었다. 일본과 현재의 중국과 같은 경우에는 서구의 문물을 완전히 포용했으며, 이란의 사례에서는 서구 문물의 포용과 거부가 일종의 진자 운동처럼 양쪽을 오가는 것을 발견할 수 있다. 물질적 성공을 이룬 한국과 싱가포르의 경우에는 서구화에 대한 심층적 의문을 제기하기 시작했다. 과거 서양의 자본주의에 대해서 등을 돌렸으나, 서구화의 과정을 최근 시작한 그 이외의 아시아 국가는 여러 모델 사이에서 길을 잃은 것으로 보인다. 따라서 사회란 경제, 환경 및 지정학과는 다른 것이 분명해 보이는데, 이는 피상적 수준에서만 맞다. 보다 심층적으로 들어가면 사회, 경제, 환경 및 정치는 상호 통합되어 있고, 상호 관통하며, 연계되어 있고, 상호 형성한다.

왜 2040년인가?

이 책의 핵심 질문은 아시아의 2040년의 다양한 가능성에 대한 것이다. 그러나, 하필이면 왜 2040년인가? 우리가 미래에 대해 논의할 때, 미래의 시점은 임의적이다. 미래란 과거부터 현재까지의 추세가 지속되는 경우는 드물다. 따라서 미래의 특정 시점에 무엇이 일어날지 알 수 있는 방법은 없다. 이 책 및 다른 책에서 기술된 다수의 이머징 이슈는 미래 세계를 질적으로 변화시킬 것이다. 현재 세계와 같이, 미래의 세계도 다원적이며 다양하다. 따라서 미래에 대한 예측도 다원성과 다양성을 지녀야 한다. 동시에 우리의 과거와 현재처럼, 미래예측도 시대정신을 가져야 한다. 여기서 시대정신이란 특정 시공간에 있어서 특정 사회나 공동체의 행동을 이해할 수 있게 하는 지배적 사상과 믿음을 의미한다.

미래예측의 시점이 20년 후인 2040년이므로 상당한 불확실성이 있고, 이에 따라 변화의 깊이를 통계적으로 예측하는 것에는 문제가 있다. 예를 들어 1990년에서 2010년까지, 전 세계적인 변화는 현저했다. 그 기간 동안 소련은 해체되었으며, 인간 유전체 지도의 작성이 완료되었다. 중국과 인도가 부흥하기 시작했고 싱가포르가 선진국으로 진입했고, 디지털 시대가 시작되었다. 2000년에서 2015년까지 중국은 세계의

공장이며 글로벌 경제 강국으로 부상했다. 세계의 배후가 된 인도, 알
카에다의 부상, 아랍의 봄, 2007년과 2008년의 글로벌 금융 위기, 웹
2.0과 소셜 미디어의 영향력 증가, 일본의 성장 없는 경제, 동아시아의
전반적 부상, 4차산업혁명의 가능성이 2000년에서 2015년까지 일어났
던 일이다. 15년이나 20년의 기간은 한 사회의 생애주기에서 보면 짧은
기간이다. 그러나 과거를 돌아보면, 20년의 기간 동안 중요한 변화가 충
분히 일어날 수 있음을 알 수 있다.

　　다양한 조직, 연구기관 및 지역사회와 함께 필자들이 미래연구를
하면서, 대략 20년 후의 미래를 전망하는 것이 유용하다는 것을 알게
되었다. 20년 후의 미래는 너무 먼 미래도 아니며 너무 가까운 미래도
아니기 때문이다. 너무 먼 미래에 대한 논의는 유토피아를 지향하여 도
달할 수 없는 미래인 것처럼 보이게 만들며, 너무 가까운 미래는 전환
적 변화를 가져오기에는 너무 짧다. 다음 20년의 기간 동안 모든 것이
변화하지는 않겠지만, 무엇인가 중요한 변화가 일어날 수 있는 기간이
다. 또한 20년이라는 기간은 세대교체를 의미한다. 게다가 대부분의 사
람은 20년 후의 미래에 대해, 스스로의 이해관계 혹은 자손을 미래를
위해 관심을 가지고 있다.

　　마지막으로, 미래의 시공간은 우리로 하여금 현재에 대해 다시 생
각하게 하고 영향을 미치도록 한다. 현재는 고정된 것이 아니며, 바꿀
수 있다. 우리는 미래를 이용하여 현재를 바꿀 수 있다.

아시아의 대안적 미래

　　상대적으로 미약하나 잠재력이 높은 변화의 신호를 바탕으로 미래
를 예측하게 되는데, 미래는 언제나 불확실성이 있다는 것을 기억해야
한다. 이 책에서 제시하고 있는 미래상이 유일하며 가능한 미래상이 아

니다. 미래는 역사적 패턴과 현재의 상태에 의해 일부 영향을 받기도 하나, 또한 역사적 우연과 우리 인류의 선택에 의해서도 일부 결정된다. 그러한 의미에서, 미래를 완전히 "알 수" 없고, "예견"할 수도 없다. 다만 대안적이며 가능한 복수의 미래상을 인식하는 것은 가능하다. 가능한 대안 미래상 중에서 우리는 선호 미래를 "분석"할 수 있다.

예를 들어, 이전의 전쟁으로 촉발된 지정학적 우려, ISIS(이라크 레반트 이슬람 국가)와 연결된 소외된 집단에 의해 극적으로 증가한 테러 및 공격적인 중국과 북한은 아시아를 "요새화된 아시아" 시나리오로 쉽게 몰아갈 수 있다. 환경난민과 같은 대규모의 이주 혹은 핵전쟁과 같은 극적인 사건은 아시아를 이러한 시나리오로써 몰고 갈 수 있다. 국가는 그들 자신을 요새를 만듦으로써, 노동력, 문화 및 자본의 자유로운 이동으로부터 얻을 수 있는 혜택을 감소하게 할 수 있다. 메타포어적으로 표현하면, 이러한 시나리오는 "아시아의 만리장성(Great Wall)"으로 되돌아가는 것을 의미한다.

"쇠퇴하는 아시아"도 가능한 미래 시나리오의 하나다. 기후변화, 아시아의 경제성장 쇠퇴는 틀림없이 젠더 평등으로의 사회적 이행을 멈추게 할 것이다. 아시아 도시가 청정하고 환경친화적으로 변화할 기회도 없앨 것이다. 중국은 홍콩과 대만을 둘러싼 싸움으로 아시아의 쇠퇴를 더 심화시킬 수 있다. 북한의 핵무기로 인한 위기에 대한 퇴행적 대응은 아시아의 미래가 쇠퇴할 가능성을 증가시킬 수 있다. 북한의 위기는 국지적 분쟁을 넘어, 아시아 지역 혹은 글로벌 전쟁으로 확산될 가능성이 있다. 아시아는 부분적이어서 적대적 정치동맹으로 전락할 수 있으며, 심지어는 아시아 지역이 완전히 쇠락할 수도 있다. 이는 가능한 최악의 미래 시나리오가 될 것이다. 파키스탄과 인도가 여러 국가로 분열되면, 남아시아는 더욱 분열될 수 있다. 중국, 미얀마, 태국 및 필리핀의 무슬림 지역은 분열을 악화시킬 수 있다. 이로 인해 아시아가 통합된 지역이거나 혹은 연맹으로 발전하는 것이 아니라, "전국 시대"로 되돌아 갈 수 있다. 권위주의적 시스템이 종언을 고하는 것이 아니라, 권력 친화적 시스템으로 회귀하는 것은 일종의 진자와 같은 움직임이 될 것이다. 이는 필리핀이 수직적 관계로 되돌아가는 것과 같다. 마지막으로, 노인 인구의 증가는 혁신을 줄이고 경제 발전을 저해할 수 있다. 경제적으로 쇠퇴하는 미래를 두려워하는 개인이 소비를 줄임에 따라, 장기 불황이 일어날 수 있다. 어떻게 보면 일본의 오늘이 아시아의 내일이 될 수 있다. 이 책에서 필자가 기술하고 있는 새로운 미래상 이외에도 다른 미래상이 존재할 수 있다. 그 중에서 보다 강력하고, 많은 아시아인의 상상력을 사로잡으며, 결국 실현될 미래상이 존재할 수도 있다. 요약하면, 아시아의 가능한 미래상에 "아시아의 쇠퇴", "요새화된 아시아", "신전국시대"와 "아시아의 멸망"이 포함된다.

현실주의자는 현재 나타나고 있는 징후가 아시아의 쇠퇴 등을 보여주고 있다고 주장할 수도 있다. '지정학적 미래연구'의 연구자들은 그들의 보고서 「2040년까지의 여정」에서 다음과 같이 쓰고 있다.[16]

아시아에서 중국의 수출 경쟁력 하락이 지속되면서, 중국의 높은 실업률은 중국 지도부에게 중대한 도전이 될 것이다. 중국의 정권은 경제 하락으로부터 살아남기 위해, 권력장악을 강화하고 독재를 시도할 것이다. 그러나 중국의 지역 간 다양성은 너무 광범위하여, 중국의 독재적 중앙정권에 쉽게 굴복하지 않을 것이다. 따라서 중국은 2040년까지 혼란을 동반한 지역주의로 회귀할 것이다. 중국의 약화에 따라, 동아시아에 권력 공백이 나타날 것이다.

그리고 또 다른 미래연구자는 다음과 같이 경고했다.[17]

1970년대에 일본이 글로벌 경제 강국으로 부상한 이후, 일부의 전문가는 "아시아의 시대"가 도래할 것으로 예견했다. 이들 전문가는 미국의 영향력이 쇠퇴하고, 유럽의 불만이 고조되며, 인도-태평양 연안의 국가가 세계 정치, 경제 및 안보를 지배하게 되면서, 세계권력의 지각변동을 대비해야 한다고 주장했다. 아시아가 부상과 명성에 대한 이미지는 우리의 상상 속에 깊이 새겨졌다. 그러나 이러한 인상적인 아시아의 상승은 세계정세에 변화를 가져오지 않았으며, 앞으로도 그럴 것 같지 않다. 아시아가 세계무대에 설수록, 이로 인한 결점도 명확해졌다. 경제성장 정체, 정치적 격변 및 새로운 전쟁의 가능성 등으로 아시아 지역은 분열되어 있다. 서로 연계되어 있는 세계에 있어서, 아시아의 분열은 다른 지역으로 빠르게 전파될 수 있다.

희망보다는 두려움이 현실적이라는 것은 일종의 공리로서 받아들여진다. 그런데 미래학자이며 평화학자인 엘리스 불딩(Elise Boulding)은 이를 공리로서 받아들이고 있다는 사실 자체를 망각했다고 갈파했다.[18] 많은 면에서, 미래의 지정학적 혹은 경제적 쇠퇴에 대한 현실주의적 접근은 서구가 디스토피아에 빠져 들어간 것을 반영한다. 서구의 디스토피아의 흐름은 20세기의 유토피아적 사회 실험이 실패하고, 전체주의가 등장했으며, 1, 2차 세계대전이 유럽에서 발발한 것으로 시작되었다. 아시아가 '지정학적 미래연구'의 아시아의 쇠퇴에 대한 미래예측 시나리오와 거리를 둔 미래를 실현하려면, 아시아의 미래에 대한 상상력은 서구의 문화적 틀에서 정의한 "현실주의"와 "디스토피아 주의"에서 벗어날 필요가 있다. 아시아의 미래에 대한 질문에 답을 구하려면 아시아의 밖에서 찾아서는 안 된다. 아시아인은 자신의 상상력을 바탕으로, 아시아 내부의 동인에서 아시아의 미래를 탐색해야 한다.

이러한 상상의 변화는 수년 전 방콕에서 열린 아시아 문화의 미래에 관한 유네스코 회의에서 일어났다.[19] 그 회의에서 내려진 전반적 결론은 다음과 같다. 아시아는 현재까지 서구가 이미 사용했던 "중고" 미래를 도시, 가족, 경제 및 보건 영역에서 맹목적으로 따라왔다. 그런데 앞으로도 아시아 국가가 서구의 중고 미래를 답습하는 것을 계속 유지할 것인가? 아시아는 스스로를 혁신함으로써 탈근대를 뛰어넘는 트랜스모던(transmodern)으로 도약하거나, 대안적 근대성을 새롭게 만들어 낼 것인가? 이러한 질문은 열려있는 질문이다. 2018년에 일어난 다음의 사건은 20여 년 후의 아시아에 어떤 일이 일어날지에 대한 명확한 전조가 될 것이다.

1. 중국은 경제 성장뿐만 아니라 소프트 파워에서도 상승했다.
2. K-Pop이 전 세계적으로 인기를 얻고 있다. 2018년 당시 한국의 문화 상품 매출액은 1억 달러를 넘었는데, 이의 도움을 받아 삼성 등 한국 기술 기업의 매출은 4배 증가했다.[20]
3. 싱가포르, 말레이시아, 한국, 대만은 미래연구를 주도하고 있다.
4. 싱가포르는 현재 한국, 일본 및 말레이시아와 함께 세계에서 가장 강력한 여권(passport)을 보유하고 있다. 아시아 국가가 강력한 여권의 상위 국가로 등장한 것은 산업혁명 이후 처음이다.[21]
5. 인도네시아 대학[22]은 지속가능성에 기초한 글로벌 대학 순위 체계를 개발했다. 말레이시아 페낭(Penang) 주의 USM 대학[23]과 방글라데시의 BRAC 대학[24]은 전 세계 하위 10억의 인구에 대한 연구에 초점을 맞추었다.[25]
6. 또 다른 사례로는 남아시아와 동아시아의 시민 사회의 지도자들이 아시아의 대안적 미래에 대해 논의하기 위한 회의를 들 수 있다. 이 회의에서의 결론은 아시아가 다음과 같은 극적인 변화의 와중에 있으며, 그 이상의 변화도 가능하다는 것이었다.

- 화석연료 의존적 경제 체제에서 자연과의 조화로 이행하는 아시아의 녹색 에너지화
- 아시아는 문화적 각성의 중심에 있으며, 서구를 아시아의 미래상으로 보지 않고, 아시아 스스로의 미래상을 추구
- 아시아는 포용적이고 기부 문화가 널리 퍼져 있으며, 분권적인 지역사회를 만들어가는 과정 속에 존재

민주주의 선거와 같은 절차에만 중점을 두는 것이 아니라, 투명하고 참여적 거버넌스가 우선시 되는 지역사회, 기업 및 중소기업을 통해 역량강화가 강조되어야 한다. 많은 일이 진자운동과 같이 왕복운동한다. 시작이 있고 최적의 지점이 있으며, 다시 원 상태로 돌아간다. 다수의 지도자는 아시아가 지정학적 투쟁으로 인해 경제적 쇠퇴나 국수주의로 빠져들 최악의 시나리오가 실현될 가능성이 있을 것으로 생각할지언정, 아시아가 현재의 상태에 머물 것으로 생각하지 않는다. 이들 지도자의 선호 미래 시나리오는 봉건체제에서 공동체로 이행하는 것이다. 이를 메타포어적으로 표현하자면 '권위주의의 지배'에서 '신선식품시장'으로의 권력이동이다. 그러나 이러한 변화의 씨앗이 과연 건강하게 발아할 것인가? 그리고 그 씨앗이 계속 퍼질 것인가? 그리고 2040년에 새로운 변화의 씨앗으로 무엇이 있을까?

필자는 아시아가 중대한 근본적 변화의 와중에 있다고 판단한다. 이들 변화의 대부분은 긍정적이다. 그러나 그러한 긍정적 변화가 보장된 것이 아니다. 그 변화의 진행 중에 중대한 도전이 있을 수 있다. 그럼에도 불구하고, 선호 미래에 대한 이미지가 분명하지 않다면, 아시아의 근본적 변화를 달성하는 것은 매우 어렵다. 아시아에 대한 선호 미래의 이미지는 "새로운 아시아의 꿈"을 기획하여 현재의 의사결정과 실천에 영향을 미치는 것이며, 이를 통해 이미 중고가 된 미국과 서구 발

전 모델 대체와 전통적 아시아의 권력구조의 재편에 대한 것이다. 미래학자가 흔히 지적하는 바와 같이, 새로운 유형의 사회에 대한 정신적 이미지를 만들어 내는 역량은 그것이 변화의 유일한 동력은 아니나, 매우 중요하다. 우리는 예견하는 것, 우리가 상상하는 것, 그리고 우리의 대안 미래의 실현을 방해하는 것 등 이들 모두가 우리 인류가 만드는 것이다.

이 책은 미래의 전환적 변화를 미리 인식하기 위한 것이며, 또한 새로운 아시아를 만드는 데 도움을 주기 위한 것이다.

필자는 패트리카 켈리(Patricia Kelly) 박사, 린다 윈저(Lynda Windsor) 박사에게 이 책의 편집에 도움을 준 데 대해 감사를 드린다. 또한 이 책의 초안에 대해 통찰력과 논평을 아끼지 않은 지역 및 전 세계의 동료들에게도 또한 감사를 표하고 싶다.

브루나이 다루살람, 파키스탄 이슬라마바드, 터키 이스탄불,
말레이시아 쿠알라룸푸르 및 한국의 서울에서, 2017년
소하일 이나야툴라가 루나와 함께

이머징 이슈(Emerging Issues)

제1장

새는 한쪽 날개로 날 수 없다

'터치스크린 여왕' 저우췬페이(周群飛)의 삶의 경로는 사람을 사로잡는다. 저우췬페이는 1970년 중국 중부의 후난성의 가난한 집에서 태어났다. 그는i) 어린 나이에 어머니를 여의었고, 16세에 학교를 중퇴한 후, 선전의 한 공장에 취업했다. 당시 그가 공장에서 버는 돈은 하루 1달러에 불과했다. 현재 저우췬페이는 란쓰커지(藍思科技, Lens Technology)의 설립자이자 최고경영자로, 그가 보유한 순자산은 80억 달러 이상이다. 그는 이제 대중으로부터 사랑받는 신데렐라의 화신26)이 되었다. 중국에서는 가장 부유한 여성으로, 세계적으로는 자수성가한 여성으로 존경과 사랑을 받고 있다.

후난성에서 대만 협곡을 건너면, 또 다른 자수성가한 여성 차이잉원(蔡英文)을 만날 수 있다. 여성이 사업가 혹은 정치인이라면, 아버지나 혹은 남편의 사업 혹은 정치를 이어받은 경우가 대부분이었다. 그런데 저우췬페이와 같이 차이잉원은 자수성가했다. 그는 대학교수와 컨설턴트에서 공무원과 정치인으로, 정치인에서 장관으로, 마침내 대만의 총통이 되었다. 그는 대만에서 최초의 여성 총통, 최초의 대만 객가인

---

i) 역자주: 우리말은 성을 명확하게 구분하지 않는다. '그'라는 3인칭 대명사는 영어의 he와 she를 모두 포함한다. 젠더의 시각으로 보았을 때, 우리말 '그'는 아름답다. 따라서 영어 she와 he를 여기서는 '그는', 목적격인 him과 her를 '그를', 소유격인 his와 her를 '그의'로 번역했다.

출신 총통, 최초의 미혼 총통이다.

아시아에서는 성공적인 여성 사업가가 지속적으로 등장했다. 제국을 지배했던 여성도 있었다. 그러나 아시아에서의 최근 여성의 부상은 과거 역사에 비추어보면 예외적이다. 과거 여성의 지위 상승은 개인적 성취에 불과했다. 그러나 21세기의 그것은 집단적 수준에서 일어나고 있다. 여성 할당제를 택한 대만에서 아시아 첫 자수성가 여성 총통이 선출되었다. 대만이 아시아에서 가장 높은 성 균형적 리더십을 가지고 있으며,27) 2013년의 UN 성불평등지수에 따르면 세계에서 두 번째로 젠더 평등이 높다는 것은 놀랍지 않다.28) 더구나 중국만큼 자수성가한 여성 억만장자가 많은 나라가 없다.29) 중국의 이전 공산 체제에서의 성 평등을 촉진하기 위한 정책은, "하늘의 반"을 여성이 들고 있는 당시 공산당의 포스터가 상징적이다. 중국 공산당의 젠더 평등 촉진정책은 1990년대에 여성이 경제에 적극적으로 진입하기 위한 비옥한 토양을 만들었다.

젠더 평등을 이끌어 내는 여성의 부상과 동시에 여성의 사회적 지위 상승을 이끌어 낼 젠더 평등은, 아시아가 전적으로 남성에 의해 지배되고 있다고 하는, 서양의 시각을 바꿀 수도 있을 것이다. 그러나 아시아에서의 사회적 상황은 좀 더 복잡하다. 젠더 평등은 동남아시아에 의해 주도되고 있으며, 동아시아는 그 뒤를 따르고 있기 때문이다.

대만의 젠더 평등 상황이나 중국의 여성 억만장자의 수가 아시아에 만연한 성차별의 현상을 무시하지 못하도록 한다. 예를 들어, 중국의 경우 남성 인구는 여성보다 3천만 명이 많은데, 이러한 남녀인구 비율 불평등이 "세계에서 가장 심각하다."30)31) 이러한 추세가 지속되는 경우 2035년32) 아시아에서 남성 인구가 여성보다 6,500만 명이 많게 된다. 이러한 성비 불균형의 위험을 간과해서는 안 된다. 남녀인구 불평등 원인은 임신 중 태아 성감별과 유아살해 때문이다. 노벨상 수상자인 지우아딘 유사프자이(Ziauddin Yuosafzai)는 조국 파키스탄에서의 젠더 불평등 상황을 묘사하기 위해, "여성에 대한 이야기는 부정의, 불평등, 폭력과 착취에 대한 것"이라고 한 데서 잘 나타난다.33) 유사프자이가 파키스탄에서의 여성이 처한 상황을 서술했는데, 이는 아시아의 많은 지역과 사회에서 여성이 처한 상황과 다르지 않다.34)

> 여자아이가 태어나면 ⋯ 그의 아버지와 어머니는 기뻐하지 않는다. 여자아이가 5살이 되어, 학교에 가야 할 나이가 되어도 학교에 가지 못한다. ⋯ 그가 13살이 넘으면서부터 집안의 남성이 동반하지 않으면, 집에서 나가는 것도 금지된다. ⋯ 그가 이른바 명예규칙을 어기게 되면, 가족에 의해 명예살인을 당할 수도 있다.

이러한 상황에서 아시아의 많은 여성은 저숙련 하급 노동이나 단순 반복적 노동에 종사한다. 그것도 평생 무급인 경우도 많다. 경제적, 환경적으로 열악한 상태에서 가장 고통을 받는 사람들은 가난하고 교육을 받지 못한 여성이었다. 그러나 이러한 상황에서 아시아에서 긍정적 변화의 실마리를 찾을 수 있다.

미래에 젠더 평등이 진전될 것이라는 이머징 이슈와 미래 신호에는 무엇이 있을까? 첫째, 금융 상황이 개선됨에 따라 여성의 지위가 상승하는 경우가 나타났다. 따라서 아시아의 지역사회가 부유해지면, 젠더 평등이 개선될 것으로 기대할 수 있다. 중산층 비율이 증가하고 도시화가 진행됨에 따라, 여성의 경제적 상황과 여성에 대한 태도가 모두 변화하고 있다.

한때 딸은 가족에게 경제적 부담으로 여겨졌다. 오늘날 그 상황이 바뀌고 있다. 도시의 중산층은 아들을 결혼시키기 위해서는 아파트를 사주어야 한다고 생각하고 있다. 남자가 혼수로 아파트를 사가는 것이 당연하게 여겨지는 경우도 있다. 거주할 집이 없이 결혼하는 것을 "벌거숭이 결혼"이라고 부르고 있다. 베이징의 저널리스트인 31세의 궈후이(Guo Hui)는 다음과 같이 말하고 있다. "내게 아이가 있다면, 그 아이가 딸이었으면 한다. 아들을 키우고 분가시키는 데 적지 않은 돈이 들기 때문이다."[35]

둘째, 아시아 전역에서 출산율이 하락하고 있다. 여성의 출산 부담이 줄어듦에 따라, 여성은 사적 영역에서 공적 영역으로 진출할 수 있는 기회를 얻었다. 인공자궁과 같은 미래기술은 현재의 생물학적 분만을 사라지게 만들 수 있다. 출생률 하락은, 일본과 같이 남자가 집에서 유일하게 수입이 있을 것으로 기대되는 상황에서 일어날 수 있다. 이러한 상황에서는 결혼을 하고 난 이후에도 남성이 가정을 챙길 수 있는 시간이 거의 없기 때문이다. 직장에 들어간 여성도 장시간 근무를 하는 경우가 흔하다. 이들 여성이 결혼을 하고, 이후 직장에 복귀하려고 하더라도 "경력 단절"로 적절한 일자리를 찾기가 어렵게 된다.[36] 일본은 이미 저출산과 저소비의 악순환에 빠졌으며, "과거 5년간 수조 달러의 국내총생산 하락과 인구 일백만의 감소"로 이어졌다.[37]

셋째, 아시아에서 여성의 자산과 소득이 증가하고 있다. 이러한 현상이 지속되면, 아시아에서 젠더 평등은 충분히 달성 가능하다. 아시아 여성은 "자수성가한 여성의 경우 결혼이나 상속으로 부를 얻은 여성과 비교하면, 재정과 관련한 지식을 충분히 가지면서 자신감을 키웠다."[38] 최근 연구에 따르면, "아시아 여성 투자자가 여러 면에서 미국의 여성 투자자를 앞섰다. 아시아 지역 여성 투자자는 전반적으로 신뢰와 참여 수준, 위험에 대한 수용과 인내 및 금융 산업에서의 다양성 수준에서 미국 여성 투자자를 앞섰다."[39]

넷째, 아시아 여성의 교육수준이 지속적으로 높아지고 있다. 예를

들면,

통계에 따르면, 브루나이의 경우 대학졸업생의 60%를 여성이 차지하고 있다. 이는 여성이 남성보다 더 많은 교육을 받고 있음을 보여준다. 브루나이에서 여성이 임원으로 승진하는 경우가 많아지며, 최근 여성 차관이 브루나이 정부역사에서 처음으로 임용되었다. 이러한 추세가 지속된다면, 브루나이에서 여성이 가정의 주요 수입원이 될 것이다.[40]

여성에 대한 교육 수준이 높아짐에 따라, 여성 차별에 대한 "과거의 태도가 무색하게 되는" 것처럼 보인다. "청년이 더 많은 교육을 받는다면, 부모와 조부무의 기대에 반하여 젠더 불평등의 전통에서 쉽게 벗어날 수 있다."[41]

그리고 교육에 대한 집중도가 높아짐에 따라, 여성은 컴퓨터 공학과 같은 전문직종에 진입하는 경우가 늘어나고 이에 따라 경영과 기술에서도 그 역량이 증가하고 있다.[42]

다섯째, 아시아의 여러 곳에서 진행된 워크숍에서,[43] 여성의 사회적 지위 상승이 개인의 선호 미래로 나타났다는 점이다. 아시아의 대표적 미래학자인 메이메이 송(Mei-Mei Song) 교수가 다음과 같은 글을 썼다.[44]

아시아에서 여성의 권한이 상승할 것으로 전망되었다. … 여성의 강화된 목소리는 높이 평가되고 있으며, 이에 따라 많은 소외계층의 목소리를 경청하지 못하고 있는 상황도 바뀔 것으로 기대되고 있다. 다양한 분야에서 여성의 리더십은 모든 종류의 문제에 있어서 인본주의적 결정을 내리는 데 상당히 큰 긍정적 영향을 줄 것으로 여겨지고 있다.

2012년의 또 다른 행사에서, 「미래 아태지역 여성의 필요사항」으로서 다음과 같은 5개의 공식적인 활동영역이 확인되었으며, 이를 나열하면 다음과 같다. (1) 여성 노동자의 권리 제고(정부의 여성 노동자 지원, 기업의 여성 노동자에 대한 책임 제고, 여성 이주 노동자의 보호), (2) 평화로의 이행(분쟁에 처한 여성을 지원하고 분쟁해결 및 분쟁 이후의 지역사회에 여성의 참여를 가능하게 하는 응집력 있는 지역, 국가 및 국제 전략의 개발), (3) 분만 및 성적 권리와 건강 보호(가족 계획, 질병 예방 및 여성의 권한 제고), (4) 협력(지역 기관, 정부 및 UN 간), 마지막으로 (5) 여성 정치 기관(여성 할당제 및 여성 차별 금지법 등).[45]

이와 같은 비전이 종합되면 새로운 미래를 실현하기 위한 동력이 될 것으로 기대된다. 사회적 인식의 개선과 사회적 행동주의는 이미 긍정적 결과를 가져왔다. 예를 들면 다음과 같다.

21세기로 진입한 이래, 중국 정부는 정치, 경제, 문화 및 사회 등의 분야에서 여성의 권리를 확보할 수 있는 일련의 정책과 방안을 채택하고 있다. 중국에 문제가 없지 않으나, 이러한 노력은 여성의 발전을 촉진하고, 남녀 차별을 줄이는 데 큰 역할을 수행했다.[46]

그리고,

중국의 남자 아기에 대한 선호도는 마침내 정점에 도달할 것으로 보인다. 공식적 통계에 따르면, 지난 5년 동안 중국의 남녀 성비 불균형이 완화되었다. 저장(浙江) 대학과 런던 대학의 연구원은 중국의 3개 성의 도시와 농촌 지역에서 18세에서 39세의 남녀 212명을 인터뷰했다. 청년층 응답자는 그들의 부모 세대와는 다른 태도를 보였다. 저장 지역의 농촌 지역에 거주하는 21살의 여성의 남아에 대한 선호도는 이전 세대와 다르다. "나에게 내 아이의 성별이 중요하지 않다."라는 대답도 흔히 들을 수 있다. 인도의 학술지인 '젠더 연구'에 등재된 논문에서 연구자들은, "남아에 대한 선호도가 약화되고 있다는 증거가 연구진이 탐구했던 모든 지역에서 공통적으로 나타나고 있다. 다수의 인터뷰 대상자가 공통적으로 말한 것은 그들의 부모세대에서 남아 선호 현상이 있었으나, 그들 세대에서는 남아 선호현상이 약화되었다."고 밝혔다.47)

일본의 경우 1970년대 이후 페미니즘이 느리게 형성되었다. "현대 일본의 노동자는 남녀 평등을 위해 노력하고 있으나, 일본의 계층적이고 서열적 기업구조로 인해 젠더 평등의 진척이 느리다."48)

최근 인도의 할리우드인 볼리우드 영화인 「당갈(Dangal)」의 성공은 놀랍다. 「당갈」은 전직 레슬링 선수가 그의 딸을 레슬링 선수로 훈련시켰던 실화를 바탕으로 한 것으로, 인도의 전통적 성 역할에 대해 도전이었다. 「당갈」은 중국에서 두 번째로 많은 인기를 얻었으며, 비중국 영화이면서 할리우드에서 제작되지 않은 영화로는 가장 많은 수익을 얻었다. 「당갈」은 2017년 5월 중국에서 매출액으로 1억 달러를 돌파했다. 가장 중요한 점은 이 영화가 다양한 소셜 미디어에서 성 편견에 대한 논의를 촉발시켰다는 것이다. 여성에 대한 가부장적 한계와 이를 극복할 수 있는 잠재적인 대안, 가족의 소중함 및 부모 역할의 어려움과 같은 주제는 중국의 관객에게 큰 반향을 불러일으켰다.49)

당갈을 본 중국의 한 관객은 중국 마이크로블로깅 사이트에 다음과 같이 썼다. "아버지는 딸의 미래에 대해 진심으로 신경을 썼다. 어떤 일이 있어도 아버지는 그의 딸을 자주적이 되도록 키웠을 것이다."

또 다른 관객이 웨이보에 쓴 내용이다. "방금 영화를 보고 나왔다. 내가 말하고 싶은 것은, 그 영화가 끝나고, 영화관이 박수로 가득 찼으며, 대단한 경험이었다는 점이다."

"나는 이 영화가 단순한 남성 우월주의적 영화에 불과하다고 생각한다. 아빠는 그의 딸들에게 자신의 꿈을 강요했다. 그는 딸들이 조혼을 피하도록 하기 위해 레슬링을 가르친 것이 아니다. 그는 그의 레슬링에서의 꿈을 실현하기 위해 딸들을 가르친 것이다. 그의 딸들은 선택할 수 있는 기회가 없었다." 다른 웨이보 사용자가 쓴 글이다.

이 영화에 대해서 어떠한 해석을 하든, 영화가 만들어 낸 인기와 이 영화로 인한 논쟁의 강렬함과 정교함은 중국 내의 전통적 성 역할에서 벗어나 대안을 탐색하고자 하는 욕구를 보여준다.

여섯째, 아시아 국가는 기업 이사회의 여성 비율이 전 세계적으로 높은 순위를 차지하고 있다. 아세안(ASEAN) 지역에 속한 3개국은 여성의 이사회 진출률을 기준으로 했을 때 세계 6위 안에 들었다. 인도네시아는 2위로 41%, 필리핀 4위 40%, 태국이 38%로 세계 6위를 차지했다.[50]

글로벌 회계 컨설팅 법인인 그랜트 손튼(Grant Thornton) 유한회사의 감사 본부의 파트너 컨설턴트인 수말리 촉디아난(Sumalee Chokdianant)는 다음과 같이 말했다.

태국과 동남아시아의 많은 곳에서 여성이 고위 임원 역할을 하는 것은 드물지 않다. 아시아는 가족 중시 사회로, 여성은 가정, 특히 재정에서 항상 중요한 역할을 수행했다. 사업 영역이 성장하면서, 여성이 사업분야에서도 중요한 역할을 담당하게 되는 것은 태국에서 일종의 표준이 되었다. 태국에서 여성이 경영진에 진출하는 비율이 증가하고

있는 것은 이의 증거가 된다. 아세안 경제 공동체(AEC)의 경제성장
에 따라, 여성의 임원직 진출이 아세안 전 지역에서 지속적으로 확대
될 것이다. 이는 일반적으로 일자리를 늘릴 것이며, 직장에서 다양성
도 지속적으로 증가하게 할 것이다.[51]

게다가, 사기업에서 젠더 평등이 뒤지는 일부 아시아 국가에서도
변화에 대한 욕구가 일어나고 있다. 예를 들어, 일본의 경우 다음과 같
은 조사 결과가 있었다.

… 여성 임원의 비율이 9%에 불과한 기업의 경우, 우리 조사에서 응
답자의 5명 중 1명은 이사회에 여성 비율을 높이기 위해 이사진 여성
할당제를 지지하거나 혹은 앞으로 1년 안에 여성을 고위 경영진으로
승진시킬 계획이라고 답했다.[52]

말레이시아도 이와 크게 다르지 않다.[53]

말레이시아의 16개 대부업체 중 2개사는 현재 여성 CEO를 두고 있
다. 말레이사이 중앙은행 샤리아 자문위원회 11명 중 3명이 여성이
다. 나집 라작(Najib Razak) 말레이시아 전 수상은 여성의 노동 참여
율을 52.4%에서 2015년 55%로 끌어올려 전 세계적인 롤 모델이 되
었다. 한국과 일본에서도 받아들인 정책으로, 활용 가능한 인재 풀을
넓히고, 말레이시아가 세계 최고의 이슬람 금융권의 중심을 유지하도
록 하기 위해 여성의 사회적 참여를 확대하는 것이었다. 중동 지역에
서는 샤리은 은행 중 여성 CEO를 가진 곳은 단 한 곳에 불과하다.

일곱째, 방글라데시, 몽골, 미얀마, 인도, 파키스탄, 한국, 스리랑카,
태국, 터키는 여성이 이미 대통령, 수상과 같은 행정 수반을 해왔다. 이

는 다른 여성에게 지도자가 될 가능성을 열었다. 10대에 노벨상을 수상한 파키스탄의 말랄라 유사프자이(Malala Yousafzai)는 여성의 이미지가 변화하고 있는 사례이다. 사회 지도자가 된 여성의 사례로부터 영감을 받은 어린 소녀들은 앞으로 국가 지도자나 비즈니스 사업가가 되는 것을 꿈꿀 것이다.[54]

여덟째, 여성의 지위 상승은 전통에 의해 억압될 것이다. 그러나 젠더 평등이 향상되면 경제성장률도 높아진다는 것을 잊지 말아야 한다.[55] 여성의 지위 상승에 대한 억압은 장기적으로 유지되기 어렵다. 유의해야 할 것은, 경제성장이 젠더 평등을 항상 가져왔던 것은 아니라는 점이다. 일본과 브루나이와 같이 남성의 특권이 지배하는 사회가 그 예에 해당한다. 어떤 경우이든, 남성은 상대적으로 힘을 잃을 것이고 "남성은 하늘, 여성은 땅"으로 처신하는 것이 자연의 이치라고 역사적 내러티브에 대해서는 반발의 물결이 일어날 것 같다. 그럼에도 불구하고 여성의 사회적 참여가 가진 잠재적 이득은 상당히 강력하다. 예를 들어, 일본에서와 같이 고령화가 진행되고 노동인구가 감소함에 따라 "여성의 노동 참여를 촉진하는 것은 노동인구 감소의 영향을 상쇄하는 데 도움이 될 수 있다." 제조업에서 남성이 했던 역할을 이제는 여성이 수행하게 될 것이다. 이는 단순히 부족한 노동력을 보완하는 데 그치지 않고, 경제적 측면에서 추가적인 장점 또한 존재한다.[56]

아시아 태평양 지역은 교육에서의 성 차별로 인해 연간 160억 달러에서 300억 달러의 손실을 보고 있다. 이에 더해 여성의 취업 기회 제한으로 연간 420억 불에서 470억 달러의 추가 손실을 보고 있다. 아시아 태평양 지역은 젠더 불평등을 해소할 수 있을까? 이는 770억 달러의 가치를 지닌 질문이다.

국제노동기구(ILO)는 아시아 지역에서 가용 노동 연령에 있는 여성의 45%가 실업에 처해 있는데, 남성의 경우는 19%에 불과하다는 점을 지적하여, 위의 인용문에서 도출한 추정과 유사한 결론에 도달했다. 아시아 지역에서의 성불평등으로 인한 전반적 비용은 연간 470억 달러로 추산되고 있다.[57] 아시아 지역은 세계적 경쟁력을 높이는 데 진력을 다하고 있어, 젠더 평등의 지렛대를 여기서 찾을 수 있겠다.

아시아에서 여성이 대통령과 수상이 되며, 기업의 임원이 되며, 말랄라 유사프자이와 같이 노벨 평화상을 수상하는 이 전환의 시기에, 우리는 젠더 평등이 점차 실현되고 있음을 목격하고 있다. 다만 이러한 젠더 평등이 사회의 하위 계층까지 전파되지 않았다. 그러나 아시아가 경쟁력을 유지하기 위해서는 여성의 노동참여가 증가해야 하는데, 이러한 미래의 동인은 젠더 평등이 확대될 가능성을 높인다. 이머징 이슈와 같은 미래 동인에는 불확실성이 존재하나, 아시아 지역이 지속적으로 경제가 발전하는 시나리오에서 여성의 사회적 참여와 젠더 평등은 실현될 것이다. 그 가능성이 낮은 시나리오로, "요새화된 아시아"나 아시아의 쇠퇴 시나리오에서는 젠더 평등은 그렇게 중요하지 않을 수 있다. 노동의 자동화와 일자리 상실 현상을 제대로 다루지 못하면 수백만의 아시아 여성은 생계수단을 잃게 되고 그들의 힘을 상실할 수 있다. 과거의 현자가 주장했듯이 "새는 한쪽의 날개만으로 날 수 없다." 즉, 아시아에서 젠더 평등을 달성하기 위해 보다 체계적인 변화가 필요하다.

미래의 변화를 상상할 수 있는 방법의 하나는 다중인과계층분석(Causal Layered Analysis)을 활용하는 것이다. 아래 여성의 사회적 지위 상승에 관한 다중다층인과관계 분석을 표의 형태로 제시했다. 세로 축은 4개의 핵심 계층으로 구성된다. '현상(Litany)'은 관찰가능하며 측정가능한 현실, '시스템'은 현상에 대한 사회적, 기술적, 경제적 원인, '세계관'은 시스템의 기저를 이루는 문화, '메타포어'는 세계관의 근간이 되는 내러티브를 의미한다. 가로 축은 시간을 나타내는 것으로 현재와 2040년으로 구성했다.

　이 도표에서, 필자는 남성 지배적인 것으로 가부장적인, 즉 '아버지가 가장 잘 안다'가 상징되는 아시아에서의 여성의 현실과 2040년을 비교했다. 2040년은 완전한 젠더 평등이 실현될 가능성이 있다. 즉, 2040년 아시아는 두 날개를 모두 가지게 되어, 자유롭게 날 수 있을 가능성이 충분히 있다.

〈표 1〉 여성의 부상

	현재	2040년
현상(Litany)	• 공적 영역과 기업 영역에서 여성의 참여는 5~40%에 불과 • 아시아 사회의 서구화된 부분에서만 여성의 사회적 지위상승에서 관심을 보임	• 공적 영역과 사적 기업 영역에 여성의 참여가 50%에 달함 • 젠더 평등은 아시아의 대부분에서 관심을 가짐
시스템	• 남성이 지배하는 이사회, 기업 및 사회가 원인	• 이사회의 구성, 경제적 수입 및 참여에 있어서 젠더 평등이 반영
세계관	• 가부장제	• 파트너십 사회
메타포어	• 아버지가 가장 잘 안다 • 아버지, 그 다음은 남편, 그 다음엔 아들에게 봉사하라	• 새는 한쪽 날개로 날 수 없다

　2015년, 인도의 여성 공무원과 과학자에 의해 인도의 화성 위성이 화성 궤도에 성공적으로 진입한 것을 축하하는 상징적 장면을 전 세계 사람들이 보았다. 이는 서구의 남성 NASA 과학자들이 보여주었던 전통적 장면과 대조되는 것으로, 미래에 다가올 변화에 대한 강력한 전조가 될 수 있다.[58]

그런데, 젠더 평등이 성 차별의 종식이나 아시아의 가부장제 제거를 의미하는 것은 아니다. 그 뿌리는 아시아의 모든 전통에 깊이 자리하고 있다. 첫 번째 단계에서 기업과 공적 영역에서 젠더 평등이 진척될 것인데, 그 다음 단계는 가정생활에서 진행되어야 한다. 아이의 양육을 여성만이 전담하지 않게 될 것이며 이에 따라 여성과 남성 간에 성 역할에 대한 조정이 있을 것이다. 여성운동이 성공함에 따라, 이들 운동은 다양화될 것으로 기대된다. 여성운동은 서구 지향적 여성운동, 아시아의 전통적 가치를 존중하나 경제적 평등을 주장하는 아시안적 여성운동 및 환경과 이슬람 및 정신적 성숙을 지향하는 새로운 아시아 페미니즘 여성운동으로 분화할 수 있다.[59] 2040년이 되면, P2P와 디지털 기술의 발전에 따라, 젠더 평등이 달성될 것이다. 아시아의 부유한 도시에서 특히 그렇게 될 것이다. 여성을 전통적 역할에 가두어 놓는 전통적 문화가 지배하는 곳에서조차 젠더 평등의 흐름이 이어질 것이다. 사회가 부유해지게 되면 얻는 이익이 중시되면서, 그 사회를 부유하게 하기 위해 젠더 평등이 증진되어야 한다. 예를 들어, 한국과 일본은 경제적 성장을 통해 기대수명을 늘렸다.[60][61]

이러한 변화에는 많은 의미가 있다.

소비패턴이 변화될 것이다. 가사 노동이 해왔던 일을 외부에서 조달하게 될 것이다. 외식이 많아지며, 전문 가정부를 채용하고, 로봇 청소기를 구매하며 집을 자동화할 것이다. 또한 소비가 상당한 수준으로 친환경적이 될 것이다. 여성이 남성보다 에너지 소비에 있어서 친환경적인 면에 보다 초점을 두는 경향이 있기 때문이다.[62][63][64]

주거지 인근에 위치한 지역사회 노동 센터를 디지털 기술을 이용하여 개발하는 것을 기대할 수 있다. 이를 통해 여성은 지역사회의 지원을 받고 부를 축적할 수 있다.[65]

유리 천장이나 대나무 천장[66]과 같은 현재의 비공식적 규칙은 도전 받을 가능성이 높다. 우선 기업에서, 그 다음에는 공공조직에서 이러한 비공식적 규칙을 철폐하기 위한 소송이 제기될 것이다.

전통적 "여성의 영역"이었던 감정 노동, 갈등 협상, 돌봄 경제 등의 분야가 저평가되어 왔다. 이들 영역에 대한 제대로 된 평가 없이, 젠더 간에 기계적으로 평등한 보상이 실현되는 시나리오가 실현될 수도 있다. 그러나 여성의 전통적인 노동 영역에 대한 가치가 제대로 평가받는 시나리오의 실현 가능성이 더 높다.

여성이 지도자가 되는 것이 대중에게 일상적으로 받아들여지면, 여성은 가부장적 환경하에서 스스로의 능력과 의지를 증명할 필요가 없게 될 것이다. 이에 따라 권위주의적 여성 지도자에 대한 이미지는 줄어들 것이다.

마지막으로, 아시아 남성은 가부장제의 틀 속에 더 이상 얽매이지 않게 됨에 따라, 자신의 진정한 정체성과 가치를 탐구할 자유를 얻게 될 것이다. 이러한 의미에서 다음과 같은 질문이 제기될 수 있다. 젠더 평등이 결정적 담론이 된 아시아에서 남성의 미래는 어떻게 될까?

아시아에서 남성 역할의 미래는 과거의 남성성을 변혁시키는 데 있다. 남성이 아내나 여동생 등 여성 친인척의 성공을 무덤덤하게 받아들이게 될 것이다. 여성의 성공이 공동체의 이익이 된다는 것을 남성이 제대로 인지하는 것이 남성 역할의 긍정적 변화의 첫 단추가 될 것이다. "대다수의 아버지가 아들의 이름으로 알려져 있다. 그런데 나는 딸로 인해 알려진 몇 명 안 되는 아버지 중의 하나다." 말라라 유사프자이의 아버지인 지아우딘(Ziauddin)은 말랄라가 노벨 평화상을 받기 한 해 전인 2014년에 말한 것으로,[67] 그는 다음과 같은 말을 더했다.[68]

말랄라는 2007년에 교육과 여성의 권리를 위한 캠페인을 시작했다. 내 딸은 당시에 유명했으며 인기도 있었다. 그 전에, 말랄라는 내 딸이었으나, 이제는 내가 말랄라의 아버지가 되었다. … 나는 그것이 자랑스럽다. … 말랄라가 그렇게 대담하고, 용기 있으며, 발랄하고, 침착하게 된 것이 내 양육법 때문이었냐고 사람들이 물었다. 내가 답하기를, '내가 뭘 했는지 묻지 말고, 내가 뭘 하지 않았는지를 물어봐. 난 다만 그의 날개를 자르지 않았어. 그게 다야.'

핵심 내용

- 성 불평등을 해소하면 아시아 지역에 매년 470억 달러의 경제적 이득을 추가로 가져올 것이다.

- 여성의 경제적·정치적 힘이 증가해야 여성 창업가의 수가 증가하고, 여성 정치인과 여성 임원이 늘어나야 여성의 부상과 젠더 평등이 실현된다. 아시아의 지역사회가 부유해짐에 따라, 더 많은 젠더 평등을 기대할 수 있게 된다. 이를 바꿔 말하면, 젠더 평등은 경제적 생산성을 향상시킬 수 있다. 게다가 출생률이 하락하면, 여성은 사적 영역에서 공적 영역으로 진출할 가능성이 커진다. 마지막으로, 젠더 평등이 점점 더 선호 미래가 되고 있다.

- 다중인과계층분석의 시스템 수준에서, 아시아 여성의 부상하기 위한 전략이 필요한데, 아시아 여성의 부상은 궁극적으로 아시아의 부상으로 이어질 것이다. 이러한 전략은 여성의 교육과 기업가 정신을 지원하고, 성 차별을 해소하는 정부 정책을 포함한다. 다중인과계층분석상의 세계관과 메타포어 수준에서, 지역적 전통과 언어에 바탕을 둔 파트너십 사회를 만드는 전략이 포함되어야 한다.

제2장

우리는 로봇과 결혼할 수 있을까?

로봇과 결혼한다는 생각은 어리석고, 말도 되지 않는 일이며, 혹은 모욕적인 것일까? 아니면 미래에 일어날 수 있는 개연성이 충분한 일일까? 로봇은 기계에 불과한 것으로, 아시아 지역뿐만 아니라 세계 어느 곳이든 로봇과 결혼하는 것을 법적으로 허용하지 않는다. 그런데 이러한 단순명확한 사실이 SAL9000을 멈추게 하지 못했다. SAL9000은 한 일본인 남성의 온라인 게임 속 별명으로, 그는 게임 속 여자친구인 네네 아네가사키와 결혼했다. 네네 아네가사키는 닌텐도 DS의 애니메이션 캐릭터인데, 이 일본인 남성 게이머는 데이트 시뮬레이션 게임인 「Love Plus」에서 게이밍을 하다가 이 가상의 여성과 사랑에 빠졌다. 「Love Plus」는 세 명의 만화 스타일의 여성 중 한 명과 "꽃을 사주거나 데이터를 하거나 미래 계획을 세우면서" 가상의 로맨스를 만들어가는 게임이다. 게임 캐릭터인 여성은 "남성에게 어떤 대접을 받는지에 따라 태도를 바꾼다."[69] 이들의 결혼식은 2009년 11월, 여러 하객 앞에서 진행되었으며, 결혼식은 생방송으로 방영되었고, 수십 명의 게이머가 결혼식을 보았다. 가톨릭신부가 결혼식의 주례를 보았는데, 그는 그 결혼이 "공식적으로 혹은 법률적으로 구속력이 없다고 강조했다." SAL9000이 현실 세계의 법에 의해 그 결혼을 인정받지는 못했으나, SAL9000에게 그 결혼은 진실된 것이었다. 다수의 언론 매체는 다음과 같이 보도했다.[70]

결혼식이 있기 전 몇 달 전부터, 그 커플은 모든 곳을 함께 다녔다. 이들은 다정하게 대화했으며, SAL은 네네와 사랑에 빠졌다. 결혼식이 끝난 후 SAL과 네네는 신혼여행을 갔다가, SAL의 부모님에게 인사를 드리기 위해 집으로 돌아왔다.[71]

오해받을 것을 우려해 본명을 밝히지 않은 SAL9000은 스스로가 오타쿠임을 인정한다. 오타쿠는 비디오 게임, 컴퓨터, 판타지 세계에 사로잡힌 일본 젊은이를 일컫는 말이다. "일본의 오타쿠 문화 혹은 너드 컬처에서, 비디오 게임 등에 등장하는 캐릭터를 나의 아내라고 부르는 일종의 전통이 존재하는데, 그래서 나 또한 네네를 내 아내로 생각했던 것 같다. 내가 네네를 내 아내라고 불렀기 때문에, 나와 네네는 결혼을 해야 한다고 생각했다. 만약에 더 많은 사람들이 나와 같다면, 세상을 보다 흥미롭게 만들 것이라고 생각한다." SAL9000의 말이다. 꽤으로 신혼여행을 간 이 신혼부부는 이제는 도쿄 주변에서 데이트를 즐긴다. 그는 닌텐도 DS에 설치된 네네의 사진을 유명 랜드마크 앞에서 찍은 뒤 SNS에 올리기도 한다. 「Love Plus」에 음성인식 소프트웨어가 있어, SAL9000은 네네와 간단한 대화를 나누거나 가위바위보와 같은 게임도 할 수 있다고 한다. SAL9000은 「Love Plus」가 업데이트되더라도, 현재의 네네와 평생을 같이할 것을 맹세했다. SAL9000은 "나는 「Love Plus」를 계속할 것이고, 네네를 속이지 않을 것이다"라고 말했다.[72]

SAL9000과 네네의 결혼이 게임 공간의 NPC(Non-Player Character)와 사랑에 빠진 흥미롭지만 예외적 사례라면, 로봇과 사랑에 빠진다는 것은 해프닝에 불과하다. 그런데 2009년에서 2014년까지 「Love Plus」 게임 3번째 판은 전 세계적으로 60만 장 이상이 판매되었다.[73] 「Love

Plus」 게이머 중 몇 명이 게임 속의 가상 세계와 현실 세계를 동일시하게 되었는지는 확인되지는 않았다.74) 그런데 「Love Plus」 게이머 중 적지 않은 사람이 게임과 경험과 현실 세계의 경험을 구분하는 것이 자의적이며 유용하지도 않다고 주장할 것으로 보인다. SAL9000이라면 확실하게 그러한 주장을 할 것이다. 어쨌든, 이는 일회성의 사소한 해프닝으로 사라질 것 같지는 않다. 오히려 인간과 로봇의 성적 관계를 금지하자는 운동이 일본에서 일어나고 있다.75) 전통적 규범이 바뀌고 있는 것이다.

SAL9000과 네네가 결혼하고 나서 1년 후인 2010년, 한 일본인 커플이 결혼을 했는데, 이 커플은 모두 인간이었다. 이번에는 주례가 i−Fairy라는 이름을 가진 로봇이었다.76) 2015년에는 다른 형태의 결혼식이 열렸다. "80년대 스타일의 로봇"인 신랑 푸루이스는 "아이돌 그룹 AKB48의 가수인 가시와기 유키를 닮은 안드로이드 로봇"인 유키린과 결혼했다.77) 이 결혼은 아시아 최초의 로봇과 로봇의 결혼으로 보아야 할까? 그런데 과연 이를 결혼식이라고나 할 수 있을까? 중국의 정쟈쟈가 2017년 스스로 만든 "로봇"과 결혼한 것에 대해 어떻게 생각해야 할까?

> 몇 년 동안 인간 배우자를 찾다가 지친, 한 중국인이 로봇과 "결혼"했다. 사우스차이나모닝포스트(South China Morning Post)에 따르면, 정쟈쟈는 31세의 인공지능 전문가로 … 전 화웨이 직원이었다. … 그는 지난 해 말 "아내"가 될 로봇을 개발하고 잉잉이라는 이름을 붙였다. 로봇 잉잉은 한자를 읽을 수 있고 이미지도 인식할 수 있으며, 간단한 말도 할 수 있다. 정쟈쟈는 아내인 로봇 잉잉이 산책과 집안일도 할 수 있도록 이 로봇을 개량할 계획을 세웠다. 로봇 잉잉의 머리에 중국 전통의 혼례의례복인 빨간 스카프를 두르고, 간략한 혼례식을 치뤘다. 이 결혼식에는 그의 어머니와 친구들이 참석했다.78)

이들을 "얼리어답터"라고 생각할 수도 있겠다. 인간과 로봇 간의 결혼이 2050년까지 혹은 그 이전에라도 합법화될 것이라는 예측하는 전문가의 수가 늘어나고 있다.[79][80] 이는 "아시아의 새로운 가족 유형"과 아시아에게 어떠한 의미를 지닐까?

동아시아, 남아시아 및 동남아시아에서, 전통적인 아시아 가족은 확장된 가족으로 3세대 이상의 가족으로 구성된다. 가족은 아시아에서 매우 기초적인 단위였다. 아시아의 다국적 기업을 확장된 가족으로 보면 그들을 보다 잘 이해할 수 있다. 가족 구성원 간에 명확하게 역할이 주어지고, 가족을 구성하는 명료한 기준이 있어서, 가족은 세대에서 세대를 거쳐 안정적으로 유지되었다. '로봇과의 결혼'이라는 이머징 이슈는 앞으로 로봇과 결혼하는 현상이 일반화될 것을 의미하는 것이 아니다. 이는 아시아에서 가족의 형태가 바뀔 것임을 보여주는 전조다. 아시아의 가족 구성에 있어서 앞으로 세 가지의 주요한 변화가 있을 것이다. 첫째, 앞에서 든 사례와 같이, 인공지능이거나 혹은 스마트 로봇도 가족 구성원으로 해당할 수 있다. 둘째, 레즈비언, 게이 간의 결혼 혹은 양성애자 및 트랜스젠더가 배우자가 될 수 있다. 마지막으로, 여성이 결혼을 선호하지 않게 되면서, 결혼이라는 요식행위 자체가 줄어들 수 있다.

이러한 변화는 왜 일어날까? 인공지능과 같은 기술의 발달이 이러한 변화의 가장 중요한 원인이 될 것이다. 로봇이 일상화되면서 인간과 로봇의 결혼과 같은 일이 드물게 일어날 것이나, 로봇을 가족의 일원으로 받아들이는 일은 동아시아에서 더욱 흔하게 일어날 것이다. 인류에게 성적 행위의 문화와 관행에는 변화가 있었다. 동성애자 권리 운동은 성적 취향으로 인한 차별의 종식을 주장하는 것으로, 성 관계를 정치화한다. 아시아에서는 역사적으로 보면 제3의 성이 존재했다. 인도의 히즈라, 태국의 카토이, 인도네시아의 와리아가 이에 해당한다. 세계화와 인터넷은 서구 지역에서 동성애자 권리 운동이 성공적이었다는 소식을 아시아에도 전하게 했다. 아시아에서 동성애자 운동이 일어나는 것은 자연스럽다. 가족 구성이 다양화되는 다른 이유로 아시아 여성이 과거에 비해 경제적으로 부유해졌다는 것을 들 수 있다. 여성이 경제적으로 부유해지면서 스스로 비혼을 선택할 수 있게 되었다. 또는 나이가 너무 많거나, 부모가 반대하는 등의 이유로 결혼하고 싶은 남성을 찾을 수 없어 미혼으로 남아 있는 경우가 늘었다. 반면에 안정적 삶과 예측가능한 삶을 원하는 여성은 결혼을 하려 할 것이다. 그렇게 되어 전통적인 핵가족이나 확장된 가족으로 여성이 돌아가는 경우, 새로운 가족 형태와 구성은 일시적인 현상이 될 수 있다.

　　로봇이 정교해짐에 따라 그 외관이 인간과 구분이 어려워질 것이다.[81)82)] 중국과 인도에서는 과거 남아 선호로 인해, 결혼 가능한 여성의 수가 남성에 비해 적다.[83)] 이는 인간과 로봇 간 결혼을 일어나게 하는 원인이 된다. 이에 대해서는 제1장에서 이미 논의한 것이기도 하다.[84)]

　　유엔의 한 보고서에 따르면, 오늘날 전 세계에서 약 2억 명의 소녀가 "실종된 상태"에 있다고 한다. 인도와 중국의 여아 살해 수는 미국에서 태어난 여아의 숫자를 넘는다. 중국 장쑤성 롄윈강 시에서는 여자 아이 백 명당 남자아이 163명이 태어나 사상 최악의 유아 성비율을 보였다. 대만, 한국[i)]과 파키스탄은 원치 않는 여아를 임신하는 경우 낙태, 유아살해 혹은 유기하는 나라에 속했다.

　　여성이 부족해지면서, "여성"의 역할을 하는 로봇과 인공지능이 개발될 것이다.[85)]

---

i) 역자주: 우리나라의 남아 선호 사상은 사실상 2000년대 초에 끝났다. 2007년 이후 우리나라 남녀 출생 성비는 정상 범위인 105~107로 들어갔다. 인용된 원 논문은 2012년에 수행된 것으로, 과거의 데이터를 근거로 작성되었다.

그리 멀지 않은 미래에, 로봇 애완동물이 가족 구성원으로 수용되는 것을 상상하기란 쉽다. 인간과 애완동물은 잘 어울린다.[86] 일부 초기 연구에 따르면 진짜 개와 로봇 개 모두 인간 건강에 긍정적 영향을 미친다. 로봇 애완견을 길러도 혈압이 낮아지고 면역 체계가 강화된다.[87]

일본의 한 로봇 연구자는 노인에게 로봇은 친구가 될 수 있을 것으로 보았다. 소니, 혼다 및 미쯔비시 등의 일본 기업은 친구 역할을 하는 로봇을 개발하기 위해 상당한 투자를 해왔다. 이러한 노력의 배경에는 일본의 급속한 노령화가 존재하며, 로봇을 이용하여 노인 돌봄을 자동화하는 것이 경제적으로 필요하다.

미국 아리조나 퍼듀(Perdue) 대학의 인간과 동물 유대 연구소의 앨런 벡(Alan Beck) 소장은 소니의 로봇 개 아이보(Aibo)와 노인에 대해 연구하고 있다. 연구가 진행되고 1년이 지나서, 사람이 로봇 개와 유대감을 가지게 되었다는 것을 확인했는데, 그는 이것이 놀라왔다고 말했다. 진공청소기 로봇에 대해서도 로봇 개와 유사한 유대감을 가지게 되었다는 보고를 듣고 그는 더욱 놀랐다고 한다.

치매 환자에게 로봇 애완동물은 탁월한 해결책이 될 수 있다.[88] 대만 탐캉 대의 연구자인 얄링 초우(Yaling Chou)에 따르면, 애완동물은 이제 사람들의 삶의 일부가 되었으며, 가족의 일부로 받아들여지고 있다.[89] 이의 동인은 도시화의 진행, 도시 속에서의 소외감, 이를 극복하기 위한 관계욕구이다. 그리고 또 다른 동인으로 로봇 애완동물 기술 발달이 있다.

로봇 기술의 발달에 따른 가족 구성의 변화에는 인간으로 받아들여지는 로봇 인간과 로봇 애완동물이 있다. 기술은 미래 변화 동인으로 중요하기는 하나, 더욱 중요한 동인은 사회변화다. 관계에 대한 욕망, 도시화 및 고령사회가 가족 구조의 변화의 가장 핵심적 동인이다.

아시아 가족의 성격도 게이와 레즈비언의 동성결혼이 허용되면서 바뀔 가능성이 있다. 아시아에서 동성 결혼에 대한 대응은 대체적으로 부정적이다. 말레이시아에서는 동성애에 대해 형벌을 내리고 있으며, 인도네시아의 아체(Aceh) 지역도 형벌을 과하고 있다.[90] 브루나이에서는 사형까지 가능하며, 중국에서는 정신병으로 여겨진다. 이에 반해 대만은 동성결혼을 합법화하고 있어 진보적이다.[91] 2017년 5월 24일 대만 대법원은 "동성혼을 금지하는 현행 민법은 헌법에 위반한다. 중화민국 입법원은 2년 안에 기존 법률을 개정하거나 동성혼을 허용하도록 법을 제정해야 한다"고 판결했다.[92] 대법원의 이어지는 판결문을 아래에 옮겼다.

> 만약 입법원이 2년 안에 어떠한 조치도 취하지 않는다면, 동성의 커플은 두 명 이상의 증인이 서명한 서류로 그들이 거주하고 주민등록을 한 후정사무소(행정사무소)에 신고할 수 있다. 대법원의 결정은 대만에서의 동성혼을 합법화하였으며, 이로서 아시아에 동성혼을 합법화한 첫 국가가 되었다.[93]

이 판결이 내려진 핵심 이유는 바로 아래에 옮겼으며, 부차적 이유는 바로 다음에 가져왔다.[94]

> 개인에게 있어서 성적 성향은 불변하는 특성을 지닌다. 성적 성향을 결정하는 요인은 신체적, 심리적 요소와 인생 경험 그리고 사회적 환경을 포함한다. 의료 전문가 집단은 동성애가 질병이 아님을 일관되게 밝혔다. 우리나라에서 동성애는 과거 전통과 관습에 의해 부정된

적이 있다. 그 결과 그들은 오랫동안 벽장에 갇혀 있었으며, 사실상 혹은 법에 의해 배제와 차별과 같은 다양한 형태의 고통을 받았다. [그러나] 중화민국의 모든 시민은 성, 종교, 인종, 계급 및 정당 소속을 불문하고 법 앞에 평등해야 한다.

동성의 두 사람이 삶을 함께하기 위해 친밀하고 배타적인 영구적 결합을 만드는 것은 이성 간 두 사람의 결합에 대한 대만 민법의 결혼 법률의 적용에 영향을 미치지 않는다. 또한 동성 결혼이 기존의 이성 간 결혼으로 확립된 사회질서를 바꾸지도 않을 것이다. 게다가 동성 결혼의 자유는 일단 합법화되면, 이성 결혼과 함께 안정된 사회를 위한 사회적 기초를 구성할 것이다. 인격의 건전한 발전과 인간의 존엄성을 보호함에 있어서 결혼의 자유는 중요하다. 신체적이며 심리적 의미 모두에서, 친밀하고 배타적인 영구적 결합을 만들 필요성, 능력, 의지 및 욕구는 이성애자와 동성애자에게 모두 동등하다.

달리 말하자면 동성혼을 허용하는 법이 기존 결혼의 형태를 해치지 않을 것이며, 소외된 사회 집단의 기본권을 보장하며, 사회 전체에 이익을 줄 것이다. 게다가 새로운 법률은 과거의 전통과 관습에 의존하는 것이 아니라, 인간의 성에 대한 과학적 증거에 기반을 두고 있다. 증거 기반의 새로운 정책과 법의 개정에 있어서, 이번 판결은 대표적인 사례에 해당한다!

동성혼에 대한 논의는 아시아의 곳곳에서 일어날 것이다. 그리고 아시아의 대부분의 지역에서 동성혼은 사회·정치적 논란으로 부상하고 있다. 베이징 주재 영국 영사부의 고위 관리가 동성 파트너와 결혼했을 때, 중국인의 반응이다.[95]

베이징 주재 영사부 고위 관리자의 동성혼에 대한 인터넷 게시물은 6만 번 이상 온라인으로 빠르게 공유되었다. 중국에서 동성혼을 합법화해야 하는지에 대한 격렬한 논쟁이 일어났다. 동성 관계가 중국에서 불법은 아나나, 여전히 금기시되고 있다. 중국의 일부 클리닉에서는 동성애에 대한 "치료"로 전기충격요법이 여전히 처방되고 있기도 하다.

많은 중국인이 웨이보(Weibo)와 다른 소셜 미디어에서 이들 동성애 커플을 비난하는 글을 남겼다. 어떤 중국인은 '영국은 병에 들었다. 지금의 영국은 멸망한 로마와 같다'고 글을 남겼다. 또 다른 중국인은 동성 결혼이 '중국 문화가 아니다'고 했으며, 다른 사람은 '정신병'으로 취급하거나, 이 동성 커플이 '인성에 문제'가 있는 아이를 가지게 될 것이라고까지 말했다.

그러나 온라인상의 게시물 대부분은 이들의 동성 결혼에 대해 긍정적이었으며, 이 커플을 응원했다. 이는 중국의 청년층이 점점 더 동성 관계를 금기시하지 않고 있다는 사실을 반영한다. 이 결혼식 직후 웨이보에서 실시된 여론 조사에서, 동성결혼에 반대하는 사람은 8천 명에 불과했고, 8만 9천 명 이상이 이 결혼에 찬성했다.

그렇다면 동성혼이나 동성 커플이 2040년까지 아시아에서 가족의 한 형태로 받아들여질까? 만약 아시아 국가 중 하나가 이를 받아들이면, 도미노 효과로 인해 연쇄적으로 다른 아시아 국가도 동성혼을 수용할 것으로 기대된다. 특히 동아시아에서 이러한 일이 일어날 가능성이 높다. 이는 핑크 머니[96]와 같은 경제적 이유 때문일 수 있다. 홍콩의 한 LGBT(Lesbian, Gay, Bisexual, Transsexaul) 운동가는 LGBT에 우호적인 상점 등을 찾는 앱을 개발했는데, 이는 동성애 차별과 싸우는 방법으로 경제적 이윤을 제시하는 것이다.[97] 동성혼을 합법화하거나 동성 커플을 가족의 형태 중 하나로 수용하는 것은 인권 차원에서 일어날 수 있는 일이다. 싱가포르는 아시아의 전통적 동성애의 도시인 방콕과 경쟁하고 있는 상황이다. 2004년 싱가포르가 개최한 축제, Nation.04는 8천여 명의 LGBT를 끌어들여, 지역 경제에 6백만에서 1천만 싱가포르 달러의 경제적 이윤을 가져왔다.[98] 그러나 반작용이 없었던 것은 아니다. 싱가포르 당국은 연례 LGBT 축제인 핑크도트(Pink Dot)에 외국인이 참석하는 것을 사실상 금지했다.[99] 그러나 이러한 행사가 지역 경제에 도움이 된다는 주장도 있었다. 싱가포르 당국의 조처로 인해 핑크도트의 국제적 스폰서가 탈퇴했는데, 핑크도트 행사의 재정적 지원을 위해 백여 개의 지역 기업[100]이 팔을 걷어붙이고 나섰다. 게다가 동성애를 불법으로 규정하고 있는 도시에서는 보수적 단체가 LGBT를 거부하고 있는데 반해, 싱가포르 시민은 LGBT를 지지하기 위해 핑크도트에 참석했다.[101]

외국인의 참석이 허용되지 않아, 이번 핑크도트 참석자가 줄어들 텐데, 이를 대신하기 위해서라도 올해 핑크도트 행사에 참석하고 싶어.

뭐라고? 나는 핑크도트에 참석할 계획이 없었어. 그런데 나와 내 남편은 싱가포르 영주권을 가지고 있어서, 핑크도트 참석을 내 해야 할 목록(To-Do-List)에 추가했어.

핑크도트에 외국인을 참석하지 못하게 한다고? 말도 안 돼. 정부의 금지조치가 나를 핑크도트 행사를 지원하게 하네. 난 싱가포르인이야.

이는 핑크도트 주최자와 싱가포르 지역민 사이의 관계가 발전하고 있음을 의미한다. 이러한 관계 개선은 싱가포르의 기존 법과 태도를 변화시키는 긍정적 선순환을 가져올 수 있을 것이다.102)

> 그 어느 때보다, 올해의 핑크도트는 싱가포르인과 싱가포르 영주권자의 지원이 필요합니다. 만약 여러분이 싱가포르인이거나 영주권자이고 우리를 지지한다면, 그리고 여러분이 사랑의 자유를 믿는다면, 와서 대화를 나누면 좋겠습니다. Red Dot For Pink Dot.ii) 싱가포르 홍림공원, 7월 1일.

다수의 이머징 이슈와 관련하여 사회변화가 진자 운동과 같이 꼭 지점을 왕복하는 것을 볼 수 있다. 그러나 장기적으로 보자면 2040년까지는 아니라 하더라도 미래지향적이고 진보적 이슈가 "성공"할 것이다.

다시 말하자면, 동성애 등의 문제는 소수자의 권리보호의 문제로 매우 논쟁적으로 여겨졌다. 말레이시아의 경우 이슬람의 율법과 규범 체계인 샤리아에 대한 엄격한 해석으로 트랜스젠더의 권리를 인정하지 않고 있다.103) 이에 반해, 매우 보수적인 파키스탄에서 대법원은 트랜스젠더의 권리에 대해 다음과 같이 판결했다.104)

> 우리 법원은 트랜스젠더에게 다른 사람과 동등한 피상속권과 취업의 기회가 주어져야 한다고 판결한다. … [그리고] 모든 시민과 같이 기본권이 동등하게 보장되어야 한다고 판결한다.

이 판결로 인해 트랜스젠더는 출생, 여권, 결혼, 교육, 은행, 휴대폰 및 죽음에 이르기까지 그들의 성을 공식적으로 인정하는 신분증을 가질 수 있게 되었다.

---

ii) 역자주: 핑크도트 행사를 지원하기 위한 주최조직의 이름이다.

전통적 가족의 미래에 도전하는 또 다른 이머징 이슈로는 미혼 여성의 증가가 있다. 과거 동남아시아에서 미혼 여성은 흔하지 않았으나, 최근 미혼 여성의 수가 지속적으로 늘어나고 있다. 여성의 수입이 늘어나고 양질의 교육을 받게 됨에 따라, 30대와 40대의 미혼 여성 비율이 증가하고 있다.[105] 만혼 여성이 늘어나고 있으며 또한 더 적은 수의 아이를 출산하고 있다.[106]

… 이들 미혼 여성은 결혼하지 않을 것이다. 2010년에 30대에 접어든 일본 여성의 3분의 1이 미혼이었다. 이들 중 2분의 1 이상이 결혼하지 않을 것이다. 2010년 타이완에서도 30~34세의 여성 중 37%가, 35~39세의 여성 중 21%가 결혼하지 않았다. 이 지역의 미혼 여성 비율은 영국과 미국보다 높다. 영국과 미국의 30대 후반 미혼 여성 비율은 13~15%였다. 만약 여성이 40대에 이르기까지 결혼하지 않는다면, 이들 대부분은 결혼하지 않을 것이며 아이도 갖지 않을 것이다.

아시아에서 결혼기피 현상은 충격적이다. 30년 전만 해도 아시아 국가에서 미혼 여성의 비율은 2%에 불과했다. 일본, 대만, 싱가포르, 홍콩에서 30대 미혼 여성의 비율이 20% 이상 급등한 것을, 싱가포르 국립 대학의 개빈 존스(Gavin Jones)는 "상대적으로 짧은 기간 동안, 급격한 변화가 발생했다."고 말한다. 태국에서 40대 미혼 여성의 비율은 1980년 7%에서 2000년 12%로 증가했다. 태국의 일부 도시에서 비혼 여성의 비율은 더욱 높다. 방콕에서는 40~44세 여성 중 20%가 미혼이다. 홍콩의 경우 30~34세 여성 27%가 미혼이다. 한국의 경우, 결혼 적령기에 있는 남성은 여성이 "결혼 파업"을 하고 있다고 불평했다.[107]

이코노미스트108)는 미혼 여성의 증가로 출산율이 줄어들고 이는 인구 감소로 이어지며, 인구 감소는 경제성장을 정체시킬 것으로 전망했다. 이러한 현상은 더 나아가 외국에서 어린 신부를 수입하여 인권문제를 야기할 수 있다고 보았다. 이코노미스트는 아시아가 부유해지면서 전통적 결혼 패턴이 더 이상 유지될 수 없을 것으로 그 결론을 내렸다.

그런데 이는 다양한 해석 중 하나로 보아야 한다. 아시아에서 가족의 구성 변화라는 해석도 가능하다. 가장 가능성이 높은 것은 아시아의 가족 구성이 다양성을 띠는 것이다. 어떤 가족은 인간과 로봇으로 구성될 것이고, 어떤 가족은 로봇 애완동물을 키울 것이며, 어떤 가족은 게이와 레즈비언과 같은 동성애자나 혹은 트랜스젠더를 포함할 것이다. 물론 전면적 전환에는 시간이 걸려 2050년 혹은 더 먼 미래에 일어날 것이다.

다음의 다중인과계층분석은 중매결혼과 같은 선택의 여지가 없는 현재의 상태에서 보다 선택의 폭이 넓은 연애결혼으로 이행하는 잠재적 변화를 요약한 것이다.

〈표 2-1〉 새로운 가족

	현재	2040년
현상(Litany)	• 확장된 가족에 더해진 핵가족	• 새로운 형태의 가족
시스템	• 국가의 형성, 농촌 경제와 산업 경제에 기반한 위계질서의 전통적 가족 모델	• 경제적 성장, 로봇 기술과 인공지능의 발달, 디지털 원주민의 등장, LGBT와 페미니즘 운동
세계관	• 가부장제	• 다양성과 선택
메타포어	• 중매결혼 • 프리 사이즈 옷	• 연애결혼 • 맞춤 옷

아시아의 확장된 가족이 가지는 의미는 풍부하다. 만약 아시아의
가족 형태가 유지된다면, 서구에서 발생한 단편화, 아노미 및 단절 현상
이 아시아에서는 일어나지 않을 것이다. 이는 아시아 사회가 부유해지
는 동시에 건강하고 통합된 사회가 될 수 있음을 의미한다. 즉 실패한
가족이 겪는 청년층의 알코올 중독, 마약 사용 및 범죄적 행위와 같은
사회적 문제를 아시아가 훨씬 덜 겪게 될 것임을 의미한다. 확장되었으
나 실패하지 않은 가족은 더 많은 행복과 진정한 경제성장을 위한 밑거
름이 된다. 대안적 미래로, 아시아의 전통이 유지되기에는 너무 극적인
변화가 일어날 수도 있다. 로봇화, 가상화, LGBT 권리, 미혼 여성의 증
가 등은 아시아 전통을 유지할 수 없게 할 것이다. 그때에는 아시아에
파편화된 미래가 기다리고 있을 수도 있다. 일부 집단은 가족의 구성과
성적선택의 자유를 주장할 수 있으며, 전통을 수호하고자 하는 사람들
은 다른 형태의 가족 결합을 자연스럽지 못한 것으로 규정하고, 전통적
가족을 보호하는 법을 제정하자고 주장할 수도 있다. 이는 미국의 1960
년대 및 현재에 일어나는 현상으로, 사회갈등이 일상이 되는 미래를 만
들 것이다. 전통의 반발은 일단 하나의 가능성이다. 새롭게 확장된 아시
아의 가족도 하나의 가능성이다. 새로운 아시아 가족 형태의 미래는 모
두를 위한 번영에 초점이 있으며, 특정 정체성에 초점이 맞추어진 것이
아니다. 다양한 이유로 인해 생물학적이고 여러 세대로 구성된 가족은
그 유지가 어려워지고 있다. 서양에서와 같이 핵가족이나 편부모가족이
기존의 가족 구성을 대체하게 하는 대신에, 아시아는 확장된 가족구조
를 재발견하거나 재설계할 수 있다. 거의 확실하게 과거의 전통적 가족
형태로 되돌아가는 것은 불가능하다. 단지 현재의 기술적·문화적 변화
에 적응하거나 혹은 앞서 가는 것만이 가능하다. 그렇다면 아시아에 무
슨 일이 일어날까? 핵가족화, 가족의 해체 혹은 가족의 실종? 그렇지 않
다면 확장된 가족 2.0으로서의 가족의 재발견? 후자의 경우가 아시아를

더욱 흥미롭게 만들며, 가족을 보다 포용적으로 보고 그 구성원을 지원할 것이다. 이러한 의미에서, 경직되어 있는 예전 아시아 가족을 유지할 것인지 아니면 새롭고 흥미로운 가족 형태를 따뜻하게 포용할 것인지는 딜레마가 될 수 없다.

핵심내용

- 아시아의 가족은, 가족 구성원이 명확한 역할을 담당하고, 가족 구성원으로 받아들여지기 위한 명백한 원칙으로 인해, 여러 세대에 걸쳐 안정적으로 유지되었다. 그러나 다수의 이머징 이슈는 아시아 가족의 미래가 극적으로 변화할 가능성이 있음을 보여주고 있다.

- 아시아 가족은 일본과 중국의 사례에서 보았듯이 인공지능 로봇을 가족 구성원으로 받아들일 수 있을 것이다. 레즈비언, 게이, 양성애자 및 트랜스젠더를 포함한 새로운 유형의 가족이 점점 더 가시화될 것이다. 마지막으로 여성의 만혼 혹은 비혼 현상으로 결혼 자체가 줄어들 수 있다.

- 만약 과거의 내러티브가 중매결혼이고 이것이 일종의 주어진 미래라면, 새로운 내러티브는 연애결혼과 재발견된 혹은 재설계된 확장 가족이며, 이는 우리의 의지에 의해 창조될 미래이다.

제3장

일터에서의 권위주의 종식

수리아바르만 2세(Suryavarman II)는 크메르 제국의 가장 위대한 왕 중 하나였다. 그는 그의 선대 왕과 같이 전쟁을 벌여 주변국을 정복하고, 그의 친인척을 죽여 왕권을 강화하고 제국을 통합했다. 그의 가장 큰 업적은 앙코르 와트를 건설한 것이다. 앙코르 와트는 캄보디아의 가장 유명한 사원으로, 힌두교의 비슈누 신을 모시고 있다. 앙코르 와트는 "왕의 신성을 밝히고, 그가 다른 신들과 친밀한 관계를 가지고 있음을 공개적으로 보여주는" 기능을 했다.[109] 앙코르 와트 유적에서 발견된 증거는 수리아바르만 2세가 비슈누의 일부로 인간의 몸으로 태어났음을 표현하기 위해 앙코르 와트를 건설했다는 것을 보여준다. 앙코르 와트는 비슈누의 천상의 집인 바이쿤타(Vaikuntha)의 지상 복제품이었다. 그렇다면 앙코르 와트에서 비슈누의 역할은 무엇인가? "질서, 정의 혹은 필멸자가 위험에 처하게 되면, 나는 지상에 내려와"[110] 그러한 위험과 혼란을 정리하는 것이었다.

수리아바르만 2세는 신왕(神王)의 한 사례일 뿐이다. 신왕은 신의 아들이나 신이 인간으로 태어난 것으로, 절대 군주와 신정이 융합된 정치체제를 의미한다. 일본에서의 신도의 수호신인 우지가미(氏神)의 후손, 동남아시아 국가의 왕을 칭하는 데바라자(Devaraja), 말레이의 라자스(Rajas)와 술탄, 인도의 시바 신이나 비슈누 신의 환생, 또는 티벳의 첸레지(Chenrezig)의 후계자는 신왕의 사례에 해당한다. 그들은 정치적 통치자인 동시에 신으로서 숭배된다. 신왕의 지배는 종교적 신성과 지식 및 권력에 의해 정당화된다.

　동양의 전체정치와 아시아의 경제 시스템에 대한 서양의 인식 형성은 동양의 지배 구조와 경제 시스템의 독특함으로 인한 것이다. 서양의 동양에 대한 인식 중 어떤 것은 아시아의 지도층과 아시아의 전통에 역수입되어 내재화된 것도 있을 것이다. 아시아의 전통적 시각에서 보면, 직장 상사는 전륜성왕만큼은 아니라 하더라도, 일반 부하 직원보다 더 우위의 지위에 있다. 아시아에서 직장 상사는 일반적으로 봉건적이며, 부하 직원은 상사의 지시에 즉각적으로 순종해야 한다. 순종의 대가로 직원은 평생 직장을 보장받고, 보너스로 보상받는다. 직원은 단체의 충성스러운 일원으로 보여지기를 원하며, 눈에 띄지 않도록 최선을 다한다. "모난 돌이 정 맞는다"라는 속담은 이러한 아시아의 상명하복의 문화를 보여준다.111)

　그런데 변화의 조짐이 있다. 직원은 늘어나는데 관리자가 줄어들면서, 상명하복의 문화가 바뀌고 있다. 35년 경력의 항공사 선임승무원인 자카리아(Zakaria)는 다음과 같이 말했다.112) "1980년대부터 2005년까지 상사가 항공기에서 뛰어내리라고 말하면, 우리 모두 같이 항공기에서 뛰어내렸을 것이다. 당시의 우리는 상사의 권위와 상명하복의 문화에 의문을 갖지 않았다." 자카리아는 다음과 같이 덧붙였다. "그러나 이제 승무원은 그러한 명령을 내리면, 항공기에서 뛰어내려야 하는 이유를 알고 싶어 한다." 현저한 변화가 일어난 것이다. 직업관 또한 바뀌었다. 이전에는 평생직장이 노동자의 꿈이었다. "직원은 평균 3년을 근속한 후 이직한다. 요즘의 직원은 한 곳에 정착하기 싫어 하지 않으며 세계 곳곳을 여행하고 싶어 한다." 자카리아는 직장 상사의 권위가 더 이상 유지되지 않는다고 주장했다. 그는 요즘 직원에게서 근로계약을 넘어선 열정과 소명의식을 찾을 수 없다고 불평했다. 요즘의 직원은 삶에 있어서 더 많은 유연성을 요구한다. 이러한 상황에서 기업의 경영진은 직장에 대한 충성보다 삶의 유연성을 선호하는 직원을 어떻게 포용할 것이며, 몇 년 후에 이직할 수도 있는 직원에게 투자할 수 있을까? 자카리아는 기업이 직원의 근로시간에 집착하지 말고 안전과 기술에 더 투자해야 한다고 대안을 제시했다. 그의 대안은 충분히 의미가 있다. 그러한 의미에서 자카리아는 권위주의의 종식, 즉 빅맨(Big Man)이 사라지는 것을 목격하고 있는 것이다. 그런데 권위주의가 종식된 이후에 무엇이 등장할지는 아직 알 수 없다.

빅맨의 종언 현상은 직장에서만 일어나는 것은 아니며, 아시아 사회에 전반적으로 일어나는 일이기도 하다. 아시아의 봉건적 시각은 정부, 기업 및 가정에 존재하여, 국가 지도자, 기업 경영자 및 가장에게 빅맨이 될 것을 요구해왔다. 그러나 창조성을 억압하는 권위, 유연성을 약화하는 규칙 및 빅맨의 종언을 가져오는 이머징 이슈가 동시다발적으로 나타나고 있다. 또한 빅맨의 종언 이후 무엇이 등장할지에 대한 실마리도 존재한다. 직장 내의 상사가 과도한 권한을 보유하는 것과 경직된 업무 계획을 수립하는 데는 아시아 경제 시스템의 역사적 성격에 뿌리를 두고 있다. 아시아 경제 시스템은 과도하게 개발된 국가 체계, 봉건적 사회복지 체계를 가진 농업으로 정리할 수 있다. 농업 경제의 비중이 줄어들고, 산업사회가 발달하고, 금융 및 지식 경제가 확장되면서, 아시아에서 전통적 봉건 체계는 약화될 것이다.

몇 년 전 파키스탄에서 일어난 일인데, 이는 유튜브에서 방영되면서 많은 사람이 조회했고 전 세계 언론에서 보도되었다.[113] 다른 아시아 국가에서도 흔한 일일 텐데, 파키스탄의 항공기 탑승객에게는 익숙한 일이다. VIP를 태운 차량이 통과할 때, 도로를 통제하여 교통체증이 일어나거나, VIP가 비행기에 탑승할 때까지 항공기가 이륙을 지체하는 경우는 흔하다. 2012년 파키스탄에서 VIP를 위해 도로가 통제되면서,

한 임신부가 차에서 출산한 일이 있었다. 이는 신문기사로도 보도되었으며, 대중적 분노가 일어났다. 2014년 9월 15일, 비행기가 파키스탄 인민당 상원의원인 레만 말릭(Rehman Malik)과 국회의원 라메스 쿠마르 와크와니(Ramesh Kumar Wakwani)를 기다리느라, 탑승객은 항공기 안에서 2시간 넘게 기다려야 했다.

> 말릭(Malik) 전 장관님, 당신은 부끄러워해야 합니다. … 당신 때문에 250명의 승객이 고생을 겪었어요. 이는 전적으로 당신 잘못입니다. 전 장관님, 당신은 더 이상 장관이 아니에요. 설사 당신이 장관이라 하더라도, 우리는 더 이상 신경 쓰지 않을 겁니다. 68년간 우리가 이러한 잘못된 관행을 지켜왔어요. 그런데 이러한 관행을 고치는 데 다시 68년을 기다려야 합니까?[114]

그 이후의 결과는 어땠을까? 비행기는 결국 두 사람을 태우지 않고 이륙했다. 말릭 상원의원과 라메스 국회의원은 그들의 목적지인 카라치와 이스라마바드에 가기 위한 다른 비행편을 찾아야 했다. 그러나 이러한 통쾌함은 오래가지 못했다. 아주만드 후싼(Arjumand Hussain)은 그 비행기의 승객으로 말릭 상원의원을 비행기의 늦은 이륙에 대한 책임을 물어 고발했는데, 2주 후 그가 재직하고 있던 물류회사에서 해고되었다. 후싼을 해고한 회사는 "기대를 만족시키지 못한 것"을 사유로 그를 해고했다고 주장했다.[115] 그 회사가 말한 '기대'에는 권력자에 대한 완전한 순종도 포함되어 있을까?

이 사건의 핵심을 놓치지 말아야 한다. 이 사건에서, 일반 승객의 항의로 인해 국회의원이 탑승하지 못했다. 이들 일반 승객은 과거 영국이 심어 놓은 'VIP'문화에 도전한 것이다.[116] 물론 이들 승객은 일반 노동자에 속하지는 않는다. 그들은 충분히 사회적 힘을 가진 사업가와 전문가였다. 그럼에도 불구하고 파키스탄에 있어서 주목해야 할 사건이었다. 이러한 일들이 더 자주 일어나기를 기대한다. 그리고 이들 사회가 보다 과거에 비해 더욱 거래 기반으로 이행하기를 바란다. 거래 기반이라 함은 특정 지위와 권한으로 더 좋은 좌석을 덜 기다리는 것이 아니라, 더 비싼 가격의 비즈니스 클래스를 구매하게 되면, 덜 기다릴 수 있게 되는 것을 의미한다.

이는 고용에 긍정적 파급효과를 미치지 않는 사건이다. 그렇다면 상사와 직원의 관계가 변화하고, 직원에게 근로 유연성을 기대하고 상명하복의 위계질서에 벗어나게 될 것이라는 이머징 이슈가 존재할까?

예를 들어, 싱가포르의 근로 유연성에 관한 최근 기사에서, 근로 유연성과 전통적 기업문화에 대해 동전의 양면성으로 논의되었다.117)

랜드스타드 싱가포르(Randstad Singapore)의 국가 책임자인 마이클 스미스(Michael Smith)는 기업이 근로 유연성을 수용해야 한다고 말했다. 싱가포르에서 노동 시장 상황이 지속적으로 악화되는 동시에, 외국인 노동자에 대한 의존성을 줄일 수밖에 없게 되어 근로 유연성을 높여야 한다는 것이다. 근로 유연성을 높이게 되면, 직원의 참여도는 물론이고 만족도도 향상된다. 또한 신뢰문화가 조성되어, 인재 유치에 도움이 될 것이다. (최근의 OECD에서 수행된 연구에서 입증되었듯이) 근로 유연성은 노동자의 생산성을 높일 것이다.118)

그러나 이는 미래의 일이다. 현실은 근로 유연성이 오히려 생산을 낮출 것이라는 믿음이 팽배해 있다. 위의 기사는 다음과 같이 이어진다.

… 대다수의 기업 고용주는 싱가포르의 전통적 기업문화에 대해 여전히 신뢰를 주고 있다. 업무효율성은 장시간의 노동에 의해 이루어

지며, 직원의 충성도는 아파도 출근하는 프레젠티즘(Presentism)으로 증명된다는 것이다. 이는 업무의 수행에 필요한 시간보다 더 많은 시간을 직장에서 보내도록 한다. 기업 내 결정권자는 근로 유연성이 부족으로 인한 프레젠티즘이 직원의 참여와 협업을 저하시키고, 업무 생산성을 떨어뜨림을 알아야 한다.

미래에 일어날 수 있는 일에 대한 질문에 대한 응답을 정리하여, 설문조사는 다음과 같은 결론을 내렸다.[119]

- 기업가의 절반 이상(55%)이 유연한 근로 환경을 조성하는데 자기의 기업이 평균 이하이거나 평균 수준에 머물러 있음을 인정했다.
- 직원 10명 중 6명은 근로 유연성이 업무 만족도를 높인다고 답했다.
- 싱가포르의 노동자는 주중 70%는 사무실에 출근하고, 30%는 재택근무를 하는 것이 이상적이라고 답했다.

사고 리더(Thought Leader)인 우수미(Woo Sumee)와 체스터위(Chester Wee)[120]는 한 단계 더 나아가, 유연근무로 인한 이익이 명확하며, 현재적이라고 주장한다.

유연근무는 직원으로 하여금 업무 경력과 사적인 생활 사이의 균형을 유지할 수 있도록 하여, 최고의 인재를 유치하고 유지할 수 있도록 한다. 이는 직원으로 하여금 일과 가족과의 생활에 균형을 잡도록 도와준다. 더욱 중요한 것은 사회적 차원으로, 직원이 싱가포르에서 가족과 같이 생활할 수 있는 환경을 만든다는 점이다. 개인의 사생활에 있어서 다양한 요구를 잘 관리할 수 있는 직원은 업무 수행에 있어서 보다 많은 동기를 부여하고, 이를 높은 생산성과 수익성으로 전환할 가능성이 높다.

둘째로, 앞으로 10년 동안 유연근무의 아이디어가 실현되는 데 있어, 이를 채용하는 기업에게 세금 혜택이 주어질 것이다. 이는 기업에게 직접적인 재정적 인센티브를 주어 유연근무의 도입이 확장될 것이다.

이러한 세제 혜택 정책은 싱가포르에서는 아직 아이디어 수준으로 논의되고 있으나, 말레이시아에서는 이미 시행 중이다.121)

나집 라작(Najib Razak) 총리는 여성이 그들의 경력을 유지할 수 있도록 유연근무를 도입하고, 회사 내 보육원을 설립한 기업에게 세제 혜택을 제공했다. 여성의 3분의 2가 그들이 일을 그만둔 이유로 육아나 노부모 봉양을 들었다. 여성의 육아 부담 완화를 통해 여성의 경제활동 참여율을 높이고, 이를 통해 경제 성장을 촉진하여 2020년까지 말레이시아가 고소득 국가로 진입하게 하고자 하는 것이 나집 총리의 계획이다. 여성의 유연근무는 나집 총리의 목표 달성에 도움이 될 것이다.

또 다른 중요한 점은 재택근무가 남성 근로자의 생산성을 높일 뿐만 아니라, 여성도 노동력으로 참여할 수 있게 한다는 점이다.122) 근로장소의 유연성은 가족과의 화목과 같은 핵심적 아시아의 가치를 유지할 수 있다. 유연근무를 통해 가족 간의 연대를 높일 수 있다는 주장으로 발전했다. 즉, 유연근무를 통해 직원은 조직 내의 승진을 하면서도 워라벨(Work-Life Balance)을 유지할 수 있다.123) 인도에서의 설문조사 내용을 아래 정리했다.124)

금전적 보상과 휴가와 같은 보상 및 조직 내에서의 인정보다 중요한 것이 워라벨이다. 워라벨은 인도 노동자의 60%가 직장을 선택하는 기준이 된다.

남성 중 약 50%와 여성의 60%가 워라벨을 이유로 이직한다. 유연근무의 필요성은 중견 직원에게 더 크다. 5년에서 10년의 경력을 지닌 40% 이상이 직원이 워라벨을 연봉이나 다른 근로 조건보다 중요하게 보았다.

미래란 갈등 없이 달성되지 않으며, 의도하지 않은 결과를 피할 수 없다. 페낭에서[125] 열린 2014년 워크숍에서,[126] 가족 문제는 주요 의제였다. 다중인과계층분석으로 미래를 전망한 워크숍의 참석자는 재택근무 성공전략을 제시했는데, 가장 중요한 전략방안으로 젠더 평등을 들었다. 여성 대표자는, 기존의 전통사회에서 남성이 공적 영역을, 여성이 사적 영역에서 역할을 분담했는데, 남성이 집에서 더 많은 일을 하게 되면 가정 내의 권력 구조에 어떠한 변화가 올지가 중요한 문제가 될 것이라고 지적했다. 여성 지도자 중 한 명은 "남편이 외국인 가정부와 바람을 필수도 있을 것"이라고 말했다. 이에 대해 이 워크숍에 참석한 한 여성 시장은 "그런 일이 일어나면, 나는 남자 가정부와 바람을 피우게 되겠지"라고 거들었다. 세 번째 여성 응답자는 "잠깐만 차분하게 생각해 보자고. 우리는 미래에 로봇을 가정부로 사용하게 될거야"라고 말했다. 이 워크숍의 결론을 정리하면 일의 변화에 따라, 남성과 여성의 관계와 그간의 전통적인 공적-사적 역할 분담도 바뀌게 될 것이다. 따라서 남성이 여성에 비해 높은 위계질서를 가졌던 것도 변할 것이라는 것이다.

유연근무에 대한 협상 절차도 문제가 될 수 있다. 말라카에서 2012년 특정 대학의 미래를 설계하는 3일 일정의 워크숍이 열렸다. 이 워크숍에서 대학의 미래는 인프라 비용 문제로 인해 상당한 불확실성을 가지고 있었다.[127] 교수는 재택근무를 할 수 있는 근무유연성을 원했는데, 이에 반해 학생은 학교가 더 많은 기숙사를 지어주기를 원했다. 이러한 의제에 대한 의사결정은, 과거 빅맨인 대학의 부총장이 내렸다. 그런데 이 대학의 부총장은 이러한 문제에 대해 공동 의사결정을 하도록 제도를 바꾸었고, 이에 따라 다양한 이해관계자가 참여하여 시나리오 기반의 대안을 제시하고 선호미래를 바탕으로 한 의사결정을 할 수 있었다. 빅맨이 모든 결정을 내렸던 과거에 길들어진 사람들에게는 이러한 공동 의사결정 체제가 문제가 있었다.

따라서, 빅맨의 권력을 줄이고 근무장소의 유연성을 높이는 것만 문제가 아니다. 그 밖의 아시아 가족 문화와 인간관계의 성격으로 인한, 의도치 않았던 1, 2차의 부작용 또한 문제가 될 수 있다.

생산성 제고, 정부의 투명성, 중산층의 부상, 자본의 세계화와 노동 이동, 디지털 기술의 편재성과 같은 아시아를 보다 평평하게 만드는 동인이 존재하는 것과 같이, 수평적 시스템으로의 이행을 지연시키는 반대되는 힘 또한 존재한다. 이러한 반대되는 동인으로 다음과 같은 것이 있다.

1. 정치 체제에서 더 큰 목소리가 가진 소수 집단에 의해 만들어지는 위기는 역사에서 흔하게 찾을 수 있다. 수평적 체제가 충분히 성숙하지 못하였으며, 수직적 체제를 상황에 맞게 현명하게 활용할 역량도 없는 경우에, 사회의 수평적 체계로의 이행은 지체된다.
2. 지정학적 긴장은 그 사회의 시민에게 안정과 미래의 확실성을 요구하게 한다. 이는 또 다른 위기를 가져온다.
3. 기후변화 및 재난으로 인한 위기를 들 수 있다. 명확한 상명하복의 권위주의적 체계가 이러한 위기와 재난에 효율적으로 대응할 수 있다.

4. 전통적 유형의 지도자에게 정치적 권력이 집중되면 이로 인해 위기가 발생할 수 있다.

전망하건대, 실현 가능성이 가장 높은 미래는 아시아가 현재보다 더욱 수평적이고, 유연하며 참여적 체제로 전환하는 것이다. 이러한 체제에서 권력이 줄어든 빅맨은 그림자 뒤에 숨어들 가능성이 있다. 그림자 뒤에 숨어있다 함은 감시기술을 활용하여 은밀하게 권력을 활용하는 것이다. 스카이프와 연결된 카메라와 같은 디지털 기술을 이용하여, 사무실이나 집에서 직원의 근무태도를 감시하는 것이 그 예에 해당한다.128)129) 이는 일종의 트레이드오프(trade－off) 관계에 있다. 이러한 기술로 인해 이전보다는 근무유연성이 높아지나, 디지털 감시 기술을 이용하여 명령과 통제가 어느 정도까지는 수반될 것이다.

다음의 다중인과계층분석에서, 단계별 전환을 제시했다. 장기적으로 보다 수평적 사회 시스템이 될 것이나, 중기 미래에서는 수직과 수평 시스템이 혼재될 가능성이 높다. 중기 미래에서는 시장과 전통적 통제 사이, 즉 구체제와 신체제 사이에 긴장이 존재할 것이다. 어떠한 경우이든, 중기 미래에서 빅맨은 권위적이나 보다 친근한 얼굴을 가지고 있는 빅브라더 혹은 그와 유사한 존재가 될 가능성이 있다.

〈표 3-1〉 빅맨의 종언

	현재	2030년	2040년
현상(Litany)	• 사무실에서 근무 • 신문사는 칼럼을 사회 지도자에게 헌정	• 일정 비율의 노동자가 생체정보장치를 장착하거나 혹은 감시 카메라가 설치된 집에서 근무 • 시민 언론이 주도	• 일정 비율의 노동자가 재택근무를 함 • 현명한 언론
시스템	• 가부장제 • 강력한 국가 • 명령과 통제 • 외부 세계는 위험 • 수직적 구조	• 구체제와 신체제제의 긴장 및 외부의 위기로 인한 빅맨의 복귀 가능성	• 중산층의 증가 • 디지털 기술 • 디지털 원주민의 등장 • 근무장소의 유연성에 대한 욕구 • 아시아에서의 가족의 중요성 • 동료 간 수평적 구조
세계관	• 봉건제	• 시장과 통제	• 시장과 공동체
메타포어	• 빅맨, 모난 돌이 정 맞는다	• 빅브라더와 함께한 행복한 가족	• 행복한 가족 • 만병통치약이란 없다

2013년 방콕에서 열린 한 회의[130]에서 태국 시민사회단체의 한 지도자는 다른 미래를 전망했다. 그들에게 현실적 지배구조는 여전히 "신왕"에 있었다. 태국 사회에 국한하자면 대다수의 사람에게 있어서 자신의 삶을 주도적으로 이끌 방안이 거의 없었다. 이들은 생존을 위해 소수의 특권층을 위해서 일해야만 했다. 이러한 열악한 상황은 사람들로 하여금 그들의 사고방식을 바꾸도록 할 것이다. 이러한 상황 속에서도 시민의 선호 미래상은 존재하며, 선호 미래에서의 메타포어는 "개미"이다. 개미는 시민 각자가 효율적으로 협력하는 것을 상징적으로 의미한

다. 최종적으로 도출된 개연성 있는(plausible) 한 미래상에 대한 메타포어는 '벼랑 끝에 걸쳐져 있는 배'였다. 이 메타포어 속에서 아시아인은 그 배의 승객이다. 현재 상태가 지속된다면(business as usual), 그 배는 벼랑에서 떨어져 모든 승객이 죽게 될 것이다. 이러한 미래를 회피하기 위해서, 사람들이 모두 협력하여 배를 다른 쪽으로 이동해야 한다. 아시아인이 효율적으로 협력해야 비로소, 벼랑 끝에 걸친 배가 벼랑으로 굴러 떨어져 아시아 승객이 모두 사망하는 재앙을 피할 수 있다.

아래의 다중인과계층분석은 이러한 미래상을 요약하여 보여준다.

〈표 3-2〉 신왕(the god king)의 종언

	현재	2030년	2040년
현상(Litany)	• 핵심 측정지표: 부패에 대한 무관용 • 시민 참여 기회 • 분권화 및 지방 정부에 참여	• 중산층의 무관심 • 양극화 • 불평등	• 지니 계수 하향 추세 • 여성 권한 강화 추세 • 지속가능한 개발
시스템	• 다양한 이해관계자 • 인프라에 대한 접근성의 확보 • 기술발달에 따른 실시간, 시민주도의 참여 • 높은 투명성	• 독점과 엘리트의 장악 • 법 앞의 불평등 • 상대적인 경제적 안정성 • 시민에 대한 무책임	• 열린 정부/공개 데이터 • 근본부터의 모든 분야의 혁신 • 기업의 사회적 책임 • 책임 투명성
세계관	• 각자에게 개성에 대한 존중 • 공통의 미래: 우리는 이 미래를 함께 만든다	• 가부장제: 리더가 가장 잘 안다 • 시민들은 통제력이 없고 신뢰할 수 없다 • 결정론적 관점	• 부의 공유 • 우리 함께 더 큰 성취를 거두자
메타포어	• 개미: 협업하며 효율적	• 신왕	• 전환점: 벼랑 끝에 걸쳐져 있는 배

신왕이 상징하는 사회계약은 경제성장에 대한 대가로 신왕에게 권한을 부여하는 것이었다. 이러한 내러티브에 대해 두 가지 모순이 발생했다. 첫 번째는, 필리핀을 포함한 아시아의 여러 지역에서, 신왕은 사회계약의 의무를 이행하지 않았다. 즉, 경제성장을 기대하고 권력을 집중하였으나, 경제성장이 소수에게, 특히 권력자와 관련된 부족집단에게 집중되었다. 이는 전통적인 봉건 체제로의 회귀를 의미한다. 따라서 생산성을 높일 수 있는 협력적이고 효율적인 다른 문화에 대한 요구가 등장했다. 이를 위해서는 정치, 경제, 사회적 변혁이 일어나야 한다. 즉, 투명한 거버넌스와 같은 시스템적 변화가 있어야 한다. 이는 단순히 선거민주주의가 된다고 달성되는 것이 아니다. 신왕은 표를 매수할 수 있으며, 다른 대리자를 통해 그의 권력을 유지할 수 있다. 두 번째로, 시민사회의 성숙이다. 신왕과의 사회계약이 성공한 싱가포르나 어느 정도 성공을 거둔 말레이시의 경우에 시민사회의 성숙이 중요해졌다. 시민은 사회에 공헌하고, 책임 있는 의사결정을 하며, 신왕을 어버이로 하는 아이에서 어른으로 성장해야 하며, 미래를 위해 보다 큰 책임을 져야 한다.

두 경우 모두 신왕의 교체가 선거에 의해서만 이루어진다면, 강력한 지도자 체제로 되돌아갈 위험이 있다. 시민사회의 사회적 책임과 그 나라의 경제적 부의 증가가 수반되어야 그러한 위험에서 회피할 수 있다. 경제적 부를 보장함이 없이 전통적 권력을 유지하려는 시도는 기존의 전통적 지배세력이 쉽게 택할 수 있는 길이다. 이러한 역사적 진자 운동 속에서, 아시아 사회는 장기적으로 투명한 거버넌스와 강력한 제도를 통해 민주적이 될 것이다. 이러한 이행은 봉건적 경제에서 지식 경제로, 그리고 그 다음의 역사적 발전 과정으로의 여정의 일부가 될 것이다.

따라서 미래의 아시아 노동자는 일하기 위해 사는 것이 아니라, 살기 위해 일하게 될 것이다. 일하기 위해 사는 것은 신왕이나 과도하게 권력을 보유한 직장 상사가 노동자에게 원하는 것이다. 일자리가 줄어들고, 노동자가 보다 유동적이며 유연하게 됨에 따라 일의 본질이 변화하게 될 것이다. 이는 노동자로 하여금 창업가 정신을 지니게 하며, 시장 경쟁력을 키우도록 할 것이다. 궁극적으로는 리더십에도 근본적 변화가 올 것이다. 권력과 통제력의 상실에 대한 공포는 불확실성의 시대에 있어서의 의사결정의 부담을 공유하여 나누는 욕망으로 대체될 것이다. 직장 상사와 노동자의 경계선은 흐릿하게 될 것이며, 이는 모두에게 이익이 될 것이다.

핵심내용

* 빅맨의 전통적인 권위는 아시아 전역에서 도전받고 있다. 전통적인 권위와 민주주의가 혼합될 가능성이 가장 높다. 빅맨과 권력이 과도하게 집중된 직장 상사가 사라지지는 않겠으나, 그 권력은 줄어들 것이다.

* 아시아의 경제 체제가 봉건 경제에서 지식 경제로 이행하면서, 사회 시스템은 보다 평평해지고 투명하게 될 것이다. 이를 위해 직원에게 더 많은 권한과 책임이 이양되어야 하고, 근로 유연성이 높아져야 하며, 디지털 기술이 더 많이 채용되어야 한다. 다시 말하지만, 일이란 무슨 일을 하느냐 하는 것이 중요하지, 어디서 하느냐가 중요하지 않다.

* VIP 문화는 단기 및 중기적으로 다시 살아날 것이나, 구조적으로나 장기적으로나 이러한 문화는 상당 부분 줄어들 것이다. 리더십 또한 변화가 빠르고 불확실성이 높은 시대에 작동할 수 있는 의사결정 체제를 도입하게 될 것이다.

제4장

공장식 교육의 종언

과거 한 세기 동안, 아시아인이 서양으로 이민을 가는 이유 중 가장 흔한 것이 "아이들에게 보다 나은 교육 기회를 주기 위해서"였다. 방글라데시 이민자를 아버지로 두고 인도계 이민자를 어머니로 둔 살만 칸(Salman Khan)은 MIT나 하버드대와 같은 유수 대학을 나왔는데 그 덕을 톡톡히 보았다. 그는 2005년 칸 아카데미를 설립했는데, 처음에는 미국의 교육혁명에 도움을 주었으며, 지금은 세계적 교육혁명을 돕고 있다. 학교에서 그의 사촌을 돕기 위해 몇몇 교육 비디오 제작으로 시작한 일이 세계 도처의 수백만 명의 학생에게 교육 경험을 제공하는 조직으로 성장했다.131) 칸 아카데미의 교육교재는 36개 이상의 언어로 번역되었고, 인터넷 사이트에서 5개의 언어로 서비스를 제공하고 있다. 아카데미의 운영에는 "수천 명의 자원봉사자와 기부자"라는 글로벌 커뮤니티에 의존하고 있다. 칸 아카데미에 등록한 학생은 세계 어디에서나, "글로벌 교실"에 참여할 수 있고, "모든 연령대에 따른 개인화된 학습 자료"를 통해 자신의 성취도에 맞추어 공부할 수 있다. 칸 아카데미의 가장 큰 장점이 무엇일까? 칸 아카데미의 미션은 "무료로, 세계적 수준의 교육을 누구에게나, 어디서나" 제공하는 것이다. 칸의 초기 교육 비디오는 방글라데시 이민자 아버지와 독일인 어머니를 둔 자웨드 카림(Jawed Karim)과 공동 개설한 유튜브 채널에 올라갔다. 카림은 2005년 4월 23일 유튜브의 첫 번째 동영상으로 "동물원에서의 나"를 올렸는데,

이 동영상에서 코끼리와 코끼리의 "정말 정말 긴 코"에 대해 이야기했다. 이 18초짜리의 동영상은 2020년 12월 현재 일억 번 이상의 시청횟수를 기록했으며, 천만 건 이상의 코멘트를 받았다. "동물원에서의 나"는 교육용 비디오라고 하기는 어렵다. 그러나 엄청난 수의 콘텐츠 소비자가 접근할 수 있다는 점에서 이러한 디지털 기술의 잠재성은 크며, 그 가능성이 완전히 드러난 것도 아니다. 기존의 전통적 교실은 수용 가능한 학생의 숫자에서 참여하는 방식에 이르기까지, 이러한 새로운 교육 방식과 비교할 수 없다.

　이러한 새로운 교육체계는 아시아의 전통적인 학습방식과는 다르다. 전통적인 교육방식은 공장식 교육 모델이라 할 수 있다. 공장식 교육 모델은 계층적 세계관에 바탕을 두고 있으며, 스승의 지식을 최선이라고 여겨야 하며 맹목적 준수를 요구한다. 공장식 교육 모델에서 학생은 암기식 학습에 몰두해야 한다. 교육부 장관이 규정한 지식을 암기하게 되면, 일정한 자격을 얻게 되고, 그 자격을 통해 취직할 수 있게 된다. 운이 좋다면 지방의 농촌에서 도시로 이주하는 데 도움이 될 것이다. 초등학교에서 대학교까지의 교육의 전 과정은 고도로 구조화되어 있으며, 연령에 맞추어 진학하도록 되어 있다. 교육부 장관이 가장 상층부에 있고 학생이 그 구조의 가장 하층부에 속해 있다. 대학과 초중고가 동일하게, 교실의 구조는 학생이 복수의 열과 행으로 책상을 배치하고 교사를 향하여 앉아 있도록 되어 있다. 일반적으로 가장 성적이 좋거나 목소리가 높은 학생이 앞 열에 앉고, 그 이외의 학생은 뒤에 앉아 있도록 되어 있다. 규율, 순종 및 암송이 학교에서의 성공의 열쇠가 된다.

　이러한 교육체계는 아시아에서 최근까지도 성공적이었다. 아시아 출신의 학생이 측정 가능한 교육성과의 측면에서 탁월한 성과를 보이고 있다. 예를 들어, OECD 국제학업성취도평가(PISA, Programme for International Student Assessment)에서 아시아 학생은 다른 지역의 학생에 비해 좋은 성적을 꾸준히 거두었다. PISA는 15세 아이의 지식과 역량을 시험하여 전 세계 교육 시스템을 평가하는 것을 목표로 한다.[132] 2012년 국제학업성취도평가는 65개국 50만 명 이상의 학생이 수학, 독서 및 과학 분야에 대학 성취도를 평가했다. 이때 평가의 주요 초점 대상은 수학이었다. "수학 능력이 미래 금전적 수입과 중등 교육 진학과 같은 청소년의 미래 성취를 예측하기 위한 강력한 변수"이기 때문이다.[133] 2015년, 72개 국가와 지역의 2,800만 명 15세 청소년을 대표하는 50만 명 이상의 학생이 과학, 수학, 독서, 협업 문제 해결 및 금융 문해력에 대한 평가를 받았다.[134] 성적 상위 11개 국가 혹은 지역 중 8개가 아시아 국가였다. 이 8개 국가 혹은 지역은 싱가포르, 일본, 대만, 마카오, 베트남, 홍콩, 중국의 베이징−상하이−장쑤−광둥성 지역, 한국이었다.[135][136][137] 아시아 지역의 다수의 국가가 교육에서 성공한 이유에는 "기적도, 비밀도 없다."[138] 아시아에서는 교육에 대해 높은 사회문화적 가치를 부여한다. 학생은 열심히 공부하고, 정부에서도 교육에 상당한 투자를 하는 동시에, 학교 교육과 교사의 질을 높이기 위해서 현명한 투자를 하고 있다. PISA 수행 결과는 높은 교육 성취도가 반드시 "투입된 자원"에 따른 것이 아님을 보여주고 있어 고무적이다. 베트남은 미국, 호주 및 영국을 앞서고 OECD 국가 평균을 상회하는 PISA 성적을 보여주었다. 이는 그간의 "높은 수준의 경제발전 없이 높은 교육 성취도를 보일 수 없다"는 주장이 반드시 옳은 것이 아니라는 것을 보여준다.[139] 게다가, 동아시아에서 일반 노동자의 자식은 수학성취에 있어서 영국 전문직종 자식에 비해 1년 앞서 있다는 것은 영국인을 당혹스럽게 했다.[140]

그러나 아시아 학생의 뛰어난 학업성취도는 앞으로도 지속될까?

PISA에 자체에 대한 비판이 물론 존재한다. 그것이 무엇을 측정하고, 무엇을 측정하지 않는지에 대한 비판도 존재한다. PISA 테스트는 "주입식 교육"을 받은 학생에게 유리하며, 극한적으로 주입식 교육이 진행된 장소를 선호한다는 비판 또한 있다.[141] 결과적으로 PISA 테스트에서의 "최고의 학생"으로 분류된 학생들이 "매우 영리하며 위대한 사상가"이거나 "미래의 학업"을 증명하는 것도 아니다. 그들은 시험 답안을 암기하여 몇 분 안에 문제를 풀 줄 아는 열심히 노력하는 공부기계에 불과하다.[142] 이들은 어릴 때부터 끊임없는 학습, 시험준비, 시험의 쳇바퀴에 빠져 있다. 어떤 면에서 이들은 공부기계 인간종(Homo-Educandus-Mechanicus)이다. 공부기계 인간종이란 공부, 복습, 숙제, 선행학습, 시험기법 학습 및 문제 풀이에 하루의 대부분을 쓰는 인간을 의미한다. 일부 비판은 아시아 학생이 공부기계 인간종이라는 것이다.[143] PISA 테스트에 대한 옹호자도 존재한다. 이들 옹호자는 PISA 테스트가 과거 몇 년간 상당히 개선되어 더 다양한 것을 점검할 수 있게 되었으며, 암기식 학습도 가치가 있음이 입증되었다고 주장했다. PISA 테스트는 "반복적 교육"의 우수성 및 지식 응용력도 점검할 수 있게 되었다.[144] 게다가 OECD는 인도네시아를 OECD 45개국 비OECD 6개 국가 혹은 교육 시스템 중 교육분야 혁신 국가 2위로 선정했다.[145] 인도네시아는 교사가 가르치고 학생은 듣는 전통적인 교육 방법을 택하고 있는데, 그럼에도 불구하고 2위로 선정된 것은 놀라운 일이었다.[146]

현재의 교육 방법 중 많은 것이 미래에는 사라질 것으로 전망된다. 같은 해에 태어났다는 이유로, 서로 다른 지식 수준을 가진 아이를 같은 반에 두거나, 교육의 질을 측정하기 위해 표준화된 시험을 치르게 하는 것은 미래에는 사라질 것이다. 나이가 같다고 아이들을 집단적으로 교육하는 것은 "공장에서 일할 노동자가 필요한 산업사회의 요구를 충족하기 위한 방안으로 적합할 것이다. 그러나 그러한 환경에서 다르게 생각하거나 이를 뛰어넘는 사람이 나타나지는 않을 것이다."[147] 표준화된 시험성적은 "얕은 지식"을 확인하기 위한 지표에 불과하다. 얕은 지식이란 현재도 자동화되어 있으며, 미래에는 더욱 자동화의 비율이 높아질 업무 수행에 필요한 지식이다. "미래 일자리를 위해 필요한 역량" 목록은 많으며, 이를 거론하는 사람의 성향과 선호도에 따라 다양하다. 그러나 대부분의 사람들은 수학, 과학, 논리학의 지식이나, 교육의 기본이라 불리는 읽기, 쓰기, 산술의 3Rs(Reading, wRiting, aRithmatic)에 대해 동의한다. 또한 기존의 역량과는 완전히 다른 미래에 대응한 새로운 역량이 개발되어야 한다는 데 대해서도 같은 의견을 보인다. 이러한 새로운 역량으로는 적응성, 컴퓨터적 사고, 인지적 유연성, 창의성, 교차 문화 역량(Cross-cultural Competency), 비판적 사고, 혁신 및 적응적 사고, 감정 및 사회 지능, 신 미디어 문해력,i) 인적 네트워킹 역량, 스스로 동기를 부여하는 역량, 센스메이킹(Sense-making), 인지부하관리 역량,ii) 자기 인식, 다학제적 역량, 가상 협업 역량 등이 포함되나, 반드시 이에 국한하는 것은 아니다.148)149)150)151) 그러나 이러한 모든 역량을 키우기란 불가능에 가깝다. 미래 역량에 대한 논의는 과거와 같이 특정한 단일한 역량만 있으면 되는 일자리는 사라지며, 특정한 지식에 다른 유형의 복수의 역량이 더해지는 것이 점점 더 요구될 것임을 지적하는 것이다.

　　요약해서 말하자면, 교육의 미래에 초점을 둔 교육자 간에 상당한 공감대가 형성되어 있는데, 공장식 암기 교육이 아시아와 아시아 이외의 모든 지역에서 제대로 그 역할을 수행하지 못한다는 것이다. 브루나이의 충화(Chung Hwa) 중학교가 대표적 사례다. 이 학교는 2009년 중국 외교부로부터 '모범 학교상'을 수상했다. 2011년 브루나이의 술탄 국왕으로부터 충화 중학교의 호쿠이크란(Kho Guik Lan) 교장은 학교지도

---

i) 역자주: 미디어 문해력이란 '미디어에 접근하여, 활용, 분석, 평가 및 창작할 수 있는 능력'을 말한다. 신 미디어 문해력이란 유튜브와 같은 신 미디어에 대한 문해력이다.
ii) 역자주: 인지부하관리란 사람이 학습하는 데 있어 작업 기억의 용량을 넘는 내용은 기억하지 못하는데, 이를 관리하기 위해서는 지식을 스키마라는 체계로 관리하여 내용을 단순화하는 것을 의미한다.

자 상인 명문 공로상을 수상했다.[152] 2015년에 이 학교는 마이크로소프 트사로부터 교육분야에서 "모범 학교상(Showcase School)"을 다음과 같은 이유로 수상하여 또 하나의 이정표를 쌓았다.[153]

> … 학생들로 하여금 미래의 직장에서 보다 나은 성공을 준비하게 하 기 위해, 모바일과 클라우드 기술을 이용하여, 학생들에게 개인화된 교육을 제공하기 위해 학교 교육환경을 전환하는 데 탁월성을 보여주 었다. … (충화 중학교는) 언제, 어디서든 학습이 가능하도록 소프트 웨어 기능을 적극적으로 활용했다. 이를 통해 학생이 규격화된 사고 방식에서 벗어나고, 서로 소통하는 데 도움이 되도록 했다. (학교는) 교실에서 스카이프(Skype)를 사용하여 원격수업을 가능하도록 한 아 시아의 첫 학교이기도 했다. 그 외에 마이크로소프트의 오피스365, 클 라우드 시스템인 원드라이브, 원노트(OneNote), 오피스 믹스(Office Mix)와 트위터와 유사한 얌머(Yammer)를 포함한 다양한 소프트웨어 도구를 사용했다. 이를 통해 교사가 효과적이면서도 창조적이고 학생 들로 하여금 생각을 유도하는 수업을 할 수 있도록 했다.[154]

충화 중학교의 교장에 따르면, 그들의 성공비결은 이들 기술을 적 극적으로 활용하는 것뿐만 아니라, 교실에서 체험학습이 가능하도록 했 으며, 가능한 한 "최고 수준의 우수성"을 달성하도록 교사의 가르침과 학생의 학습을 전환하는 데 있었다.[155] 체험학습을 채용한다 함은 인기 는 그렇게 높지 않으면서 위험을 감수한다는 것을 의미한다. 체험학습 이 미래의 성공을 위해 필요한 핵심 능력으로 더욱 간주되고 있다는 의 미이기도 하다.

이러한 변화는 교육 기술에만 국한된 것이 아니다. 이는 과거보다 더욱 학생 중심으로의 이행을 의미하며, 유연한 교육과 학습을 촉진하는 교육 모델로 변혁할 가능성이 있는 교육 모델에 관한 것이기도 하다.
이 새로운 모델에서, 교사는 역진행수업(flipped learning) 방식으로, 학
생은 온라인 등으로 학습하고, 강의시간에 토론을 한다. 이는 학생이 모
든 답을 사전에 알 필요가 없도록 하며, 학생이 쉽게 토론에 참여할 수
있도록 한다. 이는 학생이 자신의 흥미를 야기하고, 긴급한 문제에 집중
할 수 있도록 격려하면서 진행된다. 수업시간에 학생은 질문에 참여한
다. 교사는 교육 내용을 제공하나, 학생들로 하여금 이를 외울 것을 요
구하는 것이 아니다. 학생이 자체적으로 문제를 해결하도록 한다. 교사
는 학생에게 지식 항해사의 역할을 수행하여, 학생이 자신만의 해답 경
로를 찾도록 돕는다. 학생이 중심이 되는 것이다. 이제 과거 지루했던
교육공장은 배우는 것이 즐거워지는 놀이터로 변신하게 된다.

이러한 교육체계에 성공하려면 교사가 감성지능을 충분히 갖추어
야 한다. 학생들로 하여금 협동적 학습에 참여하도록 독려하는 것도 중
요하다. 학생에 대한 평가에서 개인적 학습 성취도가 높은 학생에게 보
상하는 대신, 다른 학생과 협력하는 행동에 대해 보상하도록 해야 한다.

아시아 전역에 걸쳐, 교육전문가는 이러한 주요 변화를 조사하고 있
다. 예를 들어, 1994년에 설립된 아시아퍼실리테이터협회를 들 수 있
다.[156] 이 조직은 국제퍼실리테이터협회(IAF, International Association of
Facilitators)의 아시아 지부로, 상호 학습을 위한 국제적 학습을 증진하여, 협
력 역량을 높이는 것을 목적으로 한다.

아시아 전역에 걸쳐 이와 같은 시도는 매우 풍부한데, 이 책에서는
저자가 직접 참여한 기관을 중심으로 논의를 풀어가겠다. 예를 들어, 말
레이시아의 고등교육부의 리더십 아카데미는 당시 말레이시아의 교육
방식을 보다 학생 친화적이고, 시장과의 연계성이 높은 방식으로 전환
하도록 정부당국에 영향을 끼치는 것을 목적으로 워크숍을 2011년부터
2014년까지 운영했다.[157] 말레이시아의 사례연구를 통해, 해당 워크숍

에 참여한 학자들은 당시의 교육 시스템이 지식을 "강제로 먹이는(force feed)" 모델에 기반하고 있다고 밝혔다. 학생들에게 무엇을 언제 배울 수 있는지에 대한 보다 넓은 선택권과 책임을 주는 "주문형(a la carte)" 교육 모델로 이행하는 것이 필요했다. 워크숍에 참석한 교육관계자는 미래의 교육 모델이 "건강한 뷔페"로 전환해야 한다고 주장했다. 그들은 그들의 주장이 교육당국과 학부모에게 반발을 불러올 것임은 이해하고 있었다. 건강한 뷔페 교육 모델에서, 학생이 주도하거나 설계할 수 있도록 학생의 선택권도 존중되나, 교육부가 고집하는 교육적 요소도 여전히 보호받게 된다. 또 따른 교육의 미래 시나리오로 "잡식성"도 존재한다. 이 시나리오에서 미래의 새로운 환경에서 교사와 학생이 함께 학습하는 교육 모델이 제시되었다.158)

또 다른 사례로 이슬람협력기구(OIC, Organization of Islamic Coo-peration)의 과학기술 위원회 후원을 받은 교육과정이 있다. 이 과정은 지식경제와 대학의 미래에 대한 것으로 파키스탄과 방글라데시에서 2009, 2011년 및 2013년 열렸다. 이 과정의 일관된 핵심 쟁점 중에는 이슬람 세계에서 학습방식을 변혁시켜, 단순 암기식 교육에서 동료 간의 협업적 학습으로 이행하게 하는 것이 있었다.159)

이러한 교육 모델의 전환에 대해서는 국가 수준의 토론이 진행되었다. 예를 들어, 싱가포르 정부의 2013년 국가 토론(national conversation)에서의 초점은 성인의 액션러닝(action learning)을 통한 새로운 유형의 학습에 대한 것이었다.160) 유네스코의 아시아 태평양 지역에서의 최근 중점사항은 지식 실험실(knowledge-lab)의 설립에 관한 것이었다. 지식 실험실이란 학계, 학생, 전문가와 이해관계자가 새로운 전략의 수립과 비판을 하는 장소이며, 또한 신전략 형성을 위한 대중의 지혜를 활용하는 곳이다. 이러한 새로운 접근방식을 채용한 이벤트는 교육만을 주제로 하지 않는다. 필리핀 라오그(Laoag)에서 개최된 2014년 유네스코 회의의 주제로 아시아 지역 도시의 회복탄력성을 탐색했다.161) 유네스코가 2013년 방콕에서 개최한 "아시아 태평양 지역에서의 학습체계 전환" 행사에서, 아시아 지역의 국가는 교사 중심 교육에서 학생 중심 교육으로 전환할 것을 권고사항으로 제시되었다.162) 이 행사의 참석자는 교수중심 학습체계가 아직 표준으로 유지되고 있다고 답했다. 학생중심 학습체계가 아시아 전역에서 교육 정책의 담론이었으나 성공하지 못했다고 주장한 것이다.163) 학생중심 학습은 학생이 지식을 창조하도록 유인하고, 활동적이며 자기 주도 학생이 되게 하는 학업 체계다. 이는 앞으로 중요해질 교육방식이다. 학생중심 교육체계는 정보가 교사에서 학생으로 일방향으로 흐르는 교수중심 학습체계를 대체하기 위한 것이다. 교수중심 학습체계는 미래에는 말할 것도 없이, 오늘날의 학생에게도 의미와 중요성이 크지 않다.

위에서 언급한 교육의 미래와 관련된 신호는 아직 이머징 이슈에 머물러 있다. 학생 중심과 지식 탐색을 표준으로 하는 교육부가 아시아에는 아직 없기 때문이다. 새로운 교육 모델을 하향식 교육 시스템에서는 예외적 미래상(outlier)이 될 것이다.

하지만 새로운 교육 모델이 아시아 지역에 전파될까? 필자는 그렇게 될 것이라고 확신한다. 서구의 국가에서는 역진행 교실이 이미 널리 채택되었다.164) 이는 이러한 아시아 국가가 서구 국가 대비 경쟁력 확보를 위해 역진행학습을 채택하도록 하는 유인요소가 될 것이다. 디지털 기술은 새로운 유형의 교육체계를 가능하게 하는 환경을 만들어 교사와 학생이 교실이라는 물리적 공간의 사슬로부터 해방될 것이다. 이에 따라 교사와 학생은 새로운 학습 공간을 열 것이다. 기업은 이미 이 분야를 선도하고 있다. 기업은 대학으로 하여금 그들에게 필요한 학생의 역량과 경쟁력을 증진시키는 관련성이 높은 교육법을 채택하도록 압력을 줄 수 있다. 마지막으로, 새로운 가상환경에서 공부하고 있는 디지털 원주민 세대는 유동성, 적응성 및 학생중심의 교육을 기대한다. 학생들은 이러한 새로운 교육체계를 요구할 것인데, 교사와 교육과정을 평가하는 ratemyteacher.com과 같은 웹사이트를 통해 그들의 기대를 표현하게 될 것이다.[165]

이러한 교육 방식이 주류가 되면, 그러한 변화가 가지는 의미는 무엇이 될까? 2014년 방글라데시의 수도인 다카에서 샤킬 아메드(Shakil Ahmed)가 퍼실리테이터로 주관한 교육 실무그룹은 여러 가지 중대한 영향이 있었을 것이라고 주장했다.[166]

우선, 참여적 교육을 위한 퍼실리테이션과 새로운 유형의 교육으로 인해 새로운 교육 상품이 등장할 것인데 이로 인한 교육산업이 성장하게 될 것이다.

새로운 교육공간도 구축해야 한다. 즉, 전통적 교실은 집단 학습과 참여와 같은 새로운 유형의 학습 공간으로 전환되어야 한다. 그리고 이는 디지털 기술로 인해 가능해지게 될 것이다.

학습이 종종 협력적이고, 공유된 지혜를 기반으로 한다는 점에서, 새로운 형태의 평가 방식이 필요하다. 새로운 감성 기술과 감성 역량이 필요한데, 이들은 다시 새로운 기술에 대한 수요를 창출하게 될 것이다. 학생은 교사에 의존적이었던 것과는 달리 자기 주도 학습을 해야 할 것이다. 마지막으로, 교사는 이와 관련 있는 새로운 역량을 학습해야 할 것이다.

학습을 위한 심층적 메타포어는 "공장의 톱니바퀴"에서 "놀이터에서의 지식 내비게이터"로 이행했다. 이 메타포어의 이행에 따라, 전체 체계의 이행도 필요하다. 이는 과거의 일자리를 위한 교육과 역량 훈련에서 새로운 경제에 적합한 일자리를 위한 교육과 훈련으로의 이행이다. 다음의 표에 그 이행 내용을 요약했다.

〈표 4-1〉 새로운 교육체계

	현재	2040년
현상(Litany)	• 일자리	• 고객
시스템	• 산업 경제에 필요한 역량 • 이론 기반 • 학위	• 지식 경제에 필요한 역량 • 참여적 학습 • 적응성
세계관	• 교사 중심	• 학생 중심
메타포어	• 공장의 톱니바퀴	• 놀이터에서의 지식 내비게이터

　아시아를 포함하여, 전 세계 학생의 학교와 학교수업에 대한 공통된 의견은 "지루"하다는 것이다. 그러나 새로운 기술을 이용한 학습은, 그것이 게임 기반이든 혹은 가상현실과 증강현실이든, 흥미로워질 것이며, 그 내용은 전환하는 미래와 관련성이 있고 과거 교육에 비해 더욱 유용해질 것이다.

　여러 가지 면에서, 이 장에서 서술된 교육변화는 아시아 전역에 걸쳐 혁신적인 학교와 교육자에 의해 이미 일어나고 있다. 윌리엄 깁슨(William Gibson)의 유명한 말을 오마주하여 따라하자면, "교육의 미래는 이미 와있다. 다만 널리 퍼져 있지 않을 따름이다."

핵심내용

• 공장교육 모델에서 학습 촉진 모델로의 이행이 이미 일어나고 있다. 이러한 교육 모델로의 이행을 빠르게 수행하는 국가나 경제권은 미래에 경제우위를 갖게 될 것이다.

• 이러한 이행은 디지털 원주민 세대가 이끌 것이다. 유동성, 적응성 및 관련성은 디지털 원주민 세대의 핵심 목표가 될 것이다. 이에 수반되는 메타포어는 "공장의 톱니바퀴"에서 "세계라는 놀이터에서의 지식 내비게이터"로 전환할 것이다.

• 기업은 이 새로운 교육 모델을 선도하고 있으며, 이들은 대학과 학교로 하여금 기업이 요구하는 역량과 경쟁력을 기르고, 더욱 관련성이 있는 교육방식을 택하라고 압력을 가할 수 있을 것이다. 이러한 역량에 비판적·혁신적 및 적응적 사고, 감성 및 사회적 지능, 신 미디어 문해력, 인적 네트워킹 역량, 학제간 역량 및 가상 협업 역량이 포함된다. 학생들에게 변화하는 미래에 필요한 역량과 개인적 특성을 개발하는 데 가장 도움이 될 수 있는 것은 전통적인 위계적 교육 모델이 아니라, 학생으로 하여금 스스로 공부할 수 있도록 촉진하는 퍼실리테이터 교육 모델이다.

제5장
경제성장 지향에서 문화 지향으로

말레이시아의 한 기업가가 작은 아이스크림 가게를 열었다. 그런데 이 가게를 상점이라고 하기보다는 아이스크림 기계라고 부르는 것이 적당하겠다. 이 기계는 시원하고 달달한 여러 가지 맛이 나는 소프트 아이스크림을 만들 수 있다. 말레이시아의 대부분의 날씨가 덥고 습한데, 이 아이스크림 기계는 그러한 날씨에 상쾌함을 선사한다. 이 기계는 전기선이 연결되어 슈퍼마켓 앞의 나무 그늘 옆에 세워졌다. 기계가 설치되고 나서 몇 주 후, 사람들은 싸고 맛있는 이 소프트 아이스크림을 먹는 것이 습관이 되었다. 아이스크림 기계를 운용하는 직원이 불규칙하게 자리를 비웠는데 손님은 이 직원이 돌아올 때까지 기다려야 했다. 손님은 담당 직원이 어디를 갔는지, 언제 돌아오는지 묻곤 했다. 직원이 잘란잘란(jalan-jalan)을 갔기 때문에, 그가 언제 돌아오며 어디로 갔는지 누구도 알지 못했다. 잘란잘란이란 단어는 말레이시아, 브루나이와 인도네시아에서 흔히 사용하는 용어로, 방랑을 하고, 주변을 둘러보고, 산책하고, 관광하는 것을 의미한다. 누군가가 잘란잘란을 듣는다면, 이는 "'현재의 삶을 즐겨라'라는 말을 듣는" 것과 같다.167) 잘란잘란이라는 단어의 속살에는 "단순한 행복, 동료, 지나가는 장소의 소리"라는 의미가 배어 있다.

　　잘란잘란은 바쁘게 살아가는 회사의 임직원에게 "좋았던 옛날 옛적"을 떠올리게 한다. 혹은 "시간은 곧 돈"인 관점으로 본다면 열정 없는 이들의 한가로운 습성 정도로 여겨질 수도 있다. 그런데 "돈은 곧 시간"이라는 시각이 과연 옳은 것일까? 다른 말로 하자면, 돈이 잘란잘란을 위한 시간을 만들어 줄 수 있을까? 가장 중요한 것은 우리가 미래에 잘란잘란을 다소나마 즐길 수 있을까 하는 것이다.

부유한 아시아인에게 있어 돈은 시간적 여유를 줄 수 있게 되었다. 아시아의 부유한 오일 경제로부터, 아시아의 부유한 탈산업사회에 이르기까지, 가정부를 포함한 외국인 노동자를 고용하여 현지인이 기피하는 일을 시키고, 대신 그들은 휴식을 취한다. 가정부 등은 대부분 필리핀, 인도네시아 및 인도 아대륙 등 다른 아시아 지역 출신이다. 이들 가정부 등도 방랑을 하나, 이들의 방랑은 즐거움을 찾기 위한 것이 아니라 생존을 위한 방랑이다. 이는 자신과 가족의 생활여건을 개선하여 그들 자신과 자녀의 미래를 밝게 하기 위한 것이다. 반면 부유한 아시아인은 가정부 등을 고용하여 사소한 집안일 등에서 벗어나, 자유롭게 여행하고 여가와 즐거움을 위해 잘란잘란을 할 수 있게 되었다. 부유한 아시아인은 돈과 시간을 이용하여 여행과 잘란잘란을 할 경제적 여유가 있다.

아시아의 경제성장은 모다 많은 사람이 돈과 여유 모두를 가질 수 있도록 했다.

… 중국인의 생활 및 소비 수준이 향상되면서, 해외여행도 비약적으로 증가했다. 중국인은 세계의 다른 지역을 즐기고 배우기 위해 해외로 나가는 것에 열정적이게 되었다. 이러한 해외여행의 증가는 다른 나라에게 거대한 여행시장을 만들었다. 가장 인기 있는 여행지는 일본, 태국, 프랑스, 이탈리아, 스위스, 독일, 미국, 싱가포르, 몰디브를 포함하여, 그 외의 아시아 인근 지역도 중국인의 여행지가 되고 있다. 중국의 거대한 인구규모를 바탕으로 중국의 해외여행객의 숫자는 지속적으로 증가할 것으로 전망된다.168)

예를 들어, 2007년에만 4천만 명이 넘는 중국인이 해외여행을 했
는데, 이는 전년보다 18.6%가 늘어난 수치다.[169] 2016년, 중국인 해외
여행객은 상반기에만 5천 9백만 명에 달했다.[170] 이들 중국인 해외여행
객은 무슨 일을 하는 것일까?

중국인의 해외여행도 그 성격이 변했다. 이전의 여행이 차에서 잠을
자고, 쇼핑을 하고 사진을 찍는 것이었다면, 오늘날의 해외여행은 여
행객 자신을 즐겁게 하는 데 돈과 시간을 쓰는 것이다. 중국인 해외
여행객은 더 좋은 식사, 더 많은 재미를 추구하고 명소를 찾는 데 더
많은 시간을 보내고 있다. 즉, 최근의 중국인 여행객은 과거와 달리
양질의 여행을 추구하는 경향이 늘어났다. 또한 지역 주민의 일상생
활을 경험하고 지역의 문화와 관습을 배우려 한다.[171]

인도 사람도 해외여행의 조류에 합류하고 있다. 세계관광기구는 인
도인 여행자가 2017년 당시 2천만 명에 달했으며, 이 숫자는 지속적으
로 증가할 것으로 전망했다. 코로나-19로 인해 해외여행이 단절되지
않았다면, 2020년 그 숫자는 5천만 명으로 늘었을 것이다. 인도 관광객
이 숫자에 있어서 중국에 비해 적으나, 그 소비력으로 보면 일본인과
중국인 관광객에 비해 4배에 달한다.[172]

GDP 성장률 7%, 개인의 소득 수준 상승, 라이프 스타일의 변화,
중산층의 증가 및 저가 항공기 운임 및 다양한 여행 패키지 상품에 힘
입어, 인도의 해외로 여행가는 사람의 증가율이 세계에서 가장 빠르게
늘어나고 있는 국가 중 하나다. 1위는 중국이며 2위가 인도이다.[173]

매년 540만 명 이상의 인도인이 사업, 회의참석, 유학, 관광, 쇼핑,
신혼여행, 특히 친구와 친척 방문을 위해 해외로 나간다. 2천만 명

이상의 인도인이 외국에서 살고 있다. 그중 340만 명이 미국에 거주하고 있다. 이로 인해 해외여행의 여행은 연간 약 25% 증가한다. 이러한 증가추이는 앞으로 수십 년간 지속될 것으로 예측되며, 이러한 예측에는 상당히 합리적 근거가 있다. 인도의 GDP가 상승함에 따라, 인도의 인구는 2020년 현재 13.53억 명으로 인구규모에 있어서 조만간 중국을 추월할 것이다. 과학기술에 대해 상당한 지식이 있는 젊은 중산층의 규모도 5억 4천만 명으로 늘어 2017년에 비해 두 배 증가할 것이다. 2020년 초 인도는 인구통계학적으로 세계에서 가장 어린 국가가 될 것이다.[174]

관광지역을 지나치게 상품화하고 파괴하는 오버투어리즘(over tourism)이 문제가 될 가능성이 높아짐에 따라,[175] 해당 지역의 문화와 자연을 보호하기 위해 이를 규제하는 법규의 제정이 필요하다. 그럼에도 불구하고 성장하는 아시아 경제에서, 부유한 아시아인이 증가하고 여행 상품이 저렴해지고 있어, 잘란잘란은 여행의 새로운 표준이 될 수 있다. 한국의 미래학자인 박성원 박사는 "미래의 아시아 사회는 방랑하는 사회가 될 것이다. 특별한 인생의 목적이 없으며, 풍요로운 사회와 그 사회에 속한 개인은 탐색적이 되고 방랑하게 될 것이다."[176] 박성원 박사가 아시아인이 그들의 전 생애를 방랑하는 데 보낼 것이라고 주장하는 것은 아니다. 그는 아시아인 중 많은 사람이 경제적 성장만을 추구하는 "패스트 트랙"에서 잠시 내려, 그 이외의 다른 삶에 대해 고민하고 탐색할 것을 제안한다. 고등학교 졸업 직후 혹은 대학 졸업 후 바로 취직하여 고정된 경제적 목표에 개인 삶의 초점을 맞추기보다는, 자신의 정체성과 삶의 목적과 존재의 이유를 탐색할 수 있도록 1년 혹은 몇 년간 방황하는 갭이어(gap year)를 보내는 것이 하나의 관행과 문화가 될 수 있다. 즉, 이들은 잘란잘란을 하는 것이며, 방랑하는 것이다. 이는 전통적인 공장식 경제개발 모델을 위협하는 것일 수 있다. 그러나 지식사회에서 이러한 방랑은 개개인이 정신적으로 성숙하며 발전할 수 있는 기회를 준다. 이를 통해 사회라는 기차가 보다 빠르고 효율적으로 달릴 수 있게 하며 동시에 새로운 경제성장 방안과 동반성장 방안을 발견하게 한다. 특히 새로운 P2P, 즉 인터넷 연결 경제가 그러하다. 사회 전체가 집단적으로 방황하는 것은 혼란을 내포하나 전체 사회 시스템의 생산성을 향상시킨다. 물론 개인 차원에서 보자면 일부는 힌두교의 요가학파의 요기나 승려가 될 수도 있으며, 혹은 이븐바투타(Ibn Battuta)와 같이 세계여행과 방랑을 평생의 직업으로 하는 경우도 있을 것이다.177) 이러한 변화는 여러 면에서 아시아의 전통과 다시 연결되기도 하나, 새롭고 현대적인 방식과도 연결되는 나선형의 역사적 발전에 해당한다.i) 과거는 새로운 미래를 만들기 위해 비판적으로 융합되고 흡수된다.

개개인이 고등학교나 대학 졸업 후 혹은 그의 사회생활 전반에 걸쳐 방랑하는지의 여부는 관련성이 떨어질 수 있다. 그런데 요점은 이러한 방랑을 통해 창의성이 사회에 내재화된다는 것이다. 질문과 탐색은 공장의 효율성, 즉 열차의 일정을 정확하게 지키는 것을 위태롭게 할 수 있으나, 그 이상의 가치가 있다. 한국, 일본, 싱가포르, 중국 및 기타 중진국 이상의 아시아 국가와 같이 포스트 희소성(Post Scarcity) 경제, 즉 윤택한 사회에 초점을 맞춘 사회적 개발단계는 탈산업사회의 지식사회의 문화적 차원에 해당한다. 이러한 단계를 제4차산업혁명이라 부른다.178)

한걸음 더 나아가 본다면 이는 지식경제를 넘어서 궁극적으로 드림 소사이어티(Dream Society)를 지향하는 것이다. 짐 데이토(Jim Dator) 교수와 서용석 교수ii)는 논문 「미래의 물결 한국: 아이콘과 미적 경험의

---

i) 역자주: 이 책의 저자인 소하일 이나야툴라 교수는, 거시 역사와 다양한 인류의 사상적 흐름을 분석하여, 역사적 발전의 패턴을 선형, 순환형, 진자형, 나선형으로 나누었다.
ii) 역자주: 서용석 교수는 2020년 현재 KAIST 문술미래전략대학원에서 미래학 교수로

떠오르는 드림이코노미」[179]에서 앞으로 다가올 드림 소사이어티의 모습을 한국이 경험하고 있다고 주장했다. 코펜하겐 미래연구 소장이었던 롤프 옌센(Rolf Jensen)은 "개인과 기업이 정보사회의 요구에 완전히 적응하기도 전에" 정보사회의 해가 저물어 가고 있다고 주장했다.[180] 채집가, 사냥꾼, 농부, 공장 노동자로 살다가 이제 컴퓨터가 상징이 된 정보사회에 살고 있는 우리는 다음 단계인 "5번째 사회유형"인 드림 소사이어티로 이행하고 있다.

이러한 미래에서, 9시에서 6시까지의 일자리에 대한 정의는 상당한 도전을 받을 것이다. 평생 직업으로 정의된 노동에 대한 정의도 도전을 받을 것이다. 소득의 수단으로서의 의미를 지닌 노동 또한 자동화와 인공지능의 발달에 따라 결국 도전을 받을 것이다. 앞으로 상상하고, 놀고 창조하는 능력이 중요해질 것이다. 예를 들어, 롤프 옌센과 같은 미래학자는 전 세계가 이러한 변화를 경험하고 있는 중이라고 주장한다.[181]

정보사회는 자동화를 통해 정보사회를 사라지게 할 것이다. 정보사회가 만들어낸 바로 그 일자리가 정보사회가 성숙해짐에 따라 폐지되기 때문이다. 정보사회에 내재된 논리는 지속된다. 기계로 인간을 대체하여, 기계가 인간을 대신하여 일하도록 하는 것이다. 이는 전자 산업의 스리 호라이즌(three horizons)에 투영된다. 첫 번째 물결은 하드웨어였으며, 두 번째는 현재 우리가 처한 소프트웨어다. 세 번째 물결은 콘텐츠이다. 이 물결에서 이윤은 콘텐츠를 전달하는 도구인 전자제품에서 발생하지 않고, 콘텐츠 자체에서 발생한다.

재직 중이다.

드림 소사이어티의 상징적 인물은 이미 태어났을 것이다. 다만 그는 아직 학교에 재학하고 있을 가능성이 있으며, 아마도 학교에서 우등생은 아닐 것이다. 현재의 우등생이란 과거를 분석하는 사람이다. 그러나 미래의 우등생은 교사를 곤란하게 하는 학생으로, 항상 새로운 관점에서 사물을 다루어 새로운 놀이를 준비하는 상상력이 뛰어난 학생일 것이다. 그는 21세기에 최고의 이야기꾼이 될 것이다.182)

전 세계가 드림 소사이어티로 이행하고 있는데, 그중 드림 소사이어티로 주도하고 있는 한국에 대해서만 말하자면 다음과 같다. 예를 들어, 짐 데이토 교수와 서용석 교수는 비슷한 결론을 내렸는데, 한국은 국민총생산(GDP) 지표에서 국민총문화지수(Gross National Cool)iii) 지표로 이행하고 있다.183) 이러한 한국의 변화는 첫째로 인터넷 보급률과 디지털화의 증가, 둘째로, 자동화율의 증가, 셋째로, 인구 중 디지털 원주민의 증가, 마지막으로 경제적 성장에 기인한다.

그러나 방랑하는 사회의 잠재적 부상과 관련된 가장 중요한 요인은 서구를 따라 잡는 "추격 모델"에 대한 재검토이다. 추격 모델은 미국과 서양을 최고에 위치하게 하며, 아시아를 이들보다 못한 것으로 평가하게 한다. 이러한 시각의 틀에서 미국은 목적, 초점, 평가기준의 준거점으로 작동한다. 그러나 한국과, 일본 및 싱가포르와 같은 아시아 국가는 혁신184) 및 창의성185) 지수 등에서 이미 서양을 추월했다. 아시아 국가는 그들이 서양에 비해 뒤처져 있고 서양을 추격해야 한다는 맹목에서 벗어나야 한다. 선형적 개발 모델은 이제 그 생애주기가 다하여 도전을 받고 있는 상황이다.

그리고 글로벌 금융위기186)187)는 서구 모델의 파산을 보여주었다.

---

iii) 역자주: 국민총매력지수라고도 번역하나, 실질적 내용은 문화창조와 관련 있는 것으로, 국민총문화지수로 번역했다.

아시아 국가는 대안을 탐색하였으며, 과거의 모델과는 다른 모델이 새로운 표준이 되었다.[188][189] 이러한 새로운 표준의 일부는 노력과 보상사이의 직접적 연결을 끊고 있다. 보상은 창의성, 놀이 및 방랑을 통해서 올 수 있다고, 박성원 박사는 주장했다. 관광은 이의 지표 중 하나가될 수 있다. 동아시아와 동남아시아에서 입국[190][191] 및 출국자의[192]수가 모두 지속적으로 증가하고 있다. 앞에서 언급했듯이, 중국인 해외여행자의 수는 막대하다. 2000년도에 천만 명이었는데, 2012년에 8,300만 명으로 성장했다. 이러한 추세가 지속되었다면 2020년 2억에 이를것으로 전망되었다.[193][194] 다만 코로나-19로 이러한 추세가 잠시 멈추었는데, 코로나-19 이후 이러한 추세는 어떠한 형태로든 지속될 가능성이 높다.

그러나 전통적인 집에만 머무르며 열심히 일하고 추격 발전하는모델에 대한 도전에 있어서 또 다른 중요한 요소가 있다. 이는 새로운정체성을 창조하는 증강현실, 가상현실, 혼합현실, 확장현실 등 기술의발전이다. 예를 들어, 기술창업가인 싱가포르 기업가 도지선(Dorjee Sun)[195]은 증강현실[196] 및 가상현실 기술 등[197][198][199]이 아시아 문화를 극적으로 전환할 것이라고 주장했다. 이러한 신기술이 아시아 전역에서 활용된다면, 그렇게 될 것이다. 가상현실 속의 자아는 아시아인에게 새로운 복수의 자아정체 중 하나가 될 것이다. 이는 아시아의 집단주의와 노인을 공경하는 문화를 전환하여 새로운 세계를 열 수 있는 길이 될 것이다.[200]

서양이 성공한 이유를 청교도 윤리에 의해 부분적으로 설명할 수있는 것처럼, 동아시아의 부상한 이유를 "무사도"로 설명할 수 있다는것에 유의해야 한다.[201] 짐 데이토 교수와 서용석 교수가 주장하듯, 정보사회가 확장되어 드림 소사이어티로 전환됨에 따라, 전통적 노동개념에 기초한 목적은 지속적으로 도전받을 것이다.

그러나 이를 무시할 수는 없다. 드림 소사이어티를 부상하게 한 요인이 사라지면, 즉 세계체제의 불안정으로 인해 깊은 경제위기가 초래되고 지정학적 긴장이 일어나는 경우, 방랑할 수 있는 여유가 있는 미래인 드림 소사이어티는 후퇴하고, 그 대신 "의무", "충성", "근면성실"이 전면으로 다시 등장하게 될 것이다. 그때가 되면 방랑하거나 의심할 시간적 여유가 없게 될 것이다.

그래도 이러한 이머징 이슈가 향후 트렌드가 된다면, 아시아의 방랑하는 미래에 대한 박성원 박사의 생각은 어떨까?

탐험, 여행, 게임은 합법적 활동이 될 것이다. 이들 활동은 창의성을 증진함에 따라, 게으나 생산적 활동으로 간주될 것이다.

베이비부머 세대가 은퇴하고, 디지털화와 함께 성장한 세대인 디지털 원주민 세대가 다수를 차지함에 따라 디지털 활동은 필수적인 것으로 생각될 것이다.

일단 디지털 원주민이 사회의 다수를 차지하게 되고, 디지털 기술이 디지털 원주민의 행태를 돕게 되면, 방랑하는 삶을 강화하게 하는 선순환 구조가 만들어질 것이다.

"요즘 아이들은 목적도 없고, 쓸데없이 여행만 다닌다"는 노인의 불만이 있을 것이다.[202] 그러나 경제적 동인이 존재하고, 이들 행위가 합법적이라면 노인의 반발은 큰 영향을 미치지는 못할 것이다.

방랑하는 공간에 경쟁이 있을 것이다. 가상공간에서의 방랑을 가상여행, 경쟁기반 게임, 성적 모험, 다중 정체성과 같은 정체성 놀이나 집단적 놀이 등으로 나눌 수 있다. 삶의 목적을 제시하는 종교적, 영적 운동도 강력하게 성장할 것이다. 가상의 공간과 영성을 연결하는 것은 앞으로 가장 성공적인 분야가 될 가능성이 높다.

방랑의 선순환 구조는, 동아시아에서 표현이 다를 수 있으나, 서양의 문화 창작자에 의해 명료하게 표현되었듯이 가치의 전환을 통해 강화될 가능성이 높다.203) 문화 창작자는 영성, 지속가능성, 글로벌－지역(glocal) 공동체 및 젠더 평등과 같은 포스트 물질적(post material)iv) 가치에 중점을 두는 경향이 있다. 아시아의 지도자가 그들 자신의 문화와 영적 유산에 대해 보다 명료하게 인지하고 계승하는 것을 기대할 수 있다.204) 그런데 아시아 지도자의 영성에 대한 견해는 질적으로 다를 수 있다. 예를 들어, 이들에게 영성은 물질적 가치도 포괄하는 것이다. 인도 총리가 제안했듯이, 인도의 대체의학과 요가 제품은 전 세계적으로 일 천억 불에 달하는 시장이 존재한다.205) 이는 문화와 경제를 연결하는 것이다. 이 시장이 성장하면서 규칙과 신앙에 기초한 전통 종교는 웰빙과 행복에 초점을 맞춘 영성과는 그 연계가 끊어질 수 있다. 예를 들어, 요가와 명상이 불교와 힌두교를 믿는 아시아 지역 전역에 걸쳐 교육 커리큘럼과 건강 정책의 일부가 될 것으로 예측할 수 있다. 시장 인센티브, 고령화 및 건강에 대한 욕구, 서양과의 차별성에 대한 필요성이 이를 위한 주요 동인이 될 것이다. 상위의 개념적 수준으로 보자면, 포스트 물질의 아시아는 서구적 의미에서 세속적이거나 혹은 실존적인 것도 아니며, 자본주의 모순을 회피하기 위해 술과 마약에 중독되지도 않으면서, 다양한 대안적 근대성을 포용할 수 있을 것이다.

방랑이 장기적으로 일으키는 결과는 새로운 핵심 경제 활동과 전문 활동에 대한 탐색이 될 것이다. 이는 지식을 탐색하는 현재의 사회적·문화적 유전인 밈(meme)은 물론이며 경험을 탐색하는 미래의 메타포어를 모두 포함한다. 이 미래의 메타포어는 미래의 드림(dream) 방랑 탐색으로, 우리의 선조에게는 샤먼으로 알려졌다. 미래의 방랑자는 게임, 글로벌 여행 및 내적 관조에 정통할 것이다. 이는 그의 동반자와 인

---

iv) 역자주: Post는 탈, 이후 등의 의미를 포괄하는 것으로 단절과 계승을 통한 새로운 발전의 의미를 포함한다. 그런데 이 해석이 오해를 불러일으키는 경우가 많다. 이를 번역할 마땅한 한글 및 한자가 없어 이 책에서는 대부분 '포스트'를 그대로 가져왔다.

생의 놀이를 즐겁게 하기 위한 것이다.

〈표 5-1〉 방랑하는 사회

	현재	2040년
현상(Litany)	• 소수의 해외여행자 • 가상적 탐색에 참여하는 비율이 낮음	• 여행, 가상현실에서의 탐색과 방랑에 참여하는 아시아인이 다수
시스템	• 동아시아의 지속적 부상 • 전통적 직업으로 인한 피로감이 일어나기 시작 • 추격 경제 모델에 대한 도전	• 새로운 부와, 추격 모델의 종언 • 새로운 가상현실 기술들 • 진화된 여행 • 포스트 물질적 가치에 대한 욕구
세계관	• 정보 및 지식 경제	• 드림 소사이어티
메타포어	• 지식 노동자 • 골드 칼라 노동자	• 방랑자 • 디지털 샤먼

결론적으로, 주목해야 할 가치가 있는 것으로 오래된 것과 새로운 것을 들 수 있다. 전통적 아시아 사회에서, 방랑자는 승려였다. 이들은 영적 여행자로 진리를 추구했다. 이 오래된 내러티브 구조, 즉 승려에 대한 이야기는 새로운 기술과 경제적 자유로움에 의해 전환된다. 새로운 방랑자는 이제 아시아인 누구라도 될 수 있다. 내적 세계와 외적 세계 모든 것을 탐색할 수 있게 되었다. 이러한 내러티브의 전환은 단순히 농부가 산업노동자가 되거나, 혹은 골드 칼라인 지식노동자가 되는 것을 의미하는 것이 아니다. 이들은 방랑자가 되어 새로운 통찰력을 가치로 창출한다.

핵심내용

- 포스트 희소성, 경제적 성장, 저렴한 여행 옵션 및 문화 변화가 결합되어 새로운 유형의 사회, 즉 방랑하는 아시아 사회를 가져올 가능성이 높아졌다. 이는 현재의 삶을 즐기고 탐색을 하기 위한 "산책"으로서의 잘란잘란(Jalan-Jalan)을 지향하는 아시아의 새로운 꿈일 수 있다. 단순한 즐거움을 위해 여행은 현실세계에서, 가상현실 속에서 혹은 영적인 것일 수 있다. 혹은 이 세가지 모두의 조합일 가능성도 있다.

- 이미 '5번째 유형의 사회'ᵛ⁾인 드림 소사이어티가 등장하고 있다는 징후가 존재한다. 5번째 유형의 사회는 수렵, 농업, 산업 및 정보 사회 이후의 사회이다.

- 집단적 차원에서, 방랑하는 사회란 경제적 성장에 몰입하는 것에 의문을 제기하고, 국민 총 문화지수와 같은 창의성에 초점을 맞춘 새로운 지표로 이동하는 것을 의미한다. 이는 직장과 가족의 전통에 갇혀진 세계관을 위협하는 것으로 보일 수도 있다. 그러나 새로운 세계와 자신에 대한 정체성을 탐색하는 이들은 지속적으로 늘어날 것이고 대세가 될 것이다. 우리는 디지털 샤먼의 출현을 목격할 가능성이 높다.

---

v) 역자주: 사회 5.0(Society 5.0)이라고도 한다. 일본이 제4차산업혁명에 대응하여 수립한 국가 성장 로드맵과 관련이 있다.

제6장
기후위기를 넘어 공생으로

인도의 라자스탄(Rajasthan)에서 사슴 탈을 쓰고 있는 것은 쉽지 않다. 평균 기온이 40도 이상으로 치솟는 4월부터 7월까지 사슴의 탈을 쓰고 있는 것은 특히 어렵다. 기후 변화로 인해 라자스탄 지역은 더욱 뜨거워졌으며 건조해져 물을 찾기 어려워졌다. 이 때문에 사슴은 물을 찾다가 관개를 위한 인공운하에 빠지는 경우가 종종 있다. 인공운하 벽의 경사도가 45도라서 사슴이 빠지면 다시 올라가는 것이 쉽지 않다.206) 그럼에도 불구하고 사슴은 갈증으로 인해 인공운하로 뛰어든다. 이 때문에 이 인공운하에 빠져 죽는 사슴이 적지 않다.

다행스럽게 사슴에 대한 이야기는 여기서 그치지 않는다. 이 지역의 1만 여 마리의 사슴과 인도영양이 곤경에 처해있음을 깨닫고 지역주민이 이들을 돕기 위해 팔을 걷었다. 지역 주민들은 자신 소유의 농경지에 70여 개의 물 웅덩이를 만들었다. 물 웅덩이에서 물이 빠져나가는 것을 방지하기 위해 비닐 시트를 깔고, 열흘마다 물을 채웠다.207)

라자스탄 지역 주민에게 흥미로운 것은 비슈노이(Bishnoi)로 알려진 마을 공동체가 500여 년간 "마지막 풀뿌리까지"208) 환경을 보호했다는 점이다. 이들은 장게스와 바그완(Jangeshwar Baghwan) 혹은 잠보예(Jamboje)가 쓴 경전인 『잠스가르(Jamsagar)』i)를 따르고 있는데, 이들

---

i) 역자주: 잠스가르의 뜻은 '사람들에게 빛을 보여주다'이다.

마을 공동체는 잠스가르에 따라 "지역 생물 다양성과 환경친화적인 건강한 삶을 보전"하고 있다.209) 예를 들어, 비슈노이 공동체에 속한 사람들은 동물을 죽이거나 나무를 베지 않는다. 심지어는 곤충이 들어간 음식을 먹어서 곤충을 죽이지 않도록, 어두워진 후에는 음식을 먹지 않는다.210) 이들 공동체의 규약의 일부를 요약하여 아래 옮겼다.

> 살아있는 나무를 자르지 마라. 그 나무가 늙어 죽을 때까지 기다린 후, 목재로 사용하라. 네가 죽으면 땅에 관도 쓰지 말고 묻으라. 그리하여 땅이 너의 살을 다시 땅으로 돌리도록 하라. 그리하여 네가 죽었을 때 필요한 관과 화장에 필요한 나무를 사용하지 않음으로써 나무의 생명을 구하라. 질병을 예방하기 위해, 청결과 높은 수준의 위생을 실천하라. 야생동물을 보호하라. 야생동물은 토양의 비옥도를 유지하며 생태계의 균형을 유지한다. 모든 곳에 물 탱크를 만들어, 사람과 동물이 사용할 물을 제공하라. 채식주의를 지키고, 술, 담배에 중독되지 말라. 마시는 차에도 중독되지 말라. 왕이나 정부의 구호나 보조금을 기대하거나 구하지 말라. 스스로 할 수 있다는 것을 깊게 믿으라 … 폭력을 선택한다면, 그것은 나무, 동물 및 너의 신념을 지키기 위한 것이어야 한다. 그러한 경우 죽음까지도 불사하라.211)

500여 년간 비슈노이 공동체는 그들이 살고 있는 사막의 생태를 보존하기 위해 지속적으로 노력해왔다. 이들은 자연환경으로부터 그들이 살아가기에 필요한 만큼만 가져갔고, 그조차도 다시 자연에게 환원했다. 그들의 정신적 정체성은 그들이 거주하는 땅과 그 땅이 그들이 살아갈 수 있도록 지원하는 능력과 연결되어 있기 때문이다.212) 더욱이 이들은 그들의 믿음을 지키기 위해 죽음도 불사한다. 1730년 당시의 왕인 라자아바야싱(Raja Abhaya Singh)이 새로이 궁전을 짓기 위해 그 지역의 나무를 베어 내었는데, 그들은 이에 반대하여 죽음도 불사했다.

왕이 보낸 군인이 나무를 베어 내기 시작하자, 비슈노이 공동체 사람들은 이에 대해 항의했다. 그러나 군인은 이들의 항의를 무시했다. 암리타데비(Amrita Devi)는 마을의 여성 주민이었는데, 그의 신앙과 마을의 신성한 나무가 쓰러지는 것을 방관할 수 없었다. 그는 나무를 껴안았고, 다른 마을 주민에게도 그렇게 하도록 요청하면서, "우리의 목 위 머리보다, 우리의 신성한 나무가 더 가치 있다."고 했다. 케즈리(Khejri) 등 인근 지역의 비슈노이 공동체는 이에 동참하여, 숲으로 와서 나무를 껴안고 군인의 벌목에 저항했다. 군인은 마을 사람들이 저항하자 이들을 참수했다. 이 자발적 순교는 성 케자를리 숲의 이름으로 363명의 비슈노이 공동체의 주민이 살해될 때까지 계속되었다.

그러나 그들의 순교는 헛되지 않았던 것 같다. 왕은 마침내 군인들의 행동을 막고, 이들 주민에게 사과했다. 이 지역의 나무와 동물을 함부로 해하는 것을 금지하고 법에 의해 국가보호지역으로 지정했다.213) 이 법은 300년 가까이 지난 지금도 유효하다.214) 1980년대에 인도정부는 1730년대에 살해된 비슈노이 공동체의 주민을 인도 최초의 생태 영웅으로 추증했다.215)

… 인도의 대부분의 지역은 주기적으로 가뭄에 시달린다. 반면 비슈노이 공동체는 수량을 모니터링하고, 식물에서 이슬방울을 수확하고, 물 탱크를 관리하며, 양과 소 및 염소 등이 과도하게 방목되는 것을 방지하여, 그들의 지역에 물이 풍부하도록 하고 있다.216)

이들의 생태계 보호를 위한 희생은 수많은 자연주의자와 환경보호론자에게 영감을 주었다. 비슈노이 공동체의 일부 여성 그룹은 나무가 벌목되는 것을 반대하기 위해 나무를 껴안아 저항했다. 이들은 1970년대에 시작한 치코(Chipko) 운동의 선구자로 알려졌다. 치코 운동은 환경보호법의 도입을 촉진했으며, 인도를 포함하여 전 세계의 다수의 생태주의자와 생태운동에 영감을 주었다. 이들은 여러 면에서 유의미한 성과를 보였다.

비슈노이가 사슴을 인공운하에서 익사하는 것으로부터 구했다고는 하나, 아시아의 다른 지역에서는 인간과 동물 모두 지속적인 고통을 겪고 있다. 라자스탄을 포함한 아시아의 많은 지역은 사막화가 진행되고 다른 지역은 바다로 가라앉고 있다. 기후변화에 관한 정부 간 협의체(IPCC, Intergovernmental Panel on Climate Change)의 2014년 보고서에 따르면, 지구의 평균 기온이 상승함에 따라 만년설이 녹고, 이에 따라 해수면이 상승하면서 앞으로 전 세계 수억 명의 해안가에 거주하는 사람이 홍수에 고통을 겪고 주거지를 잃게 될 것이다. "해수면으로 가라앉는 지역의 대부분은 동아시아, 동남아시아와 남아시아에 위치한다. 작은 섬 국가 중 일부는 심각한 영향을 받을 것이다."217) UN의 전망도 IPCC의 전망과 같이 암울하기만 하다.218)

2080년대까지 해수면 상승으로 인해, 매년 수백만 명이 홍수를 겪을 것으로 전망된다.ii) 이의 영향을 받은 사람들은 주로 인구가 밀집된 아시아와 아프리카의 저지대 메가 델타 지역이 될 것이다. 그리고 작

---

ii) 역자주: UN의 보고서는 2008년에 나온 것인데, 2019년의 캐나다 만년설이 녹는 상황을 보면 예상보다 더욱 빠르다고 한다. 이는 기후온난화가 지수적으로 악화되기 때문이다. 해수면 상승과 홍수로 고통을 겪게 될 시기는 2080년이 아니라 2050년 이내가 될 가능성이 매우 높다.

은 섬으로 이루어진 국가의 경우 해수면 상승에 특히 취약하다.

폭풍 해일과 강풍으로 인한 해안 홍수로 고통을 겪고 있는 전체 인구의 절반이 단 10개 도시에 집중되어 있다.[219]

현재 해안 홍수에 노출된 지역으로 인도 서부의 뭄바이가 가장 심각하다. 2070년이 되면 인도 동부의 콜카타(Kolkata, 이전 지명은 캘커타) 지역이 가장 취약해진다. 또한 해안 홍수에 고통을 겪을 인구도 7배 이상 증가하여, 1,400만 명이 넘을 것으로 예상된다.

해안가 침수로 인해 금융자산도 심각한 위험에 처하게 된다. OECD가 계산한 결과, 향후 50년 동안 35조 미 달러 이상의 자산이 위험에 처할 것이다.[220]

해안 홍수를 현재는 4천여만 명이 겪고 있으나, 2070년까지 1억 5천여 만 명이 백 년에 한번 일어날 정도의 해안 홍수를 겪게 될 것이다. 해안 홍수로 인한 재난비용은 현재 3조 미 달러인데, 2070년까지 35조 미 달러로 증가할 것이다.

이러한 예상은 해안 홍수로 인해 136개의 주요 항구도시가 피해를 입을 가능성에 근거했다.[221] 전 세계 136개 주요 항구도시의 인구는 2070년까지 현재보다 3배 증가할 것으로 전망된다. 지구 온난화에 대한 과학자의 예측이 맞다면, 항구도시는 해수면 상승, 해안 홍수, 강력한 폭풍 및 토지 침하 등을 겪게 될 것이다.

2070년대까지 이러한 위험에 가장 많이 노출된 도시 중 8개가 아시아에 위치할 것이다. 해수면 상승 등의 기후위기로 인한 위험을 자산

측면으로 보았을 때, 그러한 위험에 가장 많이 노출된 도시는 1위인 뉴욕에 이어 두 번째가 광저우다. 콜카타, 상하이, 뭄바이, 톈진, 도쿄, 홍콩 및 방콕이 광저우의 바로 뒤를 잇는다.[222]

홍수의 위험에 노출된 자산의 가치는 9조 2천여 억 미 달러에 달할 것으로 예상된다. 그 중 홍콩만 1조 2천여 억 미 달러에 달할 것이다.[223] 이 보고서의 작성자는 싱가포르의 경우 기후변화에 적응할 수 있는 것으로 믿었다. 이 때문에 해수면 상승으로 위험에 빠진 도시 목록에서 빠졌다. 이러한 판단은 중요하다. 오늘 수행한 미래 위험에 대한 선제적 조치가 미래의 심각한 결과를 완화할 수 있기 때문이다.[224]

OECD 보고서가 내린 결론 중 하나는 기후변화에 따른 해수면 상승 등의 위험 관리가 도시 개발 전략과 통합되어야 한다는 것이다. 해수면 상승으로 인한 만조기 때의 폭풍 해일로부터 해안 도시를 보호하기 위해서는 해안 뚝방을 높이는 등의 대규모 프로젝트를 진행해야 한다. 이러한 프로젝트는 계획에서 완료까지 30년 이상의 시간이 걸리므로, 치밀한 사전계획과 대규모의 자금조달이 필요하다.

기후변화의 속도를 완화하는 동시에 기후위기에 적응해야 한다. 그렇지 않으면 심각한 어려움을 피할 수 없다. 그린피스의 최근 보고서는 다음과 같이 경고했다.[225]

해안 홍수는 해수면 상승만큼 문제가 되는 것은 아니다. 그러나 해안 홍수는 그 자체만으로도 파괴적 결과를 낳는다. 해안 홍수는 침수에서부터 해안 침식, 바닷물 침수, 배수 및 습지 손실 등의 다양한 악영향을 미친다. 이로 인해 해당 지역의 주민은 해안 지대에 접근하는 것을 어렵게 하며, 해안가의 농지와 주거지역이 유실되며, 수자원과 가축에게 먹일 사료를 얻을 수 없게 된다.

게다가, 인간의 건강에 미치는 영향은 더욱 치명적일 것으로 판단된다. WHO는 다음과 같이 추정했다.[226)]

2030년에서 2050년까지 기후위기로 인한 영양실조, 말라리아, 설사 및 열사병으로 연간 전 세계적으로 25만 명이 추가로 사망할 것이다. 기후위기로 인한 보건의료 악화에 대한 직접적인 비용만 해도 2030년까지 연간 20~40억 미 달러에 달할 것으로 추정된다. 이 비용에는 농업, 수자원 및 위생과 같은 건강에 결정적인 영향을 미치나 건강과 간접적인 관계를 가지는 분야의 비용은 제외한 것이다. 의료 인프라가 취약한 지역의 경우 기후위기에 대해 제대로 대응할 수 없을 것이다. 이들 지역의 대부분은 개발 도상국이며, 이들이 기후위기에 적절하게 대응하기 위해서는 선진국 등의 도움이 필요하다.

기후위기로 인해 이전의 보건의료 분야에서의 성취는 상당 부분 사라질 것이다. 다음은 그 예시이다.[227)]

동남아시아 지역에서 설사로 인한 사망자는 1999년 98만여 명에서 2005년 50만 4천여 명으로 감소했다. 그러나 기후위기가 본격화되면 이러한 보건의료의 성과는 다시 원점으로 되돌아갈 것이다.

WHO는 과거 30년간 인간의 활동으로 인한 온난화 및 강우량의 변화로 연간 15만 명 이상이 사망했을 것으로 추정했다. 2000년 기후위기로 인해 전 세계에서 15만 4천 명이 사망했는데, 그중 절반인 약 7만

7천여 명의 사망이 동남아시아(SEA, South‒East Asia) 지역에서 발생했다. 기후위기로 인한 아시아 국가별 영향도와 기타 파괴적 영향에 대해서는 2007년의 WHO 보고서에 요약되어 있다.[228]

앞으로 수십 년 내에 1억 2천 5백만 명이 넘는 남아시아인이 기후위기로 인해 고향을 떠나 이주할 수밖에 없을 것으로 전망된다. 이로 인해 폭력적 갈등의 가능성은 높아지고, 그 이외의 극단적 사회적 영향이 발생할 것이다. 기후위기가 미래에 갈등을 유발하는 유일한 원인이 되지는 않을 것이다. 그러나 이미 다양한 긴장 요인이 존재하는 상황에서 기후위기는 이러한 긴장을 폭발하게 하는 중요한 기재가 될 가능성이 높다. 인구가 지속적으로 증가하여 자원이 부족해질 것이다. 자원이 부족해지면 폭력갈등이 유발될 것이다. "자원이 부족하고, 기후위기 등에 적응할 능력이 부족한, 1인당 GDP가 낮아 빈곤하고 제도적으로 취약한, 개발도상국의 경우 이러한 위험은 더욱 높을 것이다."[229] 취약한 국가, 분쟁 후의 국가뿐만 아니라, 그 국가 내에서 소외된 사회적 집단은 환경파괴와 기후위기로 인한 영향에 취약하다.[230] 따라서 기후위기는 기존의 추세, 긴장 및 불안정성을 더욱 악화하게 할 것이다. 이에 따라 분쟁 가능성이 높고 국가적 통합이 취약한 국가와 지역에 부담을 가중시킬 것이다. 그렇다고 그 위험이 해당 지역에만 국한될 가능성은 없다. 기후위기는 인류 전체에 대한 것이며, 국지적 위험은 인근의 국가, 아시아 전체 더 나아가 전 세계에 직접적인 정치적·안보적 위험을 일으킬 것이다.

인구 증가, 자원 부족 및 자원 황폐화, 해수면 상승 및 극심한 기후위기와 이로 인해 촉발될 폭력적 갈등은 사람들로 하여금 다른 지역으로 이주하게 하는 "추진 요인"으로 작동할 것이다. 2050년 환경 난민의 수는 적게는 수천만 명에서 많게는 수억 명에 이를 것으로 전망된다.[231] 환경 난민의 대부분은 이민을 가기보다는 원 거주지에서 비교적 가까운 지역으로 이동할 것으로 예상된다. 따라서 환경 피난처가 단기 또는 장기적으로 보안에 대한 중대한 위협[232]이 되지는 않을 것으로 판단된다. 다만 환경문제로 인해 이미 존재하는 경제적·정치적인 어려움과 불안정성을 더욱 악화시킬 것이다.

　　아시아에서 자원에 대한 수요가 기하급수적으로 증가할 것으로 예상되는데, 이는 기후위기로 인한 상황을 더욱 악화시킬 것이다. 동남아시아에서의 자원에 대한 수요는 2040년까지 80% 증가할 것으로 예상되며, 경제규모는 3배 증가하고, 인구는 지금보다 4분의 1이 증가하여 7억 6천만 명에 이를 것이다.[233] 아시아개발은행의 예측으로는, 아시아 태평양 지역의 48개 국가에서 2010년을 기준으로 2035년까지 총 에너지 수요량이 67% 증가할 것으로 보았다. 뿐만 아니라[234] 이에 따르면 아시아 태평양 지역의 에너지 소비량이 전체 지구 소비량의 절반 이상을 차지하게 될 것이다.[235]

> 아시아 태평양 지역의 경제성장이 신재생에너지를 기반으로 진행된다면 큰 문제가 되지 않을 것이다. 그러나 석탄이 에너지원의 83%를 차지하게 될 것이다. 전 세계적인 석탄 수요는 2010년을 기준으로 2035년까지 거의 53% 급증할 것이다. … 환경안보가 … 부각할 수밖에 없게 될 것이다. 이산화탄소 배출량은 2035년까지 65% 증가하여, 220억 13백만 톤이 될 것이다. 전 세계 온실 가스 배출량의 절반 이상을 아시아 태평양 지역이 차지하게 될 것이다. … 풍력과 태양광 발전과 같은 신재생에너지를 적극적으로 개발하는 환경친화적 "대안 시나리오"에서도 화석연료는 에너지 수요량의 75%를 담당한다.

　　지난 반세기 동안의 노력을 무위로 돌리게 될 "뱀과 사다리" 시나리오가 달성되는 경우, 기후변화로 인한 황폐화가 진행될 것이다. 다른 가능성도 존재한다. 기후위기는 아시아의 국가와 사회에게 궁극적 질문을 던진다. 서로 협력하여 기후위기를 완화시킬 수 있는가? 아니면 변화하는 환경에 대응하여 현명하게 적응할 수 있는가?

기후위기에 대응하기 위해서는 "국제적 협력을 위한 글로벌 프레임 워크"가 필요함은 자명하다.236) 성공적으로 기후위기를 완화하고 적응 하기 위해서는 비슈누이 공동체와 같은 수준의 조치와 협력이 필요하다. 특히 아시아의 역사적 맥락을 고려하면, 이러한 협력은 국가 및 문화적 경계에 대한 기존의 개념과 경제개발 모델에 대해 다시 생각해야 함을 의미한다. 특히 기후위기로 인해 위험에 처한 자산, 공중보건에 대한 영 향,237) 환경 난민에 대한 기후위기 영향에 대한 풍부한 데이터와 분석이 있다. 그러나 분석을 넘어서 기후위기로 인한 곤경에서 벗어나기 위한 핵심 질문은 다음과 같다. 기후위기에 대응하기 위한 새로운 대안은 무 엇인가? 보다 강력한 아시아의 정체성과 거버넌스로 이어질 수 있는가? 달리 말하면 기후위기에 적응하는 것이 아시아 전역에서 극적인 혁신으 로 이어질 수 있는가? 그렇다면 이를 어떻게 수행해야 하는가?

거시 역사학자인 아놀드 토인비(Arnold Toynbee)는 모든 사회는 그 발전과정에서 문명적 도전에 직면한다고 했다.238) 그러한 도전은 그 사회의 소수자를 통한 창의력 폭발을 통해 해결할 수 있다. 이들 소수 자가 해결책을 찾는 데 성공한다면 그 사회의 문명은 번창하게 된다. 그렇지 않다면, 관료주의와 다른 형태의 통계주의자와 종교적 권력이 그 사회를 지배하고, 모방이 성행하게 된다. 기후위기는 아시아의 국가 들을 혁신으로 내몰고 미래를 직시하도록 강제할 것이다.

혁신의 측면에서만 보자면, 이러한 혁신은 이미 일어나고 있다는 상당한 증거가 존재한다. 인도239)와 중국240)의 태양광발전의 성장은 훌 륭한 사례에 해당한다.

2016년 중국의 태양광발전 용량은 두 배 이상 증가했다. 중국의 국가 에너지청(The National Energy Administration)은 2016년 말까지, 중국의 태양광 발전 용량이 연중 35.54기가와트가 증가하여 총 77.42기가와트로 늘었다고 보고했다. 중국의 태양광발전 용량이 2015년을 기준으로 독일을 넘어섰는데, 이를 보아 중국의 신재생에너지에 대한 투자 계획은 지속될 것으로 전망된다.

중국이 더러운 에너지인 석탄 사용량을 단계적으로 줄이는 것과,[241] 청정 경제로의 이행을 더디게 진행하는 것은 다른 것이다.[242] 청정하고 녹색친화적 아시아 도시를 둘러싼 논쟁과 토론은 다른 것이다. 아시아개발은행의 한 보고서는 다음과 같이 썼다.[243]

앞으로 아시아의 도시가 어떻게 발전할 것인가가 이 지역의 장기적인 번영과 안정을 결정하는 요소가 될 것이다. 요컨대, 아시아의 도시 품질과 효율성이 해당 지역을 변혁시키거나 혹은 파괴하게 할 것이다.

이에 관해 이해관계자와의 협의를 통해, 아시아 도시의 미래 비전을 명확하게 했다.[244]

- 아시아의 도시민이 기후위기에 대응하려고 한다면, 몇 년 안에 생활방식에 있어서 거대한 전환이 있게 될 것이다.
- 오염되었던 강은 녹지와 관광명소가 될 것이다.
- 보행자는 보행로의 부족 등으로 인해 위험에 처하지 않게 될 것이며,[iii] 걷고 상호 교류할 수 있는 잘 관리되고 구조화된 공간을 갖

iii) 역자주: 동남아 지역은 한국에 비해 보행할 수 있는 공간과 인프라가 부족하다.

게 될 것이다.

- 노후하고 안전하지 않은 건물은 효율적이며 재난에 대해 복원력이 있는 건물로 다시 지어지거나 리모델링될 것이다.
- 여성, 어린이, 노인 및 빈곤층 등은 새로운 도시에서 안전하게 느낄 것이며, 도시 개발에 참여하게 될 것이다.
- 공기가 깨끗해질 것이다.
- 도시 기업이 환경문제를 적극적으로 고려하고, 포용적 성장으로 이행함에 따라, 도시는 번영하고 세계적 경쟁력을 갖게 될 것이다.

기후위기와 거버넌스의 맥락에서 아시아의 2030을 상상하는 아시아 시민사회 지도자에 의해 이러한 비전이 제기되었다.[245]

자연이 인간사회와 공존하지 못하고, 인간사회에서 배척된다면 민주적 거버넌스는 있을 수 없다. 이는 도시의 친환경적 설계, 건물의 친환경적 설계와 같이 모든 수준에서 진행되어야 한다. 자연이란 외재하는 것이 아니라 내재되어야 하며 인류가 책임을 져야 하는 것이다. 녹색 민주주의는 아시아 시민사회의 지도자가 가지는 미래 비전이었다. 이들은 환경친화적 정당이 아시아 전역에 출현하는 것을 상상했다. 아시아의 도시가 발전하면서 중산층이 늘어났으나, 도시는 '시멘트'에 의해 뒤덮여졌고, 자연은 여기서 밀려났으므로, 논리적이라고 판단된다. 환경친화적 녹색건물에서의 생산성이 증진되고, 도시 안의 숲이 늘어날수록 개인의 면역이 강화된다는 사실은 다수의 연구에 의해 입증되었고 앞으로도 다수의 연구에 의해 입증될 것이다. 이에 따라 2030년대의 민주적 거버넌스는 젠더 평등, 자연 친화, 스마트 디자인 및 다양성 존중의 녹색 정치 플랫폼에 달려 있다. 아시아 시민사회 지도자의 미래에 대한 메타포어는 건강한 몸이었다. 건강한 몸의 정치는 과학을 이용하여 건강한 환경을 만들기 위해 과학을 적극적으로 활용한다. 이를 통해 아시아인이 건강한 경제적 발전의 혜택을 누릴 수 있게 된다.

중요한 것은 이러한 비전을 현실로 만드는 방법일 것이다. 그러나 먼저 비전을 수립하고 공유해야 한다. 비전을 현실로 만드는 것은 거버넌스와 세부 실행계획이다. 통일된 비전과 통일된 행동 모두 실행 가능하다.

환경과 개인의 건강을 모니터링하기 위한 디지털 앱의 개발은 이러한 변화가 실행되고 있다는 예가 될 것이다.[246] 기후위기는 아시아 전역에 걸쳐 효율성을 제고하고 낭비를 줄이며, 현재의 시스템을 파괴적 혁신으로 이끌 것이다.[247] 설사 아시아에서 소비 수준이 빠르게 상승한다 하더라도 그렇다.

환경과 관련한 계획은 아시아 전역의 정부와 비정부 기구 모두 가지고 있다. 성장에 대한 지나친 집중, 오래된 관습 및 변화를 따라잡지 못한 법률 등 극복해야 할 과제가 적지 않다. 환경관련 계획을 강화하는 방법은 미래예측(Foresight) 기반 접근을 강화하는 것이다. 이를 통해 정부와 비정부기구의 지도자가 장기적으로 성공할 가능성이 높고, 미래의 추세와 개발에 맞추어 환경 관련 계획과 전략을 채택할 수 있게 될 것이다. 현재의 환경 문제는, 자연을 파괴하는 메커니즘의 규모가 거대하고 매우 복잡하므로, 아시아 사회에게는 생경한 것이다. 이제 과거와 같이 자연을 단순히 보호하는 것만으로는 충분하지 않으며, 혁신적인 계획이 필요하다.

혁신의 선순환을 만들고, 변화하는 세계를 모니터링하며, 변혁과 전환을 하기 위해서는 미래예측의 문화를 개발하고, 미래예측 자체를 일정수준까지 제도화하는 것이 필요하다. 아시아에서 이미 이러한 일이 일어나고 있다. 부분적인 지표 중 하나는 정부 내 미래예측 조직의 성장이다. 예를 들어, 싱가포르의 경우 수상 산하의 전략정책실에 미래예측 부서가 설치되어 있다. 또한 싱가포르는 두 개의 주요 대학에서 대학원 과정에 미래예측 과정을 개설했다. 말레이시아 정부는 총리실에서 미래예측 부서를 위한 최선의 모델을 탐색하기 위해, 정부 부처의 서기관으로 구성된 이해관계자 회의를 개최했다. 또한 주요 대학의 교수, 학장 및 부총장을 대상으로 미래예측과 관련한 교육을 실시했다. 미래예측 조직은 수상실에 신 기술에 대한 예측을 직접 보고하고 있다. 마지막으로 말레이시아의 국립과학 아카데미는 미래과학 시나리오 프로젝트를 통해 혁신을 추진하고 있다. 한국의 경우 국회에서 국회미래연구원, 정부 기획재정부에 장기전략국, 정부출연연구원인 KDI와 과학기술정책연구소는 미래예측 부서를 두고 있으며, KAIST가 미래학 석박사 과정을 개설하고 있다. 대만의 경우 대통령실 산하에 별도의 미래예측 기관이 존재하지 않는다. 대신 탐캉 대학에서 과거 15년간 7만 5천여 명의 학부생이 미래학 과정을 수강했으며, 미래학을 전공한 경영대학원생이 80명 넘게 졸업했다. 이란의 경우, 40명의 박사학위과정에 있는 학생이 미래학 프로그램과 학위과정에서 연구하고 있다. 방글라데시 사립대학인 BRAC 대학에서는 다양한 미래예측 연구를 수행하고 있다.[248] 파키스탄에서는 이슬람협력기구(OIC, Organization of Islamic Cooperation)의 과학기술위원회는 이슬람 세계의 선임 과학자를 위한 미래예측 과정을 수년간 수행했다. 현재 파키스탄의 우주기술 연구소는 미래예측 프로그램을 개발하고 있다. 이외에도 아시아 전역에 수십 명의 미래학자가 개별적으로 활동하고 있으며, 이들 중 다수는 아시아 태평양 미래 네트워크를 통해 연결되어 있다.[249] 이 지역에서는 다양한 소규모의 미래연구가 진행되고 있다.[250]

이러한 노력은 정부에게 환경, 정치 및 사회의 변화를 알리는 아시아－태평양 미래예측 사무국의 개발로 이어지는 주요한 추세로 발전할 수 있을까? 아시아의 부흥에 대한 실존하는 위협은 미래예측과 환경 모두에 대해 국가 간 협력으로 이어지게 할 가능성이 확실히 존재한다. 그런데 미래예측 활동이 정부의 정책 보고서에 머물러 있지 않게 하려면, 미래예측은 시민사회와 기업 문화의 일부가 되어야 한다. 현재 존재하는 몇 가지 증거에 있다. 아시아 전역의 미래예측 컨퍼런스와 워크숍을 통해 판단하건데 2040년까지 미래예측은 주류가 되고 반복적으로 수행될 것이다.

　이러한 일이 일어나려면, 우선 충분한 자금지원이 있어야 한다. 두 번째, 위기가 있어야 한다. 예를 들어, 우리는 기후위기의 가운데에 처해 있는데, 논리적으로 보아 이에 대응하기 위한 유일한 방법은 모든 아시아의 국가에 미래예측 체계를 정착시키는 것이다. 세 번째, 미래예측을 활용함으로써 기후위기를 완화하거나 적응전략을 만드는 것과 같은 실질적 혜택이 명백해야 한다. 마지막으로 미래예측 활동이 정부, 기업, 교육 및 시민사회의 각 계층에서 범 아시아 차원에서 진행되어야 한다. 이 세 번째와 마지막이 토인비가 이야기했던 창조적 소수가 담당해야 하는 것이다.

〈표 6-1〉 아시아에서의 미래예측

	현재	2040년
현상(Litany)	• 문제 지향	• 미래 지향 • 혁신과 연계된 조기 경고 시스템
시스템	• 연결되지 않은 미래예측 • 연구기관이 독자적으로 작업	• 연구기관, 정부, 기업, 대학, 시민 사회 단체 간의 연계
세계관	• 전통 문화	• 미래예측 문화
메타포어	• 모래속에 머리를 숨기기 • 미래를 보기 위해 백미러를 사용 • 정글	• 내일의 문제를 오늘 해결하기 • 스마트 드라이빙 • 산 정상

위의 다중인과계층분석 맵은 미래예측 문화가 정착되기 위해 거쳐
야 할 과정을 설명하고 있다. 다른 요인들 중에서도 기후위기는 창의력
을 중요시하게 하고, 전통 문화에서 미래예측 문화로 이행하게 하고, 정
글의 숲 속에서 생활하는 것에서 산 정상에서 풍경을 조망하는 것으로
전환하는 데 중요한 역할을 담당할 수 있다.

다음의 다중인과계층분석은 기후위기에서 벗어나는 것이 새로운
경제개발 모델, 새로운 유형의 도시 계획, 새로운 성공 기준을 통해서
가능하다는 것을 보여준다. 우리 세계관의 근저에 있는 메타포어는 더
러운 탄광에서 깨끗한 녹색 아시아로 전환하고, 지배적 세계관은 산업
이익을 추구하는 발전에서 장기적 지속가능한 발전으로 이행한다.

〈표 6-2〉 기후위기와 미래

	현재	2040년
현상(Litany)	• 단일한 결과 • 최종적으로 시스템 붕괴로 이어짐	• 세 개의 결과
시스템	• 자연은 외재한다	• 스마트하고, 포용적이며 친환경적 도시 계획
세계관	• 산업의 이익을 추구하는 발전 • 현재주의	• 지속가능한 발전 • 미래예측
메타포어	• 더러운 탄광	• 청정한 녹색 아시아 • 선조부터 미래세대까지

　　청정한 녹색 아시아의 비전은 많은 사람들이 가지고 있다. 지역, 국가 및 글로벌 지역 수준에서 다양한 계획이 이미 수립되었다. 그러나 미래의 문제점은 물론이고 현재의 문제도 해결하기 어려울 것으로 보인다. 아시아에서 경제발전은 비효율적인 자원의 사용과 환경파괴를 비용으로 이뤄지고 있다. 이러한 추세는 뒤바뀌어야 한다. 아시아의 자연 환경은 경제성장의 과정에서 발생하는 폐기물을 흡수할 수 있는 능력을 넘어선 상태다. 아시아 바다와 수로에 쌓인 플라스틱 쓰레기의 양은 충격적이다. 천연 자원을 더욱 효과적으로 사용하고, 황폐화된 지역을 복원하지 않는다면, 더 이상의 경제적 사회적 발전은 불가능해졌다. 새로운 경제는 '순환적'이어야 한다. 즉, 자원은 자연－제품－폐기의 한 방향으로 흐르지 말고, 설계－제품－사용－재활용의 순환과정으로 진입해야 한다. 이러한 인식의 전환은 아시아 전역에서 일어나고 있다. 더욱이 아시아에는 이미 지속가능한 생태보호의 전통이 수세기 동안 존재했으며, 이를 '재발견'할 수 있다. 이제 남은 것은 아시아 전체 지역이 협력하여 일관되고 전체적인 계획을 실행하는 것이다. 그런데 이를 위해

서는 8장에서 논의할 대안 거버넌스 모델이 필요하다. 만약 이를 실천하지 못한다면, 아시아는 스스로 만든 거대한 쓰레기 소용돌이에 빠져, 생태적으로도 경제적으로도 쇠퇴하게 될 것이다.

핵심내용

- 환경을 보호하고 자연에 전적으로 헌신하기 위한 의식적이고 헌신적인 노력은 아시아에서 매우 긴 역사를 가지고 있다. 라자스탄의 비슈노아의 경우, 치열하고 타협하지 않는 환경 보호는 반천 년 이상의 끊임없는 역사를 가지고 있다. 오늘날까지도 그들은 '환경 다르마(dharma)'의 전통을 잇고 있다.

- 아시아 지역의 대부분은 열 스트레스, 화재, 물 부족, 불규칙한 강우, 산사태, 가뭄 및 홍수, 식량 생산 감소로 인한 영양 부족으로 인해 환경, 인구, 건강, 사회 및 재정적 어려움을 수없이 겪을 것으로 예상되며, 이로 인해 식중독 및 수인성 질병으로 인한 공중보건 위험도 증가할 것이다. 앞으로 50여 년 동안 수억 명의 사람과 35조 미 달러 이상의 글로벌 자산이 위험에 처할 것이다.

- 아시아가 직면한 미래의 문제를 포함하여 기타 최악의 시나리오를 회피하기 위한 가장 유망한 방법은 지역차원에서의 실천과 지역과 국제 협력 및 미래에 대한 비전의 공유이다. 또한 미래예측의 문화와 제도를 거버넌스와 사회전반에 정착시키는 것도 중요하다. 성공한다면, 아시아는 기후위기를 완화하며 이에 적응함으로써, 번영과 지속발전가능성을 달성할 것이다. 가장 바람직한 것은 완전하고 일관성 있게 생태환경의 중요성을 깨달은 아시아로 전환하는 것이다. 이는 보다 먼 미래의 논의일 것이나, 그 씨앗은 이미 심어져 있다.

제7장

아시아로, 아시아로!

2008년 중국 출신의 생물학자인 시이공(施一公)이 내린 결정은 국제적 뉴스가 되었다. 그가 내린 결정이 그렇게 특별했던 이유는 무엇일까? 과거 수십 년간 야심 있는 아시아인은 서양으로 진출하여 자신의 모국에서는 불가능했던 성공을 거두는 것이 유행이었다. 시이공도 다르지 않았다. 1967년 중국의 정저우(郑州)에서 태어난 그는 허난성(河南省)에서 성장하여, 1989년 칭화대에서 학사학위를 받았다.[251] 1995년 그는 미국 존스홉킨스 대학에서 박사학위를 취득했다.[252] 그 이후 시 박사는 중요한 경력을 쌓았다. 그는 암 연구뿐만 아니라 분자 생물학계에서도 학문적 성과를 보였다. 그는 메모리얼 슬론케터링 암센터 (Memorial Sloan – Kettering Cancer Center)에서 박사 후 연구를 수행했으며, 1984년 프린스턴 대학에서 조교수로 취임하고 2001년 34세의 최연소 나이로 임기 제한이 없는 종신 교수가 되었다. 2003년 그는 역대 "최연소 전임 교수"로 승진했다.[253][254] 프린스턴 대학에서 그를 임명함에 따라, 시 교수의 실험실은 연간 2백만 미 달러 예산을 지원받았다. 그의 연구 결과가 민간 산업에 적용되어 더 많은 보조금을 유치함에 따라, 프리스턴 대학이 그에게 투자한 것은 매우 성공적이었다.[255] 프린스턴 대학의 한 동료 교수는 "그는 우리에게 스타였어요."라고 말하기도 했다.[256] 동료 교수들은 메릴랜드에 소재한 하워드 휴즈 메디컬 연구소로부터 시 교수가 천만 미 달러의 연구보조금을 받았을 때에도 크게 놀라지 않았다. 그러나 이들은 다른 일로 충격을 받았다. 18년간 미국에 거주하고 미국에 귀화하여 미국 시민권을 획득한 시 교수는 미국을 떠나 중국으로 되돌아가기로 결정했다. "오늘날까지 많은 사람이 내가 왜 중국으로 돌아갔는지 이해하지 못해요."라고 그는 뉴욕타임즈(The New York Times)와의 인터뷰에서 말했다.[257] "내 입장에서는 미국에서 내가 쌓아온 모든 것을 포기해야 했어요."[258] "내가 중국 정부로부터 미국에 있을 때부터 금전적 보상이나 지원을 더 많이 받을까요? 아니에요. 내가 중국에서 받는 연구 예산은 프린스턴 대학에서 받은 예산 규모의 일부 밖에 되지 않아요." 당연한 이야기이나, 많은 사람들이 시 박사의 결정에 대해 의아해할 수밖에 없었다. "나도 그러한 결정이 완전히 미친 짓이었다는 것을 알아요."[259]

그가 미쳤든 아니든, 시 박사의 사례는 아시아 출신의 브레인이 다시 아시아로 역이민을 하는 추세의 일부이다. 이러한 역이민이 일어나는 이유는 다양하다. 서구의 경제는 쇠퇴하고, 아시아의 많은 지역의 경제가 성장하며, 다수의 아시아 국가의 정부가 자국 출신의 전문가의 "귀국"을 유인하는 정책을 도입하고 있다. 서구의 인종주의와 애국주의적 경향도 아시아 출신의 브레인이 다시 출신 국가로 되돌아가는 사회문화적 요인이 되었다. 또한 저개발된 모국에 헌신하겠다는 것도 그 동기가 되고 있다. 시 박사는 인터뷰에서 "나는 중국에 일종의 부채감을 가지고 있어요."라고 말했다.[260] "미국에서는 모든 것이 잘 구비되어 있어요. 따라서 내가 중국에서 무엇을 하든 그 영향력은 미국과 비교하여 10배 혹은 100배가 될 거예요."[261] 게다가 중국의 물가가 낮으므로 시 박사는 "더 적은 연구 자금으로도 더 큰 실험실을 운영"할 수 있다.[262] 실제로 그는 "2년이 채 되지 않아, 18명의 박사 후 연구원을 모집할 수 있었어요. 이들의 거의 모두 미국에서 박사학위를 받았어요. 그리고 이들에게 각각 독립적인 실험실을 열 수 있도록 지원했어요." 그는 계속

해서 "10년 안에 칭화대의 생명과학부는 지금보다 4배는 커지게 될 거예요."라고 말했다.263)

해외 이주자는 고국에 대한 도덕적 부채감과 "고향으로 되돌아가고 싶어 하는" 마음을 가지고 있는 것이 일반적이다. 아시아 경제가 발전함에 따라 이러한 욕구의 실현이 가능해지고 있다. 다른 사례로는 신경 생물학자 이라오(毅饒)와 같은 사람들은 서구가 "길을 잃었다"고 생각한다. 그는 중국으로 되돌아갔다.

이라오는 중국의 "영혼에 대한 탐색"과 미국의 자기 만족을 비교한다. 베이징에 있는 주중 미국 대사관이 그에게 미국 시민권을 포기하는 이유를 물었는데, 그는 미국이 9.11 테러 이후 도덕적 리더십을 상실했다고 답했다. 도덕적 리더십을 상실했음에도 불구하고 "미국의 국민은 여전히 국가와 자신의 위대함을 즐기고 있다"고 꼬집었다.

아시아 이민자가 자신의 고국으로 돌아가는 것에는 아시아 국가의 정책도 일조한다. 인도와 파키스탄 정부는 해외에 거주하는 인도인과 파키스탄인이 모국으로 돌아오는 경우 특별한 혜택을 주었다.264)

지난 30년간 국경이 개방되면서 최고의 브레인이 서구로 유출되었다. 이들 브레인을 자국으로 되돌아오게 하기 위해 아시아 정부는 경제발전에 따른 풍부한 재정의 뒷받침을 받고 국가적 자부심을 이용하고 있다.

2013년 싱가포르 정부와 싱가포르의 연구, 혁신, 기업 협의회(Research, Innovation and Enterprise Council)는 싱가포르 출신의 과학자를 자국으로 되돌아오게 하기 위해 3억 3천만 싱가포르 달러 상당의 상금을 발

표했다.[265]

아시아 과학분야의 브레인이 증가하고 있고, 이들 중 많은 이가 서구로 이주하는 경향이 있었다. 이를 막을 수 있는 것도 아니다. 이들이 나이가 들어 고향 국가로 돌아올 수는 있으나, 아직은 트렌드로까지 진화하지 못했으며, 이머징 이슈에 해당한다.[266]

브레인의 아시아로의 이주 문제가 부각됨에 따라, 몇 가지 주목할 부문이 있다. 우선 아시아로의 이주가 진행됨에 따라, 이주자 중 여성의 숫자가 늘어날 것이다. 일자리와 기회를 찾는 다양한 유형의 이주자가 등장할 것이다. 부유한 서구 퇴직자는 낮은 물가에 유인되고 퇴직 비자제도를 활용하여, 태국과 말레이시아 및 발리 등의 아시아의 따뜻한 지역에 위치한 퇴직자 전용 주택으로 이주할 것이다. 이들 국가는 이주자를 유인하는 자석과 같은 역할을 할 것이다. 글로벌 금융위기, 디지털화 및 세계화의 진행에 적응하지 못한 미국, 캐나다, 호주 및 유럽의 서구의 중산층 부모는 그들의 자녀에게 일자리를 찾아서 아시아로 이주하라고 제안할 것이다. 마지막으로 저소득층 난민은 아시아의 안전한 지역으로 기후변화를 피하여 이주할 것이다. 이는 아시아뿐만 아니라 다른 지역에서도 아시아로 이주하는 이유가 될 것이다.

과거 전통적 이주자의 다수는 남성이 차지했으나, 2040년까지 여성 이주자의 비율은 지속적으로 증가할 것이다. 이주에 있어서 가장 중요한 글로벌 트렌드의 하나는 지금까지 남성이 주도했던 이주의 흐름에 여성이 참여하게 된 것이다.[267] 1970년대의 전형적 이주자는 일자리를 찾는 남성이었다. 1980년 이후, 남성보다 교육 수준이 높은 미혼 및 기혼 여성이 다른 나라에서 일자리를 찾기 위해 이주하는 경우가 늘어났다. 공식적, 비공식적 이주자의 총 수에서 여성의 비율이 남성의 비율보다 더 높을 것이다.[268] 세계화와 국제이주는 지속적으로 젠더 현상을 보이고 있다.[269] 이러한 경향에 따라 "아시아 지역으로의 이주자의

48%와, 아시아로부터의 이주자의 44%는 여성이 차지한다."[270] 여성 이 주 노동자에 대한 수요는 주로 가정, 접객업, 보건 의료 산업, 의류 및 엔터테인먼트와 같은 산업에서 일어난다.[271] 이러한 직업군은 자동화로 인해 점진적으로 사라질 것이나, 여성의 이주 흐름을 막지 못 할 것이 다. 그러나 이러한 산업군은 이주자의 고국 및 이주국 모두에게 일자리 가 사라질 것으로, 여성 이주자는 다른 분야에서 일자리 기회를 찾게 될 것이다.

이는 사회 구조에 큰 영향을 미칠 것이다. 남성 이주자가 고국의 집으로 돈을 보내는 전통에 변화가 일어나고 있다. 또한 이주 여성이 증가함에 따라 전통적인 가족의 구성과 역할은 도전받고 있다. 아시아 에서 여성은 과거의 전통적인 어머니의 역할에서 벗어나, 노동자 더 나 아가 국제 노동자로 보는 것이 필요하다.

외국으로 이주하는 이유는 거의 경제적인 것이거나 정치적인 것이 었다. 아시아의 부상과 서구의 상대적인 쇠퇴는 정치적 및 경제적으로, 이주에 영향을 미치게 될 것이다. 2007~2008년의 글로벌 금융위기는 서구 사회 구조에 영향을 미쳤으며, 앞으로 20여 년간 유럽 일부 지역 에서는 글로벌 금융위기를 완전히 극복하지 못해 경제적으로 쉽지 않을 것이다. 기대수명이 80세에서 90세까지 늘어나고 이에 따라 사망하기 20~30년 전에 은퇴하면서, 유럽은 이에 대한 사회적 비용을 감당하는 것이 어렵게 될 것이다. 사회보장 프로그램을 중단하려는 정치 지도자 가 등장할 수밖에 없는 상황이다. 따라서 초고령 사회로 이행됨에 따라 사회보장을 축소하는 법안이 증가하게 되고, 이로 인해 경제적 상황이 악화될 가능성이 있다. 인구 감소에 따라 노인의 비율은 늘어나고, 노인 을 부양할 청년의 수는 줄어든다. 실제로 이탈리아의 경우 100여 개의 고성(古城)을 개보수 조건으로 무료로 소유권을 이전하고 있다.[272] 이 탈리아 정부는 이를 통해 농촌 지역 재생에 도움이 되기를 바란다. 결론은 다수의 유럽인이 동아시나, 동남아시아 및 인도의 황금 거리로 이주할 것이다. 자국에서 연금으로 생계를 유지할 수 없는 서구의 퇴직자는 태국이나 말레이시아와 같은 물가가 낮은 국가로 이주할 것이다. 또한 서구의 청년층은 돈을 벌기 위해 아시아로 이주할 것이다. 이는 싱가포르에서 시작하여,273) 새로이 성장하고 있는 베트남과 같은 다른 아시아 지역으로 이어질 것이다.

　　미국이 지금까지 주요 이주 지역이었는데, 아시아로의 이주가 늘어나고 있다.274) 현재까지의 국제 이주자 중 2/3가 유럽과 아시아에 거주하고 있는데, 유럽에 7,600만, 아시아에 7,500만에 달한다.275) 최근의 국제이주에 대한 전반적인 동향을 보면, 유럽은 이주 대상지로 가장 인기 있는 지역으로 유지되고 있다. 북아메리카의 경우 국제 이주자의 수가 크게 증가하고 있다. 연평균 이주자 증가율이 2.8%에 달한다. 그런데 아시아는 국제 이주자 증가세가 가장 높았다. 2000년에서 2015년까지 아시아로 이주한 사람의 수는 2,600만이었는데, 2015년을 기준으로 과거 13년간 이주자의 수가 2천만에 달한다.276)277)278) 남미 출신과 함께 아시아 출신이 글로벌 이주민의 다수를 차지하고 있다.279) 2015년 전 세계 이주민 2억 4,400만 중 43%인 1억 400만이 아시아에서 태어났다.280) 국제 이주민이 가장 높은 비율을 차지한 지역은 1,600만의 인도이며, 그 뒤를 중국 천만, 방글라데시 700만, 파키스탄 600만이 잇고 있다.281) 아시아 국가에 속하는 사우디아라비아와 아랍에미리트는 2015년 글로벌 이주자가 거주하는 상위 10개국에 속한다. 사우디아라비아는 4위, 아랍에미레이트는 6위다. 그 밖에 미국, 독일, 러시아, 영국, 캐나다, 프랑스, 호주, 스페인이 있다.282) 그런데 아랍에미레이트는 1990년에서 2013년 사이에 이주자의 수가 두 번째로 가장 많았다. 같은 기간 동안 미국으로의 이주자 수가 2,300만이었는데 아랍에미레이트는 700만에 달했다.283) 아랍에미레이트 및 다른 고소득 아시아 국가로의 글로벌 이주가 늘어나는 것은, 오일 기반 경제가 성공적으로 다양화되면, 2040년까지 다양한 파급효과를 불러올 것이다. 막대한 잉여 노동력을 가진 저개발 아시아 국가에서 새로이 산업화되고 빠르게 경제적으로 성장하는 다른 아시아 국가와 지역으로 이주하는, 아시아 국가 간 이주는 상당한 영향을 미칠 것이다. 아시아의 모든 국가는 타국으로의 이주와 자국으로의 이주 및 환승 이주를 겪을 것이다. 말레이시아와 태국과 같은 아시아의 일부 국가는 이주민의 유입과 유출이 동시에 일어날 것이며, 한국, 브루나이, 홍콩, 일본, 싱가포르, 대만의 경우에는 순유입 이주민이 순유출 이주민보다 많은 국가로, 방글라데시, 버마, 캄보디아, 중국, 인도, 인도네시아, 라오스, 네팔, 파키스탄, 필리핀, 스리랑카 및 베트남의 경우 순유출 이주민이 많은 국가로 남아 있을 가능성이 높다.[284] 그런데 브루나이는 중요한 예외에 해당한다. "석유의 실패", 즉 경제 다각화를 실패하는 경우, 브루나이는 이주민 동향에 급격하고 큰 영향을 미칠 수 있다. 이는 브루나이에 외국인 노동자는 적고, 반대로 다른 나라로 이주하는 브루나이인이 더 많다는 것을 의미한다. 기타 기술적, 경제적인 변화는 이주의 역학에 변화를 주게 될 것이다.

다시 서구의 중산층과 퇴직자로 돌아가서 논의하자면, 뉴욕타임즈는 2010년 10여 만 명의 사람이 다른 나라에서 아시아 지역으로 은퇴했다고 보도했다.[285] 말레이시아, 필리핀 및 태국은 "이들 서구의 퇴직자를 위해 적극적인 유인 정책을 폈다."[286] 2011년 영국, 미국 및 독일에서만 태국 이주를 위한 신청서가 3만 5천 건 이상이 제출되었다.[287] 말레이시아 관광부 사무총장인 주나이다리(Junaida Lee)는 '나의 두 번째 집(My Second Home)' 은퇴 프로그램을 담당하고 있다. "우리 프로그램의 주요 고객 대상은 베이비부머세대입니다. 영국과 같은 국가에서 온 서양인뿐만 아니라 일본의 베이비부머도 주요 대상으로 하고 있어요." 스리랑카도 '내 꿈의 집 비자 프로그램(My Dream Home Visa

Programme)'을 시행하여 고령 외국인을 유치하고 있다.[288] 서구의 은퇴자들에게 최적의 은퇴지 정보를 제공하는 인터넷 사이트가 개설되어 있다. 이 사이트에서는 은퇴이주지 후보 지역의 달러 환율, 의료 시스템 및 기후 등의 정보를 제공한다.[289] 서구의 경제상황이 열악해지고, 아시아에서의 삶이 더 쉬워지고 있다. 이러한 상황에서 인도와 같은 국가가 태국, 말레이시아 및 필리핀과 같이 서구의 은퇴자를 유인하는 정책 모델을 따른다면, 더 많은 사람이 아시아 지역으로 은퇴할 것이다.[290]

아시아, 특히 동남아시아로의 이주민의 유입이 강화될 것이며, 서구, 특히 유럽에서 이주민의 유출이 높아질 것이다. 닉 마틴데일(Nick Martindale)은 그의 글 '최종단계(The End Game)'에서 다음과 같이 썼다.[291]

> 유럽 국가는 나라에 따라 연금 지급에 있어서 접근 방식과 역사가 다를 수 있으나, 모두 비슷한 문제에 직면해 있다. 글로벌 금융위기의 여파가 아직도 남아 있는 상황에서, 이전 세대보다 기대수명이 증가한 현 세대에 대해 사회 복지를 유지해야 하는 상황이다.

> 이러한 문제에 대해 은퇴 시기의 지연이나 자체 자금지원 은퇴 프로그램 등의 다수의 대안적 정책이 존재할 수 있으나, 이들 유럽 은퇴자는 유럽을 떠날 가능성이 매우 높다. 이러한 위기는 줄어들지 않고 계속해서 늘어날 것이다.[292]

> 유럽연합에 속한 국가의 대부분은 현재의 근로자와 퇴직자에게 약속한 연금 총액이 국내총생산의 두 배를 넘는다. 정부가 연금 혜택을 축소하면, 기업과 개인의 부담은 증가할 수밖에 없다. 그렇다고 이들 근로자 등이 노후를 위해 저축을 늘리면, 경제 성장에 큰 타격을 입

게 되어 딜레마에 빠져있다.

그리고[293]

고령화는 추가적인 부담이 될 것이다. 2010년 유럽의 노동자 대비 연금 수급자부양 비율은 평균 4명이었다. 즉, 연금 수급자 1명을 4명의 노동자가 부양하는 구조였다. 2050년이 되면 연금 수급자 1인당 부양 노동자의 수는 2명으로 떨어질 것이다. JLT 연금 자본전략 연구소는 현재 평균 퇴직 연령은 61세인데, 연금제도가 지속 가능하려면 퇴직 연령이 75세 이상으로 늘어나야 한다고 추정했다. 영국에서 가장 대담한 정책안이 제시되었다고 하는 것이 2046년까지 퇴직연령을 68세로 늘리는 정도에 불과하다. 스위스와 그리스는 연금으로 인한 적자를 줄이기 위해 노력하고 있으며, 그리스의 경우 연금 월 지급액을 최대 40%까지 줄였다.

이의 결론은 명확하다. 청년, 여성 및 노인은 다른 지역으로 이주해야 하며, 그 지역은 아시아와 아프리카가 될 가능성이 높다.

게다가 논쟁의 여지가 있는 주장인데, 글로벌 금융위기로 인한 경제적 불평등의 심화와 중산층의 감소로 인해, 유럽에서 아시아로 경제적 이주가 늘어날 것이다. 그러나 대다수의 서양인이 아시아로 이주할 수 없을 것이며, 아시아인도 이주한 서양인들과 일자리 경쟁을 해야 하기 때문에, 마냥 서양 이주민을 환영하지는 못할 것이다. 그럼에도 불구하고 서양인은 그들의 자식에게 아시아로 이주하라고 조언할 것이다.[294]

우리는 중산층의 쇠퇴를 목격하고 있다. 미국과 마찬가지로, 영국에서 중산층이 줄어들고 있다. 중산층의 감소는 우리 시대의 가장 불안한 사회적 변화이며 자녀의 삶에 큰 영향을 미칠 것이다. 반세기 전에 평균 소득자가 누리던 합리적인 크기의 집, 양질의 의료 서비스, 적절한 교육 및 신뢰할 수 있는 연금 등은 이제 부자만이 누릴 수 있게 되었다. 과거 중산층에 속했던 연금 수급자는 성인이 된 자신의 아이들이 경제적으로 힘들어하는 모습을 보고 놀라워하는 상황이다.

그 원인은 다음과 같다.[295]

실리콘 밸리의 철학자이며 『누가 미래를 지배하는가?(Who Owns The Future?)』의 저자인 재론 라니어(Jaron Lanier)는 정보의 자유로운 흐름이 중산층 일자리를 사라지게 하는 것을 보여주었다. 평등주의와 거리가 먼 디지털 혁명은 중산층에 대한 경제적 노동분배율을 줄이고, 최상위층에게 경제적 부를 집중시켰다. 사무직 업무의 아웃소싱은 과거부터 존재했던 것이나, 지금은 백오피스에서 미들오피스에까지 영향을 미치게 되었다. 과거는 생산 노동자의 일자리가 극동지역으로 옮겨졌다면, 이제는 화학분야의 연구자, 법률 보조원 및 사무원의 일자리도 아웃소싱의 대상이 되었다. 마이크로소프트, 파이자(Pfizer)와 필립스(Philips)와 같은 기업은 중국에서 점점 더 많은 연구를 수행하고 있다.

다시 말하지만, 중요한 것은 현재의 서구 중산층이 다른 지역으로 이주할 수는 없을 것이라는 점이다.[296]

아시아에 대한 경험이 없는 외국인을 지원할 필요가 없다고 채용 담당자가 말했다. 해외이주 컨설팅 사인 스펜서 스튜어트(Spencer Stuart)에서 컨설턴트로 재직 중인 존스톤(Johnston)은 서구의 중산층에 속한 사람들에게 아시아 이주에 대한 자문을 담당하고 있다. 존스톤에게 자문을 하는 사람들의 다수가 자신들이 아시아 이주를 위한 경력을 모두 갖추었다고 주장하나, 그는 그들에게 다음과 같이 조언할 수밖에 없었다. "당신의 경험을 보니 아시아와 관련성이 있거나 혹은 해당 지역에서 흥미를 끌 만한 것이 없습니다."297)

이는 아시아에게 있어 좋은 소식인 동시에 나쁜 소식이기도 하다. 아시아가 지속적으로 발전함에 따라, 브레인이 유입될 것이고 이는 선순환을 형성할 것이다. 즉, 아시아가 발전하면 해외에서 브레인이 유입되고, 브레인이 유입되면 다시 아시아의 발전의 원동력이 될 것이다. 아시아로 이주하는 브레인은 서구로 이주했던 사람들이 가족과 재결합을 원하고 아시아의 성장에 따른 기회를 이용하기 위한 역이민은 물론이며, 아시아의 경제성장에 따른 서구의 노동자의 유입도 포함한다. 그러나 이는 사회기반시설에 상당한 도전을 일으킬 것이다. 즉, 경제적 불황기에는 농업, 서비스 분야 및 지식 노동인 골드 칼라 일자리에서 이주민에 대한 정치적 반발이 있을 것이다.

이주민 간의 경쟁도 있을 것이다. 정부는 사회의 고령화에 대응하기 위해 적극적으로 이주민을 유치하기는 할 것이나, 경쟁력 있는 이주민을 받아들이기 위해 이민자 간 경쟁도 조성할 것이다. 이주민과 관련한 정책은 사업, 학생 및 숙련된 이주 노동자를 위한 비자 요건의 완화를 통해 선호하는 이주민 유치에서부터 적극적으로 자국민의 해외 이주를 장려하는 것까지 다양하다. 지식근로자298) 및 서비스 근로자의 이주 유치를 위한 국제적 경쟁이 지속적으로 치열해질 것이다.

외국인 퇴직자가 이주 국가에 동화되지 못하고 자신들만의 집단적 거주지를 만들려고 한다면 상당한 반발이 일어날 수도 있다. 이러한 반발은 해당 국가가 어려운 시기에 발생할 수 있으며, 또한 해당 국가의 힘이 강력해지면서 그들의 국력을 돋보이게 하고 외국인에게 "아시아의 가치"를 따를 것을 강요하는 경우에도 일어날 수 있다.

이러한 점을 고려할 때, 글로벌 협력 허브를 만들거나, 지식산업의 골드 칼라 노동자를 위한 주거 공간을 제공하거나 혹은 브레인을 아시아로 유인하는 방법 등의 윈ー윈 전략이 현명하다고 판단된다.

마지막으로, 기후위기는 아시아에서 다른 아시아 지역으로의 이주를 일어나게 할 것이다. 저지대 지역은 해수면 상승으로 인해 다른 고지대 지역으로 이주할 수밖에 없을 것이다. 환경이주민은 남아시아 지역에서만 1억 2,500만 명에 달할 것이다.[299] 2009년에 인도양에서 몰디브 정부가 수중 내각회의를 열었다. 내각회의를 수중에서 개최한 것은 세계 최초였으며 상징적 행사였다. 해수면 상승으로 위기에 처한 몰디브 군도에 대한 도움을 세계를 향해 요청했다.[300] 2012년 몰디브 대통령은 정부가 3만 5천 명의 자국민 전원을 호주로 이주하게 하는 정책을 고려하고 있다고 말했다.[301] 그 이외의 태평양에 소재한 섬 국가가 직면한 미래는 몰디브와 크게 다르지 않다. 해수면 상승으로 인해 위험에 처한 섬 국가가 늘어남에 따라, 이웃 나라로 이주하려는 기후난민은 늘어나게 될 것이다. 그런데 이웃 국가가 이들 기후난민을 환영하지 않는 경우가 많다. 어떻든 기후위기로 인한 기후난민은 아시아 전체는 아니라 하더라도 많은 나라에 적지 않은 영향을 미칠 것이다.

정리하자면, 다양한 이유로 인해 전 세계의 사람들은 아시아 이주할 것이며, 또한 이주하는 사람의 숫자도 지속적으로 늘어날 개연성이 크다. 현재의 국제 이주에 영향을 미치는 영향은 지속되지 못하고 변화할 것이다. 이러한 변화에 따른 현실에 대해 새로운 대응이 필요할 수밖에 없다. 적시에 생산적으로 해결한다면, 이러한 변화는 오히려 기회가 될 것이다. 고령화와 인구 감소를 겪고 있는 부유한 아시아 국가에는 다른 아시아 국가, 서구 및 다른 지역의 외국인 노동자가 유입될 것

이고 이를 통해 상당한 혜택을 얻을 수 있다. 환경이 청정하며 기후가
온화한 국가의 경우 서구의 연금 수급 은퇴자가 유입되면서 이익을 얻
게 될 것이다. 아메리칸 드림이 사라진 지금, 아시아 국가는 새로운 아
시안 드림을 실현할 수 있는 장소가 될 것이다. 당분간 아시아 국가는
지속적으로 경제성장을 이룩할 것이다. 이러한 기회를 찾고 누리려 하는
이주민이 증가할 것이다. 모국으로 역이민하는 사람이건, 서구나 혹은
다른 아시아 국가에서 이주하는 사람이건 이들은 모두 아시아의 지속적
경제성장이 주는 매력에 이끌렸을 가능성이 크다. 이들 이주민은 노동자
의 새로운 유형인 특정한 직업에 매여 있지 않고 다양한 직업을 가지는
브라운 칼라(brown collar)를 구성할 것이다.

〈표 7-1〉 거대한 이주에 관한 이해당사자의 관점

	글로벌 골드 칼라 노동자	서구의 은퇴자	저임금 여성 노동자	환경 난민	고국으로의 역이민자	아시아 도시 및 국가
현상 (Litany)	• 소득 증대	• 환차익	• 생존	• 생존	• 공동체와 연결	• 국내총생산의 상승
시스템	• 부의 증가	• 경제적 의료 서비스 • 행복한 자연환경	• 갈등과 부패로부터의 탈주	• 기후위기, 극단적 가난과 전쟁으로부터의 탈주	• 경제적 쇠퇴기에 손실을 최소화하고 고국으로의 귀환 • 헌신	• 혁신과 부는 늘었으나, 사회적 문제 존재
세계관	• 골드 칼라 노동자	• 서구의 은퇴자	• 저임금의 여성 노동자	• 난민	• 역이민	• 아시아 도시 혹은 국가

메타포어	• 세계여행
	• 아시안
	  드림
		• 웰빙
		• 아시안
		  드림
			• 보다
			  나은 삶
			• 아이들이
			  아시안
			  드림을
			  실현
				• 고국으로
				  돌아갈
				  희망
					• 금의환향	• 이민의
						  유혹

　　다른 미래상과 같이, 아시안 드림을 모든 사람이 경험할 수는 없을 것이다. 글로벌 골드 칼라 노동자의 세계관, 서구의 은퇴자, 저임금 여성 노동자, 기후 난민, 고국으로의 역이민자 및 아시아 도시 혹은 국가의 여섯 가지 세계관에 따른 다중인과계층분석을 제시했다. 이들 여섯 유형이 이해관계자의 세계관을 제시하여 현재와 미래를 연결시켰다. 이들 그룹은 각기 다른 경험을 할 것이나, 이들 모두가 새롭고 바람직한 아시안 드림을 이룩하는 데 성공할 것이다.

핵심내용

- 21세기에 들어서자 아시아로의 국제이민이 급격하게 늘었다. 13년간 약 2천만 명의 국제이민이 증가했다. 이민이 늘어난 이유는 아시아 지역의 부유한 산유국에서 외국 노동자에 대한 수요가 증가하고 동남아시아가 경제적으로 급격하게 성공했기 때문이다. 부유한 산유국에서의 외국 노동자에 대한 수요는 줄어들 것이나, 동남아시아의 경제적 성장은 지속될 것으로 전망됨에 따라 아시아로의 이주자도 지속적으로 증가할 것이다.

- 가장 기본적인 이민의 이유는 거의 언제나 경제적인 동시에 정치적이다. 아시아는 "고향으로 되돌아가고자 하는" 아시아인과 "아시안 드림"을 쫓는 비 아시아인 모두에게 점점 더 선호할 만한 이주지가 될 것이다. 경제적으로 곤궁한 고향에서 벗어나 번영하는 다른 아시아 지역으로 이주하는 아시아 국가 간 이민도 지속될 것이다.

- 아시아로의 대이주는 더욱 두드러질 것이다. 이에 따라 다양한 유형의 이민자가 아시아로 이주하여 직업과 새로운 기회를 찾고, 삶의 방식에 변화를 주거나, 혹은 생존의 기회를 찾게 될 것이다. 여성 이주자, 자국으로 역이민을 가는 아시아 출신의 전문가, 서구의 은퇴자, 기후 난민 및 외국인 노동자 모두 증가할 것으로 전망된다. 이러한 미래의 변화를 이해하고, 원주민과 이주민이 함께 창의적이고 적극적으로 협력하는 아시아 지역은 미래에 이러한 이민으로부터 가장 큰 혜택을 누릴 수 있을 것이다. 역이민을 온 아시아 출신의 전문가와 야심에 가득 차 아시안 드림을 쫓는 이민자는 새로운 유형의 브라운 칼라 노동자층을 형성할 것이다. 젊은 여성들이여, 동쪽으로 이주하라.

제8장

아시아 연맹

아시아 연맹(Asian Confederation)은 아시아 국가 간 국제적 협력과 실행력을 지닌 국제적 조직으로, 세계정부(World Government)를 구성하는 6개 연맹 중 하나다. 2024년 필리핀의 마닐라에서 결성된 아시아 연맹은 그해 6월 21일 스위스 베른에서 워킹 그룹의 승인을 받았다. 아시아 연맹은 2040년 현재 말레이시아 쿠알라룸프르에서 본사를 두고 있고, 55개 회원국과 1개의 북 마리아나 제도의 준회원 협회로 이루어져 있다. 바레인 출신의 아딜 라힘 빈 이르판 알 카디리(Adil Rahim bin Irfan Al Qadir) 총장이 아시아연맹을 이끌고 있다. 아시아 연맹은 2026년 1월 28일 카타르의 도하에서 '세계 최고의 연맹'을 비전으로, '성공적인 아시아 구축'을 미션으로 정했다. 새로운 비전과 미션은 '하나의 아시아, 다양한 문화, 하나의 목표'라는 슬로건으로 집약되었다. 이는 통합, 다양성 및 리더십의 핵심 가치를 의미한다. 경제개발과 정치적 규제에 더해, 회원국의 정부 청렴성을 유지하며, 풀뿌리 민주주의와 청소년 이니셔티브를 강화하는 것을, 아시안 연맹은 회원국 및 주요 이해관계자와 긴밀한 협력을 통해 달성하고자 한다. 이는 비전과 미션을 달성하기 위한 목표이다. 아시아 연맹 총장은 "우리 대륙은 지속적으로 서로 연계해야 하며, 새로운 도전에 적응해야 합니다. 이 새로운 아시아 연맹의 비전과 미션은 아시아 국가 간에 다양한 지도자급 회담이 추진되도록 할 것"이라고 말했다.

앞의 글은 픽션이기는 하나 판타지는 아니다. 이 글은 아시아 축구 연맹(AFC, Asian Football Confederation)으로부터 영감을 얻어 작성한 것이다. 특히 아시아 축구 연맹의 역사와 비전과 미션 선언문에서 많은 영감을 얻었다.[302] 날짜를 비롯하여 몇 가지 세부사항은 변경했다. 아시아 축구 연맹의 회장 이름도 미래 아시아 지도자에게 보고 싶은 자질을 반영하기 위해 바꾸었다. 총장의 이름 아딜 라힘 빈 이르판 알 카디리(Adil Rahim bin Irfan Al Qadir)에서 아딜(Adil)은 정의롭고 공정함을, 라힘(Rahim)은 친절하고 동정심이 많음을, 이르판(Irfan)은 지식이 풍부하며 자각이 있으며 학식이 높음을, 카디리(Qadir)는 유능함을 의미한다. 축구는 경쟁이 치열한 스포츠로 인식되고 있는데, 이러한 고도의 경쟁 속에서도 협력이 가능하며, 연맹의 모든 구성원의 이익을 지향할 수 있다는 것에는 상당한 시사점이 있다. 축구에서도 이러한 일이 가능한데, 아시아 국가 연맹이 불가능하지 않을 것이다. 그렇다면 아시아 연맹 설립이 유익한 이유는 무엇인가?

싱가포르의 성공 원인과 미래 방향을 다룬 논문에서, 싱가포르 미래전략 센터의 선임고문이자 전 싱가포르 최고위직 공무원인 피터 호(Peter Ho)는 싱가포르 국경의 의미를 다시 생각할 때가 되었다고 주장했다.[303]

첫째, 우리는 흔히 국경으로 구분된 국가에 기반한 경제적 경쟁력을 생각합니다. 한 국가는 특정 부분에서 다른 국가보다 높은 경쟁력을 가질 수 있습니다. 이러한 접근은 국가 간 상품을 거래할 때 의미가 있습니다. 상품을 제조하는 데 있어 비교우위를 가지는 것은 모두에게 이익이 됩니다. … (그런데) 통신 기술이 발달하고, 글로벌 가치사슬이 확대하면서, 과거 20~30년 간 상품의 흐름보다 지식의 흐름이 더욱 중요하게 되었습니다. … 이제 조밀한 디지털 네트워크에 연결하는 것이 생산 독점이나 자원의 접근 통제보다 더 큰 이점을 지닙니다. … 기본 원칙을 지키는 것이 개방적 접근과 최대의 네트워크 연결을 보장할 수 있습니다. 스템포드 래플스(Stamford Raffles) 경이 1819년 싱가포르를 자유 항구로 만들어, 모든 국가의 상인을 환영했던 것과 같이, 2017년 싱가포르는 데이터 자유 항구가 되어 모든 국가의 데이터를 받아들일 수 있습니다. 이를 통해 싱가포르의 데이터 센터는 데이터 소유권을 가진 국가의 법률을 적용하면서 데이터를 보관할 수 있습니다. 이렇게 하면 싱가포르에 데이터가 몰려들어오게 되고, 싱가포르의 기업이 이 데이터를 통해 통찰력을 얻을 수 있습니다. 세상이 디지털화되고 데이터 중심이 되면서 국경에 대해 새롭게 생각하는 것이 중요해질 것입니다.

이 장의 글머리에 가상으로 논의한 것과 같은 "상상의 공동체"는 베네딕트 앤더슨(Benedict Anderson)의 고전적 주장인데, 피터 호는 앤더슨의 주장을 상기시킨다. 유럽연합, 미국, 영국, 중국, 말레이시아를 포함하여 다양한 민족, 종교 및 문화 그룹이 하나의 공통된 정체성으로 통합된 모든 정치 단체는 상상의 공동체에 속한다. 그렇다면 이 상상력을 더욱 넓힐 수 있지 않을까? 이 상상력의 매개변수도 바꿀 수 있지 않을까? 전자시민권(E–Residency) 이니셔티브를 이끌었던 에스토니아의 전 최고 정보책임자인 타비 코트카(Taavi Kotka)는 다음과 같이 말했다. "이제 국가의 개념이 바뀌었습니다. 물리적 국토 개념은 과거의 것이 되었습니다. 물리적으로 어디에 거주하는지는 더 이상 중요해지지 않게 되었어요."304)

디지털화된 아시안 연맹이 유익한 이유는 디지털라이제이션(digitali–sation), 사물통신 이외에도 여러 가지가 있다. 가장 먼저, 사람, 상품, 서비스 및 아이디어가 이 아시아 연맹 내에서 쉽게 유동할 것이며 규모

의 경제를 이루어 더욱더 큰 경제적 번영을 이룩할 것이다. 갈등의 감소
도 큰 이점이 될 것이다. 아시아에서 발생하는 다수의 하위국가 갈등
(subnational conflicts)은 더 큰 자치권을 가지려는 소수민족이나 반란
군이 여러 나라에 걸쳐 분포되어 있는 것과 관련 있다.[305] 하위국가 갈
등은 "아시아에서 가장 광범위하고 오래 지속된 치명적 갈등 형태다.
남아시아와 동남아시아에서만 26개의 하위국가 갈등이 존재하며, 이들
지역에 속한 나라의 절반이 이러한 갈등을 겪고 있다."[306] 지난 10년간
다음과 같은 일이 아시아 지역에서 발생했다.

> 전 세계 하위국가 갈등의 60%가 아시아에서 발생했다. 아시아에서
> 10만 명 이상이 이러한 유형의 분쟁으로 사망했다. … 약 1억 1,300
> 만 명이 하위국가 갈등 지역에 살고 있으며, 2011년에는 아시아에서
> 13건의 하위국가 갈등이 발생했는데, 아프리카 지역의 분쟁과 동일한
> 규모다. (더 나아가) 아시아의 하위국가 갈등의 평균 지속기간은 33.3
> 년으로 세계평균 기간인 16.8년보다 두 배나 길다.[307]

"대부분의 하위국가 갈등은 비교적 강력한 정부에 정기적인 선거
를 치루며 강력한 군대와 경찰이 있는 전반적으로 안정된 중진국에서
일어난다."[308] 그런데 하위국가 갈등은 "특정 인종이나 특정 종교 신자
가 지리적으로 집중 거주하는 경우, 해당 소수자에 대한 국가차원의 억
압과 차별을 수반한다."[309] 억압과 차별에 대한 논쟁이 있는 경우, 다른
국가가 독립적인 중재자가 되고, 그러한 지역 중재 시스템이 안정적으
로 정착된다면, 갈등의 매개변수는 극적으로 바뀔 수 있다. 따라서 아시
아의 발전을 저해하는 하위국가 갈등에 대한 해결책 중의 하나는 국가
간 협력 강화와 지역 국제협력이 될 수 있다.
아시아 연맹 혹은 재정연합을 2040년까지 창설하기 위한 논의가

아시아의 주요 국가 장관 간에 열리는 것을 상상할 수 있다. 이러한 연맹이나 연합과 같은 정치적 조직은 현재의 ASEAN이나, 동아시아 정상회의와 APEC와 같은 아시아 지역 포럼보다 강력할 것이다. 아시아 지역의 지정학적 역사를 고려하면, 완전한 연합을 구성하는 것은 어렵겠으나, 국가연맹의 결성은 가능할 것이다. 국가연맹은 대부분의 주권은 각 국가에 남아 있으나, 소속 국가의 이익을 높일 수 있는 부분에 대해서는 주권을 연맹에 이양할 것을 전제로 한다. 이를 통해 효율성과 효과성을 가지고 지역문제를 해결할 수 있을 것이다. 가장 가능성이 높은 시나리오는 ASEAN이 변형되어 발전하는 것으로, 시간이 지나면서 동아시아 공동체가 등장할 것이고, 2040년에서 2050년까지 아시아 연맹이 형성될 수 있을 것이다. 아시아 연맹이 형성되는 데는 경제적 동인도 있으나, 더 근원적으로는 상상력이 아시아 연맹을 만들 수 있다. 새로운 아시아를 꿈꾸는 것은 과거의 경험에 비추어 보았을 때 일어날 가능성이 높지 않은 것이나, 우리의 미래에는 충분히 가능하다.

　　아시아 연맹을 만들 수 있는 현재의 동인으로는 특정 국가가 독자적으로 해결할 수 없는 다수의 근본적인 외부 문제가 포함된다. 여기에는 기후위기와 환경오염이 해당한다. 우선 규모의 경제와 현지 통화 무역과 물물교환과 같은 경제적 동인이 아시아 연맹을 추진하게 할 것이다. 유럽연합과 미국과 경쟁하기 위해서는 이러한 아시아 연맹 결성이 필요하다.[i] 특히 중국의 경우 2020년 이후 저출산 고령화됨에 따라 인구성장이 정체하고 근로자 대 은퇴자의 비율이 바람직한 7:1의 비율에서 불안정한 2:1의 비율로 이행하게 될 것이다. 부양비율의 급격한 증가에 따라 중국은 선진국이 되기 전에 고령국이 될 위험에 처해있다.[310][311][312][313] 이는 중국만의 문제는 아니다. 동아시아 지역 전체가 역

---

i) 역자주: 미·중 무역갈등과 세계질서의 다극화에 따라 아시아 연맹에 대한 시각이 다양하게 존재할 수 있다. 시각을 넓혀서 볼 필요가 있다.

사상 가장 빠르게 고령화되고 있다.314)

동아시아에서 출산율이 매우 빠르게 낮아지고, 60세 이후 노인의 기
대 여명이 급속하게 증가하는 것은 전례 없는 속도로 동아시아 국가
의 고령화를 불러왔다. 동아시아의 고령화 속도와 규모는 정책, 경제,
재정 문제를 일으키고 사회적 위험을 늘렸다.

따라서 경제 시스템과 사회구조가 고령화에 적응하기 위해서는 교
육 시스템의 개혁이 필요하다. 유럽의 볼로냐 프로세스315)에서와 같이,
학생과 교수가 대학 간에 자유로운 이동이 허용되어야 하며, 이를 위해
서는 대학 과정을 표준화하여 유연한 교육 모델을 만들어야 한다. 학생
은 다른 대학 혹은 다른 국가의 대학으로 이동할 수 있어야 한다. 기후
위기로 인해 사람들이 국내 혹은 아시아의 다른 국가로 이주할 것인데,
이는 국제적 협력을 필요로 한다. 더구나, 안보문제와 관련하여 국제적
더 나아가 전지구적 차원의 협력의 필요성이 지속적으로 증가할 것이
다. 지식경제에 대한 사이버 범죄, 아동 학대, DNA 개인인증 범죄와 같
은 새로운 유형의 범죄의 출현에 대응하기 위해 국제적 협력이 필요하
게 될 것이다. 국제 여행, 무역,316) 난민, 범죄가 증가함에 따라, 국제
분쟁의 가능성이 늘어나고, 이에 따라 새로운 분쟁 해결 체계가 필요하
다. 여기에는 아시아 국가 분쟁 법원이나 아시아 경찰 등이 포함될 것
이다.
　　유럽연합은 아시아 연맹의 미래를 견인하는 사례가 될 수 있다. 유
럽연합의 약점은 강력한 중앙은행이 없으며 재정연합이 아니라는 것이
다. 즉, 유럽연합이 강력해지기 위해서는 더 많은 통합이 필요하다. 처
음에는 아시아 연맹으로 시작하고 그 이후 연합으로 발전할 것인데, 유
럽연합의 사례를 반면교사로 하여 배울 수 있을 것이다.

또한 아시아가 연합으로 발전하는 것을 가로막는 여러 장애도 존재한다. 미국은 아시아연합의 결성을 반대할 것이다. 아시아 국가 간의 경제적 불평등과 정치적 불균형도 극복해야 할 대상이다. 각 나라에 따라 거버넌스 단계가 다르며, 민주주의에 대한 관점도 상이하다. 셀죽 코라코글루(Selçuk Colakoğlu) 교수는 다음과 같은 결론을 내렸다.317)

동아시아 지역에 속한 국가통합을 지향하는 운동은 ASEAN의 우산 아래 지속되기는 할 것이다. 그렇다고 ASEAN 혹은 앞으로 새롭게 형성될 동아시아 공동체가 유럽연합 정도로 발전할 것으로 기대해서는 안 된다.

미국은 ASEAN 등의 이러한 한계를 인식하고, 이 지역에 리더십과 영향력을 유지하기를 원할 것이다.318)

인도와 인도네시아는 성장하고 있으며, 중국은 이미 미국의 경쟁자가 되었다. 이제 글로벌 경제 중심지는 대서양에서 인도 태평양으로 이전했다. 따라서 국제 질서 속에서의 미국의 리더십의 미래는 아시아 지역에서 검증될 것이다.

그런데 미국은 아시아 지역에 점점 더 무관심해지고 있다. 예를 들어, 미국은 트럼프 정부가 들어서면서 환태평양경제동반자협정(TPPA)에 탈퇴했는데, 이러한 무관심으로 인해 미국의 아시아 지역에서의 영향력은 줄어들 것이다.ii) 반면 중국의 야심에 찬 일대일로 이니셔티브는

---

ii) 역자주: 조 바이든 정부는 아시아로 다시 관심을 보이고 있다. 이는 미·중 갈등을 더욱 심화하게 할 가능성이 높다. 민족주의로 국가통합을 하려는 시진핑의 중국은 민족주의라는 호랑이 등에서 내려오기 힘들 것이다.

아시아 지역에 중국의 영향력을 확대할 수 있다. 중국이 일대일로에 성공하기 위해서는 약소국과 진정한 파트너십을 맺고 지배하려는 것처럼 보이는 것을 피해야 한다. 궁극적으로 이는 장기적인 주요 관심사가 될 것이다.

아시아 연맹을 지향하는 움직임을 보여주는 다양한 이머징 이슈가 존재한다. 예를 들어, ASEAN이 완전한 아시아연합이 될 가능성에 대해서 벌써 15년 넘게 논의되었다. 글로벌 금융위기 이후, ASEAN 소속 국가는 단일 통화 없이 완전한 경제연합을 이룩하겠다는 선언에 서명하면서 활기를 띠었는데, 이는 유럽연합을 모델로 했다.319) ASEAN에서 APEC까지 아시아 지역은 다국적 조직에 대한 상당한 경험을 누적해왔다. ASEAN에 속한 18개국의 노동조합 협의회로 구성된 ASEAN 노동조합 협의회도 존재한다.320) 이러한 국제조직은 더 큰 규모로 성장할 수 있을 것이다. 중국은 이미 인도와 파키스탄을 회원국으로 두는 상하이 협력기구(SCO, Shanghai Cooperation Organization)321)와 같은 느슨한 아시아연합을 구성했다.322)iii) 상하이 협력기구에 속한 국가의 인구 규모는 세계 인구의 절반을 차지한다.

아시아개발은행은 다음과 같은 새로운 문제를 처리하기 위해 아시아 국가 간 협력이 반드시 필요하다고 강조했다.323)

• 세대 간 문제는 특정 국가의 국경 안에 국한되지 않으며, 지역 및 세계적 측면이 존재한다.
• 아시아는 자유 무역 시스템, 안정된 금융 제도, 기후 위기에 대한

---

iii) 역자주: 미·중 무역갈등과 중국과 인도의 국경분쟁 등의 신호는 아시아 연맹의 구성을 전망하기 어렵게 한다. 이머징 이슈는 변화의 씨앗으로 현재의 상태가 지속되지 않는다는 신호이기도 하다. 열린 마음으로 이들 이머징 이슈를 관찰하고 상상하여, 미래를 만들어가야 한다.

완화 및 평화·안보·공존을 통해 가장 많은 것을 얻을 수 있으며, 반대로 잃을 수도 있다.

- 유럽 등 서구에 대한 의존도를 줄이기 위해 시장을 다양화하려면, 아시아 지도자 간에 긴밀한 협의를 통해, 상품과 자본의 자유로운 이동이 가능하도록 제도를 정비하고 장벽을 제거해야 한다.
- 국가 간 불균형은 갈등으로 이어지므로, 이러한 불균형을 줄일 수 있도록 조정 및 통합이 필요하다.

아시아개발은행은 아시아의 진전된 통합이 2021년까지는 불가능할 것이나, 2040년까지는 유의미한 변화가 있을 것이라고 전망했다.[324]

앞으로 10년 후에는, 지역적 통합이 글로벌 표준이 될 것으로 예상할 수 있다. 세계무역기구(WTO)가 국제 무역을 만족스럽게 개방하지 못한다면, 상당한 경제적 성과를 보이는 지역 블록화는 향후 몇 년간 주요 외교활동이 될 것이다.

최근 아시아 상공회의소의 한 회의에서 아시아 경제 블록의 통합 강화에 대한 논의에 착수했다.[325]

ASEAN 경제공동체는 2015년에 설립되었으며, 회원국은 2025년까지 더 긴밀한 통합을 달성할 것으로 생각하고 있다.[326] 이에 성공한다면, 아세안 경제공동체의 회원국 간의 관계는 단순한 이웃 국가의 관계에서[327] 진정한 통합경제와 다문화 공동체로 전환될 것이다. 지역 통합의 목적은 브루나이, 캄보디아, 인도네시아, 라오스, 말레이시아, 미얀마, 필리핀, 싱가포르, 태국, 베트남의 아세안 국가에 속한 6억 명 규모의 경쟁력 있는 시장을 만드는 것이다. 아세안 국가 간 무역을 증진하고 포용적이고 혁신 주도의 경제성장을 강화하는 것이 중간 정도의 목표가 될 것이다. 포용적이고 혁신주도의 경제성장의 사례는 디지털 경제에서의 중소규모 기업의 통합이 될 것이다.328)

결과적으로 아시아 경제연합 또는 연맹은 다른 지역에서도 유사한 공동체를 결성하도록 하게 할 것이다. 이러한 사례는 ASEAN 경제 공동체와 걸프 협력 회의에서 볼 수 있다.329)

마지막으로 ASEAN 경제연합의 결성을 통해, 회원국은 외부 지역과 국가에 대한 의존도를 줄이고, 자원의 낭비를 줄일 수 있을 것이다. 나게스 쿠마르(Nagesh Kumar)는 다음과 같이 썼다.330)

세계 경제는 변동성이 높고, 환율 조정, 유가 상승 및 무역보호주의 경향 등으로 인해 침체의 위험에 직면해 있다. 한국과 일본의 건설산업과 제조업의 가동율이 하락함에 따라 GDP의 10~15% 정도를 낮추어 실질적으로 약 1조 달러의 손실을 야기할 수 있다. 이 지역의 유휴 생산력을 아시아의 다른 지역의 수요를 충족하도록 활용할 수 있는 집중적 협력 체계를 구축하면, 이 지역의 경제성장을 높일 수 있을 것이다. 이를 통해 아시아 지역은 세계경제의 중심지로 등장할 수 있을 것이다.

해당 지역의 지도자가 선호하는 비전을 갖는 것은 특히 중요하다. 인도의 전 총리인 만모한 싱(Manmohan Singh) 박사는 다음과 같이 말했다.331)

효율적인 도로, 철로, 항공 및 해운 서비스로 연결된 히말라야에서 태평양을 아우르는 통합된 시장이라는 비전은 매우 매력적이다.

이 국가 공동체(ASEAN, 한국, 중국, 인도 및 일본을 포함하는 아시아 경제 공동체)는 사람, 자본, 지적재산과 창의성의 대규모 이동이 가능한 "우위의 원호(arc of advantage)"를 구성할 것이다. 이 공동체는 역내 총생산 규모는 유럽연합과 대등하며, 무역규모 면에서는 북미자유무역연합(NAFTA)보다 크다.

이 지역의 인구 규모는 세계 인구의 절반을 차지하며, 외환보유고는 유럽연합과 북미자유무역연합을 합친 것보다 클 것이다.

아시아 경제 공동체에 대한 아이디어는 빠르게 실현될 것으로, 우리는 이를 함께 준비해야 한다.

국가지도자와 더불어 학계의 지도자도 이를 지지한다. 몇 년 전 한국, 오만, 인도, 파키스탄, 방글라데시, 호주, 대만, 이란, 중국, 미국, 말레이시아 등 아시아 유수의 사상 지도자 15명이 만나 2060년의 아시아의 장기 미래에 대해 토의했다.[332] 여기서 기후변화로 인해 파괴된 아시아나 아시아에서의 제국주의의 부상과 같은 부정적 시나리오도 등장했다. 그러나 초점은 아시아연합에 있었다. 아시아연합에는 두가지 변형이 존재한다. 하나는 부분적 연합이고, 다른 하나는 보다 깊은 연합이다.
첫 번째의 부분적 연합에 대한 내용은 다음과 같다.[333]

아시아 국가 중 일부는 세계 최고 선진국이 될 것이다. 새로운 아시아 화폐와 금융 협정이 등장하고, 아시아의 문화가 전 세계에 퍼질 것이나, 세계경제의 본질적 성격은 변하지 않는다. 즉, 아시아연합에 속한 국가의 대부분은 세계경제의 주변부에 위치해 있다. 아시아연합이 등장은 하겠으나, 이는 무역과 금융에 국한하며, 개별 국가는 여전히 강할 것이다. 산림, 물 및 화석연료에 대한 규제는 여전히 무질 서할 것이다. 경제적 불평등은 다소 완화될 것이며, 지속가능성은 본 격적인 의제가 될 것이다. 그러나 난민과 빈민 문제는 부분적 승리만 거둘 것이다. 대체적으로 집단적 정체성은 여전히 중요하다. 예를 들 어, 이 미래 시나리오의 제목은 미래의 베스트셀러 책의 제목에서 가 져왔는데, "당신과 당신이 속한 집단이 어떻게 부자가 될 수 있는지 배우라"였다.

두 번째 시나리오는 이상적인데, 참가자들의 선호미래를 보여준다.334)

미래의 아시아는 녹색 기술 혁신으로 세계를 선도할 것이다. 앞으로 60년 동안 세계는 경제적 형평성이 극적으로 증가할 것이다. 교육은 아시아 변화의 핵심 동인이 될 것이다. 녹색 도시와, 녹색 건물이 새 로운 규범으로 등장하며, 생산성은 높이고 질병은 줄일 것이다. 현대 적 의료에서, 중국과 아유르베딕(ayurvedic)iv) 전통 의료의 장점을 취합하는 새로운 보건의료체계가 나타날 것이다. 아시아연합을 만들 면서, 아시아 지역 내의 갈등의 원인이 된 지정학적 단층선이 완화될 것이다. 아시아는 새로운 도전에 직면할 것이다. 창의적 엘리트는 패 러다임 변화를 주도할 것이다. 이 시나리오의 명칭은 2060년 아시아 의 베스트셀러인 "성찰적 학습을 통해 아시아가 꿈을 실현한다"에서 따왔다.

이들 시나리오는 이상적이다. 그러나 시대를 앞섰으며, 최신 사상 을 이끄는 아시아의 학계 지도자의 선호미래를 나타낸 것으로 이머징

---

iv) 역자주: 인도에서 기원전 10세기 이전에 등장한 통합적 의료체계로, 몸, 마음, 정신 의 균형을 추구한다.

이슈에 해당한다.

완전한 유럽연합과 같이 되기에는 아직 가야 할 길이 멀겠으나, 아시아 국가 간 국경선이 보다 낮아져야 한다는 데 대해서는 상당한 합의가 있다. 베테랑 저널리스트인 쿨딥 나야르(Kuldip Nayar)는 다음과 같이 썼다.[335]

앞으로 아시아 국가 간에 국경이 낮아지고 사람은 보다 자유롭게 이동할 수 있을 것이다. 이를 통해 사람들은 국경을 넘어서 이해와 협력을 증진하고 단결할 것이다.

그러나 가야 할 길이 멀다. 예를 들어, ASEAN 국가는 항공기 운항에 있어서 '열린 하늘'을 향해 이행하고 있으나, 그렇다고 유럽연합의 '하나의 하늘'과는 상당한 차이가 있다. 그러나 열린 하늘만으로도 상당한 이점이 있다.[336]

ASEAN 회원국이 누리는 경제적 이점은 높은 효율성, 저렴한 운임, 비즈니스와 관광·여행을 편하게 하는 연결성 및 외국인 투자를 유인하는 매력 등이다. 그런데 이러한 혜택을 누리기 위해서 ASEAN 국가는 늘어나는 교통량을 소화하기 위해 항공 등 교통 인프라를 개선할 필요가 있다. 다수의 ASEAN 국가의 공항이 붐비고 있다. ASEAN의 "열린 하늘" 계획은 유럽연합의 "하나의 하늘"에 비해 부족한 부분이 있다. 하나의 하늘에서는 유럽연합에 속한 국가 간의 항공을 국내 노선으로 운영하고 있다.

이러한 변화는 개별적으로 일어나는 것이 아니며, 도시 국가,[337]초국가적 비정부기구, 국가와 경쟁하는 거대기업과 같은 새로운 주권계층이 등장하고 있다는 것에 유의해야 한다.[338] 2040년까지 다양한 유형의 연합, 즉 새로운 시대를 열기 위한 새로운 유형의 거버넌스 설계가 중요해질 것이다. 새로운 유형의 거버넌스에는 아시아 도시, 비정부기구, 기업연합이 포함될 수 있다. 그리고 2040년 디지털 세계에서는 그 의미가 줄어들 것이기는 한데 국민국가연합도 포함될 수 있다.

이러한 변화는 2040년까지 아시아 시민이 본인이 좋아하는 식당에 가야 하는 제한된 선택을 할 수 있는 상황에서, 폭 넓은 선택권을 가진 푸드코트(food court)를 형성하는 것을 의미한다. 이러한 폭 넓은 선택권은 교육, 보건의료, 중개 및 보안 등의 서비스로 확대될 것이다. 이러한 서비스를 제공하는 기업의 일부는 대기업일 것이고, 일부는 중소규모일 것이다. 아시아 규제 기관의 역할은 푸드코트를 통해 개인, 자본 및 지적재산의 원활한 이동을 보장하고, 법규는 공정하고 통합됨으로써, 공급자와 고객 모두 이익을 볼 수 있도록 할 것이다. 다음의 다중인과계층분석은 이를 잘 제시하고 있다.

〈표 8-1〉 아시아연합

	현재	2040년
현상(Litany)	• ASEAN, APEC, 상하이 협력 기구(SCO)	• 아시아 경제 연맹/연합
시스템	• 노동 이동을 제한하는 국가 지도자 • 아시아 국제 조직의 부족함	• 사람, 자본, 지적재산권의 자유로운 이동을 통한 규모의 경제, 혁신 및 높은 생산성 • 전 세계 및 아시아 지역의 거버넌스에 집중
세계관	• 근대의 국민국가 시스템 • 과거의 전쟁과 불공정에 집중	• 국가, 도시, 지역 사회, 기업 및 개인의 생태계 • 미래의 혜택에 집중
메타포어	• 국민 국가 • 단일 레스토랑 체인 독점	• 조직 및 기관의 가이아(Gaia) • 아시안 푸드코트

　　현재에 대한 메타포어는 특정 장소에 존재하는 레스토랑이며, 2040년의 메타포어는 푸드코트이다. 푸드코트는 더 큰 선택과 더 큰 규모의 경제를 의미하며, 이상적으로 보면 신선한 야채와 과일에 관한 것이다. 궁극적으로는 이는 리더십에 대한 것이기도 하다. 과거의 지도자는 아시아가 서구 제국에 도전하여 독립한 국민 국가를 건설하는 것이 과제였다. 현재의 지도자는 경제 개발, 교육 및 보안에 보다 역점을 두고 있다. 미래의 지도자는 탈식민지를 주도했던 과거의 지도자만큼 혁신적이어야 하며, 진화적 거버넌스의 다음 도약을 이끌어 내야 한다.

핵심내용

• 민족성이란 허구적 상상력은 역사를 통해 변화하였다. 현재의 경제, 문화, 기술 및 인구 통계학적 동인은 이러한 변화를 더욱 빠르고 유동적으로 만들 가능성이 높아졌다. 안보, 기후위기 및 환경오염과 같은 문제는 더 이상 특정 국가만의 힘으로 해결할 수 없다. 따라서 개별 국가를 넘어선 보다 큰 지역 단위의 정치적 실체가 필요해졌다. 점점 더 디지털화되고 데이터 중심이 되는 세계에서 현재의 국경선을 다시 생각해야 할 것이며, 앞으로 전자 시민권의 개념이 주류가 될 수도 있을 것이다.

• 아시아의 지정학적 갈등의 역사를 뒤돌아보면 아시아연합을 결성할 가능성은 낮다. 그러나 유럽연합보다는 약하나, 현재의 ASEAN, 동아시아 정상회의, APEC 등 보다는 강력한 회원국 연맹은 가능할 것이다. '일대일로'와 같은 중국 주도의 정책은 특정 회원국 간의 강력한 중앙은행과 재정연합을 출범시켜, 나중에 정치적 통합의 출현에 도움이 될 수 있다.ᵛ⁾

• 아시아 연맹으로 통합하는 이점은 다음과 같다. 다른 지역연합과 경쟁할 수 있는 힘을 가지게 하여 경제적 이득이 있으며, 국경을 넘어선 환경오염에 대응하고 예방할 수 있도록 하며, 국제적 범죄에 대응할 수 있도록 하며, 뛰어난 인재를 유지할 수 있도록 하며, 사회 및 기술 혁신을 유인할 수 있다. 갈등을 유발할 수 있는 국가 간 격차를 줄임으로써, 정치적 갈등을 줄이고, 인구 과잉 사회와 고령화 사회 간의 균형을 달성할 수 있다. 그러나 새로운 협력적 거버넌스가 출현하지 않는다면, 갈등은 더욱 격화되며, 환경 파괴는 심화되고, 생산시설이 충분히 가동되지 않는 한편 다른 곳에서는 공급부족에 허덕이게 될 것이다.

---

v) 역자주: 저자가 일대일로에 찬성하는 것으로 해석하지 말기를 바란다. 아시아 내의 다양한 이머징 이슈를 언급한 것이고, 이것이 아시아 연맹으로 갈 수 있는 씨앗이 될 수 있다는 의미로 해석해야 한다. 역자는 안중근 장군의 동양평화론을 잇는 생각이 아시아 연맹을 만들기 위한 변화의 씨앗(Seed of Change)이 될 수 있다고 본다.

제9장
포스트 자본주의(Spiritual Post Capitalism)의 등장

이스탄불의 종교적 안무인 휠링 더비쉬(Whirling Dervishes)를 보게 되면 숨이 멈춰진다. 휠링 더비쉬는 이슬람교의 신비주의 교파인 수피 수도자가 한 자리에서 맴돌며 추는 안무다. 이 종교적 안무는 현대에 들어서 관광객을 대상으로 상업화되었으며, 공연문화로 변질되었다. 그러나 이 우아한 안무는 비물질적 차원의 중요성과 신성한 존재를 환기시킨다. 이스탄불의 더비쉬 종교 공동체는 페르시아 전통음악과 성가를 이어받은 신성한 의식행사인 세마(Sema, Sama라고도 한다)를 지켜왔다. 이는 마와루시야나(Mawlaw'īyya)라고도 불리는 메블레비의 가르침(Mevlevi Order)을 따른 800년 전통의 일부다. 2008년 유네스코는 이를 인류무형문화유산으로 선정하였다. 13세기에 활동한 페르시아의 신비주의자이자, 시인이며, 이슬람과 코란을 평생 연구한 잘랄 아드딘 무하마드 루미(Jalal ad-Din Muhammad Balkhi-Rumi)의 제자들이 메블레비의 가르침을 1273년 정리했다. 흥미로운 점은 1207년에 현재의 아프가니스탄의 변방에서 태어난 루미는 독실한 이슬람교도였음에도, 몇 년간 미국에서 가장 유명한 시인으로 추앙받았다는 것이다. 루미(Rumi)의 시집은 20개 이상의 언어로 번역되었고, 전 세계적으로 수백만 부가 팔렸다. 루미의 시를 보면 그가 8백년 이상을 앞선 시인이었음을 알 수 있다.339) 루미의 삶에 대해 수 세기 간 격심한 논란이 있었다. 그의 사후 그의 아들은 이슬람 분파인 수피(Sufi)교의 가르침을 정리했고, 수피교

의 가르침은 아나톨리아, 발칸, 아랍 지역으로 빠르게 전파되었다.[340]
수피의 가르침이 널리 퍼져가는 수 세기 동안, 일부 지역에서 그 가르
침을 금지하기도 했고, 수피교도는 살해당하기까지 했다. 오늘 날까지
일부 이슬람교도는 루미의 가르침을 이슬람의 순수성을 훼손하는 혐오
스러운 것으로 보고 있다. 반면 다른 이에게 수피의 가르침은 유대인,
기독교인, 이슬람교도 등을 통일시킨 보편적 영성으로서 높이 평가되어
왔다. 이는 루미가 살아있을 당시나 지금이나 그렇다. "나는 동양도 서
양도 아니다. … 고대의 약속도, 미래의 예언도, 지옥 같은 번뇌도, 천국
의 황홀함도 없다. … 내 자리는 무(無)의 자리이며, 내 형상에는 얼굴
이 없으며, 몸도 없고, 영혼도 없다. … 나는 신성한 전체에 속한다." 루
미의 시에서 발췌했다.[341] 시인이며, 종교학자이며, 신비주의자이기도
하며 심지어는 성인으로 칭송을 받는 루미가 쓴 시는[342] 물질과 영혼의
통합에 대해 노래하고 있다.

> 자연은 나를 완전히 설명할 수 없으며, 휘몰아치는 조화의 우주(cosmos)
> 라도 나를 설명할 수 없네. 나는 땅, 물, 불 혹은 공기에만 속하는 것
> 이 아니네. 나는 눈에 보이지 않을 정도로 거대한 존재도 아니며, 티
> 끌도 아니네. 나는 흘러가는 것도 아니며 정체된 존재도 아니네. 나
> 는 현생에도 내생에도 속해 있지 않네.[343] 나는 즐거운 웃음으로 물
> 질과 영혼을 나누는 이중성을 날려버렸네. 여기와 이 이후의 통일성
> 을 보라. 내가 노래하는 것은 둘이 아닌 하나. 내가 말하는 것도 둘이
> 아닌 하나, 내가 알고 있는 것도 둘이 아닌 하나, 내가 추구하는 것도
> 물질과 영혼이 통합된 그 하나.[344]

일부 내려오는 이야기에 따르면, 그는 금박을 만드는 장인의 리듬
감 있는 망치질 소리에서 신은 없으며 또한 신은 있다는 뜻의 "라 일라

하 일랄라(la ilaha ilallah)"의 깨달음을 얻었다고 한다. 그 후 그는 수피
교의 대표적 의식인 세마(Sema)를 고안했다고 전해진다.

번역의 정확성, 종교적 의미의 삭제 가능성, 특정한 문화와 전통,
세마 의식의 상업화 및 루미의 시 등 많은 논란을 일단은 옆에 두고, 이
장에서 제기하고자 하는 질문은 초월성, 보편성 및 통합에 대한 것이다.
실제 모든 면에서 우리 인류는 근본적 전환이 절실한 상태에 처했다.
지속가능하며 살아갈 만한 미래를 추구하기 위해 새로운 균형을 세워야
한다. 전환(transformation)은 물질, 정서, 인지 등 모든 영역에서 일어나
야 한다. 법제도에서부터 근원적 가치관과 문화에까지 동시에 새로운
전환이 이뤄져야 한다. 그런데 아시아의 전통과 역사가 이 세계적 변혁
과 전환을 위해 필요한 영감을 줄 수 있을까? 만약 그렇다면, 우리는 이
를 어디에서 찾아야 할까?

루미에 대한 이야기로 다시 돌아가 보자.

나는 강력한 세계적 운동, 즉 종교가 내걸었던 경계를 허물고 종파 간
폭력을 종식시키고자 하는 충동을 느낀다. 1273년 루미의 장례식에 다
양한 종교의 신자가 참석했다고 한다. 이들이 말하기를, 그들이 무엇을
믿든 루미가 그들의 믿음을 깊게 했기 때문에, 그의 장례식에 참석했
다고 한다. 지금까지 루미의 노래와 가르침은 여전히 유효하다.345)

따라서 보편성은 루미의 이슬람의 맥락에서만 오는 것은 아니며,
기독교나 불교에서도 올 수 있다.

종교 간 영성은 통합적이며, 생명을 존중하며, 사색적이며, 예언적이
며, 헌신적이다. 이 영성은 현재에 살고 있으며, 또한 무관심하다. 확
실히 신은 우리가 행복하길 원한다.346)347)

유물론자는 측정 가능하며 만질 수 있는 물질적 세계가 유일한 현실
이라고 주장한다. 일부 영적 전통은 육체를 환상으로 보거나 혹은 초
월해야 하는 대상이며, 궁극적으로는 죽어서 썩는 그 무엇으로 본다.
그러나 우리의 삶에서 물질적인 것과 영적인 것은 나뉠 수 있는 것이
아니며, 인간에게 있어서 물질과 영적인 것이 모두 동등하게 중요하
다. 불교에서 삶을 육체와 영적인 통합으로 본다. 물질적이든 영적이
든, 보이든 보이지 않든 모든 것은 궁극적 보편 법칙과 생명의 원천
에 대한 선언이다.348)

혹은 다른 대안도 가능하다. 급진적으로 새로운 미래는 마하트마
간디(Mahatma Gandhi)349)와 프라밧 란잔 사카르(Prabhat Ranjain Sarkar)
350)351)와 같은 지도자가 보여준 요가의 전통에 의해 달성될 수도 있다.
새로운 공유적 사회 경제(Peer-to-peer Social Economy) 발달이 이의
실현에 도움이 될 것이다. 아시아에는 참으로 풍부한 전통이 존재한다.
모든 인간의 수요를 충족시키기 위한 방법으로 영적인 가치i)의 추구와
포스트 자본주의(Post Capitalism)ii)의 통합을 추구하는 영감이 풍부한

---

i) 역자주: 이 글에서 영적, 영성은 종교적인 용어가 아니다. 비물질적인 가치의 추구, 내
   적 성찰을 의미한다. 이러한 지적·문화적 전통은 인류에게 풍부하며, 한국사회에도
   풍부하다. 역자는 한국사회의 청년이 전 세계의 내적 성찰의 문화와 지적 전통을 이
   해하고 탐구하고 21세기를 여는 영적 전통을 새롭게 만들 것을 희망하고, 기대한다.
ii) 역자주: 이 책에서 포스트 자본주의로 해석했다. 후기 자본주의 혹은 탈자본주의로
   해석하는 것도 가능하다. Post에는 시간적으로 후기의 의미와 벗어났다는 탈의 의
   미를 모두 지닌다. Post Capitalism에는 매우 풍부한 움직임이 있어서, 포괄적으로
   포스트 자본주의라는 해석을 택했다. 어떻든 이 책의 독자는 이를 이념 논쟁으로 이
   끌지 말기 바라며, 전 세계적으로 자본주의 이후의 시스템에 대한 매우 다양한 논의
   가 있음을 알아주기를 바란다. 그리고 포스트 자본주의 사상가의 대부분이 백인에
   남성이라는 것도 알고 있기를 바란다. 이나야툴라 교수가 포스트 자본주의를 체계적
   으로 깊이 있게 논의한 것은 고맙다. 그리고 이 책의 역자도 포스트 자본주의에 대
   한 체계적 고민을 시도하려 하고 있다. 이 책의 독자도 인류 사회에 그러한 메시지
   를 던져줄 수 있기를 바란다.

아시아의 전통 중에서 선택할 수 있을 것이다. 현 경제 시스템의 한계
는 충분히 알려져 있으나, 그 대안을 찾기 위한 깊이 있고 지속적인 대
화는 부족한 것이 현실이다.352) 이러한 포스트 자본주의에 대한 대안은
현지의 맥락에 따른 지식의 틀 안에서 개발되어야 하는데, 그렇다고 기
존의 전통에 얽매여서는 안 된다. 과거에서 영감을 찾는 것과 과거를
복원하려는 것은 질적으로 다르다. 과거를 복원하려는 것은 제약적이고
반응적이다. 과거에서 영감을 찾는 접근은 다소 느슨한 것으로, 두 가지
접근법 중 유일하게 성공할 수 있다. 환경 변화는 과거로 되돌아 갈 것
을 요구하는 것이 아니라, 혁신적 대안을 요구하기 때문이다.

포스트 자본주의, 즉 영적으로 통합된 접근은 아시아 전역에 존재
한다. 수잔타 구나틸라케(Susantha Goonatilake)353)가 주장했듯이, 아시
아적 포스트 자본주의에 대한 대안적 접근은 세계 지식경제 변혁의 기
초가 될 수 있으며 이러한 관점이 지배적 입장으로 이행할 수 있다. 그
렇다고 이러한 관점이 다른 관점을 사라지게 한다는 의미는 아니다. 아
시아의 다른 전통과 같이, 이들 다양한 지적·영적 전통은 공존 가능하
며 또한 공진화(共進化)가 가능하다. 가능한 영적이며 포스트 자본주의
적 사회가 가지는 모습에는 무엇이 있을까? 다음과 같은 핵심 개념은
가장 기초적인 것이다.

1. 영적 가치와 이의 실천은 다른 관점을 배타적으로 대하는 것이 아
   니라 포용적으로 접근한다. 다른 관점이란 같은 산을 오르는 다른
   길이다. 영적 가치의 실천은 실질적 변화를 이끌어 내는 매일의
   규율적 실천을 의미하기도 한다.354)
2. 미래세대를 고려해야 한다.355) 포스트 자본주의에 대한 고민은 미
   래라는 시점에 대한 것이 아니라 미래세대에 대한 것이다. 이는
   세대 간의 논의이며, 현재 세대의 조부모와 그 현재 세대의 손주

를 연결하는 200년이라는 시간에 초점을 맞춘 것이다.356) 이는 개개인의 사람과 자연의 위치에서 미래를 보는 것이다. 또한 가족이라는 시점에서 미래를 바라보는 아시아인의 감성과 그 맥을 같이 한다.

3. 자본주의 체계에서 국가 자본주의로 이행하고, 이후 모든 사물과 사람이 시장이 되는 공유 경제로 이행하게 될 것이다.357) 이는 시장이 곧 사회가 되고, 사회가 곧 시장이 되는 체제이다. 협동조합은, 그것이 가족관계에 기반을 두든 혹은 제도적이든, 새로운 협력적 공유 사회적 경제를 통해 이러한 체제를 개척해 나갈 것으로 기대한다. 이주 노동자, 여행 및 소기업을 위한 비공식적인 신뢰 기반 경제인 하왈라(Hawala)iii)는 이러한 변화의 한 부분이다.358) 새로운 사회 경제는 가치를 만드는 사용자에 기반을 둔다. 사용자는 사물인터넷을 통해 개인화되고, 예측가능하며, 학습하고 참여적 디지털 기술을 이용하여 연결된다. 이들 사용자는 가치생산을 존중하고 변화에 적응적인 보다 수평적인 기민성 있는 조직에 소속되어 있을 것이다. 이들은 에너지 사용을 효율화하고, 설계에서 폐기의 전 과정iv)에 자원을 순환하여 사용할 수 있도록 제품과 가치사슬 구조를 설계하여, 쓰레기를 최소화할 것이다.359) 에너지의 사용과 생산은 지역화로 분산발전이나, 에너지 공유는 그리드 망을 통해 연결된다. 사용자는 소비자인 동시에 생산자이기도 하다. 즉, 사용자는 메이커 운동의 혁신에 참여하여 직접 집에서 3D 프린팅으로 제품을 만들 수 있다. 이는 소비자가 그들 자신이 사용할 내구재의 생산자가 되는 것을 허용한다.360) 아시아의 가구 단위

---

iii) 역자주: 하왈라는 아랍어로 신뢰를 의미하며, 아랍어권의 비공식적인 송금 시스템이다.
iv) 역자주: 원문은 cradle to cradle이다. 요람부터 요람을 의미하며, 자원의 순환적 재활용에 대한 은유적 표현으로, 순환경제를 상징적으로 표현한다.

혹은 그 이상의 지역사회가 자급자족의 생산단위가 될 것이다.

4. 젠더 평등을 향상시킨다.

5. 생명공학과 디지털 기술 등의 새로운 기술을 활용하는 것은 영적 전통과 이율배반적인 것이 아니다. 이러한 기술의 수용은 절대빈곤에 처한 인류를 구원하고 개인의 삶에서 선택 가능성을 확대하는 것이다. 일자리가 중요하나, 일자리가 인간의 삶 전부는 아니다. 일자리는 생존에 필요한 것을 제공한다. 그런데 기본적인 신체적 욕구를 충족시키는 것보다 더 중요한 것은 일이 주는 삶의 의미다. 글로벌 거버넌스 시스템은 새로운 기술이 반복적이고 지루한 노동을 줄여서, 자동화된 시스템이 더 많은 일을 하고 대신 사람이 일을 덜 할 수 있도록 해야 한다.

6. 프라마(Prama)361) 또는 번영, 사회 공동체, 생태계(Planet) 유지 및 삶의 목적(사업 및 교육 환경에서 표준에서 하나의 질서로서의 영과 성찰)의 4중 목적362)을 가진 역동적 균형에 대해 사회적 합의가 이뤄지고 있다. 프라마를 요가노믹스(Yoganomics)의 태동이라고 할 수 있겠다.363) 프라마의 접근방식은 모든 사물의 활용을 극대화하여 그 효율성을 높여서 기존 경제 시스템을 변혁하고 인간의 노동이 사라진 세계로 나아갈 수 있도록 한다. 이는 상품과 지적재산권이 비축되고, 돈이 소수에 집중되는 대신 "끊임없이 순환되는"364) 경제 시스템을 추구한다.

이러한 세계관을 실현하게 하는 현실적으로 가능한 원동력에는 무엇이 있을까? 지난 30~40년간 이러한 포스트 자본주의를 뒷받침하는 상당한 글과 문헌이 있다. 이는 웰빙과 관련된 학술문헌, 공유경제에 관련된 학술문헌, "작은 것이 아름답다는" 대안적 경제학과 관련한 학술 연구가 포함된다. 이들은 간디와 사카르와 같은 찬성론자가 주장한 것

이기도 하다.365) 이들 접근은 신기술의 활용과 바람직한 세계화 정도에
있어서 차이가 존재하는 것은 당연하다. 그러나 이들 접근은 현재의 자
본주의 시스템에 변화가 필요하다고 주장하는 것에서는 공통점을 가지
고 있다.

왜 이 접근이 의미가 있게 되었을까? 아시아 국가에서 중산층이 늘
어나고 부유한 사회가 됨에 따라, 비물질적인 영성이나 영적인 가치가
더욱 중요하게 된다. 호권핑(Ho Kwon Ping)이 상기시켰듯이,366) "30년
전, 아시아 인구의 90%가 세계은행의 분류에 따른 저소득 국가에서 살
고 있었다. 오늘날 아시아인의 95%가 중산층 국가에서 살고 있다. 한
세대가 수억 명의 사람을 가난에서 중산층으로 끌어올렸다."

일부 추정에 따르면, 중산층의 규모가 그만큼 확대된 것은 아니라
고 한다. 중간 계층의 일자리가 줄어들고 기술 수순이 낮은 저소득의
일자리와 기술 수준이 높은 고소득의 일자리가 모두 늘어나는 일자리와
시장의 양극화를 고려한다면, 이러한 추정에 일리가 없는 것은 아니다.
그러나 정부의 정책과 개입으로 18억 명이 절대빈곤에서 탈출했으며,
아시아의 5억 2천 5백만 명도 절대빈곤에서 탈출했다.367) 이러한 추세
가 지속되면, 중산층의 규모는 "2009년 18억 명에서, 2020년 32억 명으
로 늘어나, 2030년 49억 명으로 확장될 것이다."368) 전 세계적 중산층
규모의 증가는 주로 아시아에서 나타날 것이다. "2009년 아시아의 전
세계 대비 중산층 규모와 소비의 규모가 각각 28%, 23%인데, 2030년
66%와 59%를 차지하게 될 것이다."369) 일부 전문가는 이러한 전망이
지나치게 낙관적이라고 주장하기도 하나,370) 중산층이 연간 1억 4천만
명 증가하며, 그중 88%가 아시아에 거주하고 있다는 다른 주장도 존재
한다.371)

비물질적 가치는 여러 아시아 사회의 많은 부분에서 중요하다. 그
러나 전통적 가치나 혹은 정보에 입각한 선택만큼 중요한 것은 아닌 경

우가 흔하다. 영성과 경제생산성의 양의 상관관계를 탐색하는 실질적
연구는 경제적 진보와 내적인 영적 성장이 통합된 사회가 가능할 수 있
음을 시사한다.372)

　　게다가, 자본주의는 존재적 모순에 직면해 있다. 자연을 외부불경
제화ᵛ)하는 것이 한계에 달하고 있으며, 착취의 대상인 저개발국의 숫자
도 줄어들며, 여성의 권리도 제자리를 잡아가고 있기 때문이다.373) 대
안적 정치경제시스템에 대한 탐색이 절박해졌다.

　　경제학자인 누리엘 루비니(Nouriel Roubini)는 그의 논문에서 다
음과 같이 주장했다. "자본주의는 운명을 다했는가? 최근 신용등급 강등
과 유로존(Euro Zone)의 채무 위기는 대공황 2.0의 징후를 보여주고
있다."374)

　　칼 마르크스의 주장은 부분적으로 옳은 것 같다. 세계화, 금융자본주
　　의의 횡행, 노동에서 자본으로의 소득과 부의 이동으로 인해 자본주
　　의가 자멸할 수 있다.

　　논란을 불러온 경제학자인 라비 바트라(Ravi Batra)는 자본주의가 최
후의 상태에 있으며, 앞으로 10년 안에 새로운 정치경제 시스템이 출현해
야 한다고 주장했다.375) 이는 다음과 같은 이유로 인해 중요하다.376)

　　아시아는 수 세기 간의 문명적 쇠퇴 후, 과거가 되었다. 주기적으로
　　터지는 자산가치의 거품과 경제적 사이클이 단절로, 경제 시스템의

ｖ) 역자주: 외부불경제란 비용을 외부 시스템에 전가하는 것을 의미한다. 우리는 화석연
　료를 태워 경제를 성장시키고 있는데, 화석연료를 태워서 발생한 환경파괴 등의 비
　용을 자연과 저개발국에 전가했다. 그런데 상황이 바뀌어 내부비용화되고 있는 상황
　이다. 환경파괴로 GDP가 줄어들며, 기대수명이 줄어들고, 경제적 효율성이 낮아지
　고 있다.

전환에는 아시아의 사례와 같이 긴 사이클이 필요하겠으나, 그 추세는 지속되고 있으며, 뚜렷하다.

국가 자본주의도 일본과 중국이 선호하는 대안 모델일 수 있다. 또 다른 대안 정치경제 시스템이 있는데, 이는 직원이 기업에 대한 소유권을 가지고 있어, 더 높은 생산성과 효율성을 보여주는 공유 정치경제다. 사카르의 학생이며 요가의 승려인 다다 마헤스바라난다(Dada Maheshva −rananda)는 자본주의에 대한 비판을 통해 포스트 자본주의 사회의 윤곽은 드러냈다. 그의 책 『후기 자본주의(After Capitalism)』에서, 그는 일터와 경제의 민주화가 아시아를 포함한 세계의 다음 단계라고 주장했다.[377] 경제 민주주의는 생산성을 높이고, 빈곤을 감소시키며, 사회적 부를 증가시킨다. 태국 치앙마이에 센터를 두고 있는 미셸 바우벤스(Michel Bauvens)는 공유경제가 협동함(out−cooperating)으로써 자본주의를 앞지를 것으로 주장했다.[378]

사기업, 임금 노동 및 특허와 저작권과 같은 독점적 경제에 기반한 전통적 산업자본주의와 비교하여 협력경제가 초생산성을 가지고 있다고 주장할 수 있다. 공유재산 기반의 공유 생산은 세계적 차원에서 혁신을 빠르게 전파하고 공유하게 하며, 매우 낮은 비용으로 생산과 분배의 조정을 가능하게 한다. 이는 또한 새로운 문제와 이를 해결할 수 있는 전문지식을 빠르게 연결할 수 있게 하며, 다수의 기부자가 참여한 네트워크로부터 열정적이고 자발적 참여를 이끌어 낼 수 있다. 공유경제의 초생산성은 전통적인 자본주의를 앞지르게 될 것으로 전망하게 한 이유이다. 공유생산은 벤처 자본이나 주주의 투자에 비해 매력적인 대안적 정치경제 시스템이 될 수 있다.

그렇다고 모든 공유적 생산을 진보적이라고 볼 수는 없다. 예를 들어, 우버(Uber)가 이에 해당하는데, 우버는 효율적이기는 하나 공유경제라고 볼 수 없다. 우버의 운전자가 우버를 소유한 것은 아니기 때문이다. 따라서, 우버는 생산성을 혁신적으로 끌어올렸으나, 자본주의에 대한 대안이 되지 못하며, 단지 시장의 승자만을 바꾸었을 따름이다. 플랫폼 협동조합은 효율성을 높이면서 동시에 경제적 민주주의를 달성할 수 있는 대안이 될 수 있다.379)

아시아는 시간이 지날수록 자신감을 갖게 될 것이다. 그간 이국적으로 보였던 아시아 문화는 점점 더 주류가 될 것이고, 표준이 될 것이다. 요가와 명상이 그러한 예에 속한다.380) 요가와 명상의 효능은 과학적 증거에 의해 뒷받침되고 있다.

명상은 외부의 감각 신호를 처리하고 주의력을 통제하는 뇌부위의 물리적 두께를 늘릴 수 있다. 마이애미 대학 신경과학자인 아미시 자(Amishi Jha)의 명상 기반 마인드 피트니스(Mind Fitness) 훈련 프로그램에서, 이 프로그램의 참가자는 특정 신체 감각과 같은 한 가지 대상에 집중하여 집중력을 키운다. 그는 이 훈련이 "뇌의 구조와 기능을 변화시켜, 뇌의 처리가 더 효율적이 더욱 효율적이 되게"함으로써, 지능과 관련성이 있는 정신적 민첩성과 주의력을 높였다고 말했다.381)

그런데, 명상은 유전자의 기능을 켜고 끌 수도 있다. 명상이 신체에 미치는 영향에 대한 최근 연구에서 다음과 같은 결론이 내려졌다.382)

명상가는 일정 범위의 유전적·분자적 차이를 보여준다. 유전자 조절 메커니즘과 염중 유전자 수준의 감소 등의 차이가 있다. 이는 스트레스가 심한 상황에서 신체적으로 더 빠른 회복과 상관관계가 있다.

명상은 사람을 건강하게 할 뿐만 아니라, 국가도 더 건강하게 할 수 있다. 의료와 보건에 대한 사회적 비용을 줄여서,[383] 국가의 부채를 줄이고, 예방에 자본을 재투자할 수 있도록 하여, 선순환을 가능하게 한다. 명상은 웰빙의 삶을 추구하게 하고 인생의 목적을 뚜렷하게 하여, 생산성을 늘리며, 삶의 질을 제고한다.[384]

우리 인류가 직면한 도전은 먼 미래에 대해 고민할 것과 사회 구성원 모두의 생산성을 높일 것을 요구한다. 여성이 경제에 참여함으로써 GDP를 증가시키며, 새로운 기술은 연결성을 높이고 비효율성을 감소시킨다.[385]

새로운 정치 경제 모델을 탐색하기 위해서는 새로운 사고방식이 필요하다. 프라마, 즉 역동적 균형은 역동적 창조적 파괴에 초점을 둔 지속적 경제성장이나 단순히 균형에만 초점을 맞춘 안정적 국가 자본주의를 대체하는, 미래를 생각하는 새로운 사고방식이다.

따라서 중산층과 상류층의 증가, 자본주의의 내부적 모순, 창의성과 생산성의 향상이 요구되는 문명적 도전은 포스트 자본주의 사회가 합리적 진보라는 것을 보여준다.

아시아에서 거대한 자본이 부상하고 있는 와중에, 포스트 자본주의 사회가 가능하다는 주장은 직관에 반하는 것으로 보일 수 있다. 그렇다면 아시아가 포스트 자본주의 사회로 전환하고 있다는 충분한 증거가 존재하는가?

자본주의의 완화나 지속가능한 발전에 대한 정책적 제안이 다수 존재한다. 99%를 배려하는 포용적 자본주의에 대한 정책적 권고안도 다수 존재한다.[386] 지속가능한 발전과 영성을 통합하는 데 초점을 둔 다양한 논문과 책, 그리고 비정부조직도 있다.[387] 다수의 영성과 관련된 조직은 녹색환경과 사카르의 사상에 관한 논쟁에 참여하고 있다. 사카르는 앞에서 언급한 바와 같이 자본주의의 종말과 새로운 협력적, 효율적, 생산적인 영적 사회의 출현을 이론화했다. 사카르는 자본주의 체제 내에서는 불평등이 증가하고, 자원을 오용하고 빈부에 대한 동적 균형이 부족해져서 다수의 수요를 충족시킬 수 없게 될 것으로 주장하면서, 자본주의가 종말을 맞이할 것으로 전망했다. 부의 상한선과 사회적 안전 체계를 통해, 부가 부자에게서 가난한 자로 이동하여 더 큰 부를 창출하게 될 것이다.388) 또 다른 요소로 일의 지속성이 있는데, 이는 간디 등이 제안한 것이다. 현재는 이를 불교 경제라고도 부르는데, 이는 경제적 성장보다는 인간이 동등하게 중요하다는 측면을 강조한다. 이는 행복과 웰빙을 측정 척도로 한다.389)

세계와 아시아의 인구 증가는 이러한 이행에 있어서 중요한 요인이 된다. 2015년 세계인구는 73억 명에 달해 과거 12년간 10억 명이 증가했다.390) 전 세계 인구의 60%인 44억 명이 아시아에 살고 있고, 아시아 국가인 14억 명의 중국과 13억 명의 인도는 세계에서 인구가 가장 많은 나라다.391) 성장률이 둔화하며, 아시아의 일부 국가는 인구가 감소하는 상황에서, 아시아의 전체 인구는 2050년까지 9억에서 10억 명의 인구가 늘어날 것으로 전망되고 있다.392) 이는 아시아가 2040년까지 인구가 50억 명을 상회하게 될 것임을 의미한다. 신기술 개발로 늘어난 인구가 기존 자원을 효율적으로 활용할 수 있을 것이고 새로운 자원도 개발하게 할 것이다. 그러나 인구가 늘어남에 따라 평균적인 소비 수준을 늘리는 것은 어려울 것이며, 심지어는 현재 경제 수준도 유지하기 쉽지 않을 것이다.

반복적으로 등장하는 글로벌 위기는 물질주의적 자본주의의 종말이나 변환의 전조로 보아야 한다. 이러한 글로벌 위기로는 다음과 같은 것이 있다.

- 생태 및 기후위기: 전 세계적인 인구 증가에 따라, 활용할 수 있는 자원이 줄어든다. 재생 가능한 에너지 및 비육류 식단으로 전환할 필요성이 있다.
- 의미의 위기: 삶의 목적, 성취, 행복은 가장 중요한 것이나, 정작 자본주의 시스템은 이들을 사실상 제공하지 못한다.
- 불평등의 위기: 아시아 전역에 걸쳐 빈곤층을 포함한 중산 이하층은 형평성을 높일 것과 경제적 참여를 요구한다.
- 참여의 위기: 보상이 특정 소수자에게 집중되는 대신 이해관계자에게 공유되어야 한다.
- 젠더 위기: 여성의 완전한 참여가 요구된다.
- 서구의 위기: 방향성과 의미에 있어서, 다른 지역으로부터 창의적 해결책을 모색하고 있다.

이러한 모든 위기는 요가, 명상 등의 수요를 늘렸다. 일부 추정에 따르면 요가 산업은 미국에서만 270억 불, 전 세계적으로는 400억 달러의 시장이 되었다.393) 정신과 물질의 융합이 일어나고 있다. 보다 연성의 서구적 관점과 아시아적 세계관의 융합은 영적인 포스트 자본주의의 등장을 가능하게 할 것이다. 물론 위에서 언급한 이슈와 추세의 전개는 극적이지는 않을 것으로, 자본주의를 다시 활성화시켜 포용적이며 환경 친화적 자본주의를 출현하게 할 것이다. 새롭게 출현하는 자본주의는 보다 안정적일 것이다. 또한 소득 상한선과 하한선을 규정하여 보다 공평해질 것이다. 이를 통해 변화에 적응할 것이다. 다중인과계층분석을 통해 이를 요약하면 다음과 같다.

〈표 9-1〉 자본주의에 활력을 불어넣는 아시아

	현재	2040년
현상(Litany)	• 위험 회피	• 기회의 탐색
시스템	• 하나의 직업	• 다양한 직업
세계관	• 정부 중심	• 글로벌 창업가
메타포어	• 철밥통 • 가능한 것은 없다	• 3D 쌀 프린터 • 무엇이든 가능하다

　　새롭게 등장하는 문제는 현재의 자본주의를 전환하려는 다양한 노력이 존재한다는 것이다. 서구에서는 이러한 움직임이 점령 시위(Occupy Movement)를 통해서 보이기도 하며, 지속가능 발전이나 포용적 자본주의와 같은 시스템 내 이행을 통해서 나타난다. 대안적 정치경제 시스템이 아시아 안에서 등장할 수 있을 것이라는 근거가 존재한다. 아시아의 새로운 대안적 정치경제 시스템은 기존의 산업사회의 정치경제 시스템보다 더 높은 생산성과 영성과 지속가능한 발전을 약속한다.

〈표 9-2〉 포스트 자본주의의 아시아

	현재	2040년
현상(Litany)	• 이윤이 유일한 목적	• 번영, 공동체, 생태계(Planet) 유지 및 삶의 의미를 추구하는 4중 기준선
시스템	• 투자 및 저축을 통해 승리	• 포용 정책 • 소득 상한선과 하한선 • 미래 세대 • 지속가능성 • 영성과 생산성의 융합 • 신 기술
세계관	• 소수를 위한 자본주의	• 모두를 위한 경제 시스템
메타포어	• 보이지 않는 손: 시장 자율 규제	• 프라마: 동적 균형

여기서 제시한 2040년의 미래는, 보이지 않는 손으로 상징되는 미래 대신, 프라마나 생태계, 공동체 및 삶의 목적을 경제와 연결하는 것이다. 이 미래는 이익만이 유일한 목적이 아니며, 4중의 목적을 동시에 만족시키는 것이다. 주요한 변화는 배제에서 포용으로 이행하는 세계관의 변화다. 사회주의와 공산주의의 비전은 사실상 사라졌고, 자본주의는 논란의 여지가 없을 정도로 막다른 골목으로 몰렸다. 그렇다면 다음의 정치경제 시스템은 무엇일까? 만약 이 장에서 언급된 아시아적 전통이 이러한 전환을 이끌어낸다면 어떨까? 루미(Rumi)의 글을 인용하며 이 장을 마무리하겠다.

해제된 영성과 세속화된 물질주의 너머에 벌판이 있나니, 우리는 너를 그곳에서 만나리.

핵심내용

- 영적인 것과 물질적인 것의 통합은 지속가능하며 전환된 미래를 만들기 위해 필요하다. 이 새로운 영적 포스트 자본주의 사회의 모습에 대해서는 다양한 비전이 존재한다. 아시아는 포스트 자본주의로 인류를 인도할 풍부한 영감을 제공한다.

- 새로운 연성 사회에는 수많은 보건 및 사회적 혜택이 존재하는데, 그 외에 경제적 성장 잠재력도 존재한다. 예를 들어, 요가는 이미 미국에서 270억 달러, 세계적으로는 400억 달러에 달하는 산업이 되었다. 명상은 신체 회복력을 증진시킴에 따라, 그 사회의 의료 시스템 자원의 활용을 더욱 효율화시킨다.394)

- 아시아 지역에서의 중산층과 상류층의 증가, 자본주의에 내재한 모순, 창의성과 생산성 및 효율성의 증진이 요구되는 새로운 문명적 도전은 포스트 자본주의 사회가 합리적인 발전방향임을 시사한다. 프라마, 즉 역동적 균형은 끝없는 경제적 발전이나 안정적 국가 사회주의 경제를 대체하는 미래의 새로운 정치경제 시스템이 될 수 있을 것이다.

제10장

거대한 도약

방글라데시 2030년,395) 라히마 베굼(Rahima Begum)은 샤둘라 헬스 콤플렉스에서 아기를 방금 전 분만했다. 그와 그의 가족은 아들의 출생증명서와 주민등록번호를 받았다. 신생아 자히르는 RFID 태그가 내장된 팔찌를 받았다. 이 팔찌를 통해 의료종사자는 자히르의 건강 기록을 확인하고 건강상태를 기록할 수 있다. 자히르가 백신 접종 기한이 되면, 부모와 지역보건 담당자는 접종해야 할 백신과 해당 백신을 보유하고 있는 가장 가까운 백신 접종 센터를 알려주는 SMS를 받게 된다. 출산 후 첫 주가 지나자, 보건소 외근 직원이 라히마 베굼을 방문했다. 보건소 직원은 베굼에게 산후 조치를 위한 비타민 A를 전달하고, 베굼의 RFID 팔찌를 이용하여 그의 건강기록을 클라우드 시스템에 업데이트했다. 그의 기록이 클라우드에 올라가면서, 그가 거주하는 학군 교육 공무원 태블릿에 해당 내용이 올라갔다. 교육 담당관은 이를 통해 초등학생 교육 수요를 파악하고 이에 따른 계획을 수립할 수 있게 된다. 두바이 이주 노동자인 베굼의 남편은 인터넷을 통해 그의 아내와 그의 아들인 자히르의 최신 건강 기록에 접근하고, 아기가 제때 백신을 맞았는지 확인할 수 있다. 클라우드 기반의 학습 시스템을 이용하여 자히르의 아빠는 유아 영양에 대해 배웠는데, 아기에게 우유와 같은 동물의 우유를 먹이지 말라고 강하게 주장했다.

하산(Hassan)은 복통으로 아침에 일어났다. 그의 e-Health 팔찌가 경고음을 내어 그의 신체에 이상이 있음과, 그의 생체정보와 현재 중상을 그의 가정의에게 전송했음을 알려주었다. 하산은 어제 저녁 만두의 일종인 사모사스(samosas)를 너무 많이 먹었는데 이것이 복통의 이유였다. 그의 잘못된 식습관으로 보험료가 인상될 수도 있다. 하산은 침대에서 일어나면서, 그가 거주하는 건물의 집주인에게 집으로 보내질 약을 받아 놓으라고 말해야겠다고 생각했다. 그가 의사에게 방문하고 나서, 약이 자동으로 집으로 보내질 것이기 때문이다. 그의 직장에서 전화가 울렸다. 그가 복통을 앓고 있음이 직장에 고지되었기 때문이다. 인사부서의 관리자는 그의 반나절 휴가를 이미 요청한 상태다. 하산은 그의 잘못된 식습관으로 인해 보험료가 올라갔기 때문에, 과식을 하지 않기로 마음을 먹었다. 그의 식이습관을 모니터링하기 위해 건강관련 스마트 폰 앱을 사용하는 것이 필요함은 알고 있었으나, 그는 그렇게 하지 않았다. 아마도 그는 앞으로 그의 식습관에 보다 신경을 써야 할 것 같다.

위의 두 시나리오는 방글라데시 보건의 현실과 거리가 멀다. 그러나 변할 수 있다. 방글라데시의 e-Health 미래 시나리오 플래닝의 참석자가 적절한 권한을 가지게 된다면, 방글라데시 의료 시스템과 제도는 선진국을 따라잡는 데 그치지 않고, 새로운 미래로 도약할 수 있다. 당시 미래 시나리오 플래닝의 참석자 중의 한 명은 모바일 헬스 혁신상을 수상했다.[396]

기술 및 사회 혁신은 전 세계적으로 "구태의연하여 사라져야 하는 제도와 정책"을 대체하는 것을 포함해서 "의미 있는 결과를 도출하는 새롭고 혁신적 수단"을 만들 수 있다.[397] 사회적 문제를 해결하고, 더욱 포용적이며 안전하고 지속가능한 사회를 추구하고자 하는 민간 이니셔티브의 수는 지속적으로 증가하고 있다.[398] 민간 이니셔티브는 도약을 위한 길을 제공한다. 여기서 민간 이니셔티브는 "핵심적 도약을 가능하게 하는 새로운 것을 만들거나 혹은 기존의 것과는 근본적으로 다른 무엇인가를 실행하여, 게임의 법칙을 바꾸는" 일련의 활동으로 이해된다.[399] 다르게 말하자면, 도약이란 현재의 사회적 발전단계를 빠르게 혹은 극적으로 진전시키기 위해 창업가 정신을 활용하는 것이다. 민간 이니셔티브가 안보, 경제적 번영, 환경 보호 및 민주주의 등의 영역 등에 현재 존재하는 문제에 적용되면, 그러한 이니셔티브나 절차를 사회적 창업가 정신(Social Entrepreneurship)이라고 한다. 이는 사회적 변화를 촉진하고, 사회적 요구를 해결하기 위한 기회를 마련하고, 평가하고 추구하는 것으로 이해되고 있다.[400)401] 또한 이는 "소외계층에게 사회적 가치를 제공하는 일련의 기업가적 활동"을 포함한다.[402] 사회적 창업가 정신은 사회발달 및 웰빙 사회를 위한 핵심적 요소로 인식되는 경우가 늘고 있다.

방글라데시가 처한 맥락적 상황에서, e−Health 미래 시나리오 플래닝의 참석자는 미래의 도약을 "고가도로"라는 메타포어를 사용하여 표현했다. 방글라데시의 도로 상황을 볼 때 교통 혼잡과 수요를 해결하는 데 단순히 지상의 도로를 확충하는 것만으로는 불가능하다는 점을 감안하면, "고가도로"라는 메타포어는 적절하다. 도약 시나리오에서는 방글라데시의 산업기술과 인프라의 한계를 우회하고 새로운 디지털 환경을 만드는 분산 e−Health 시스템에 대해 기술했다. 미래의 방글라데시는 의료용 앱(App)과 의료용 센서와 같은 저렴한 진단장치를 이용하여, 의료의 극적인 변혁을 초래하여, 기존의 서구 의료 시스템을 뛰어넘는다. e−Health를 위한 인프라는 밑에서 위로, 즉 상향식으로 개발되며, 정부의 보건부는 이들 시스템의 통합과 상호운영성을 제고하기 위해 관련 표준과 규정을 제공한다. 새로운 기술을 이용하여, 방글라데시와 같은 저개발사회는 전통적인 기술의 발전 단계를 "고가도로"를 이용하여 건너뛸 수 있게 된다. 건너뛰게 되는 전통적 기술 발전 단계는 앞으로는 쓸모없어지며 경쟁력과 효율성이 떨어지는 기술이 된다. 예를 들어 태양광 발전과 모바일 기술을 채택하면, 화석연료와 유선전화에 기반한 구조적 함정을 회피할 수 있게 된다. 이를 통해 가장 진보된 단계로 "도약"할 수 있으며, 과거의 점진적이며 비효율적인 개선을 피할 수 있게 된다.

그런데 아시아 전체가 도약하여 세계에서 가장 발전된 지역이 될 수 있을까? 이러한 도약이 경제와 기술에 국한하는 것이 아니라, 지속발전가능성과 사회적 진보에서도 일어날 수 있을까?

이에 대한 답을 내리기 위해, 아시아의 역사에서 영감을 얻을 수 있을 것이다. 과거의 변화를 통해 앞으로 도래할 가능성을 짐작할 수 있기 때문이다. 17세기에 중국과 인도는 가장 많은 때는 세계 GDP의 70%까지 차지했다.[403] 그러나 1992년에 이들 중국과 인도의 세계 GDP 점유율은 6% 미만으로 낮아졌다.[404] 이들 두 나라는 2016년 기준 세계 총생산의 25%를 차지하게 되었다.[405] 구매력을 기준으로 하는 경우 중국 경제는 미국 경제를 추월했다.[406] 동남아시아의 경제 규모는 세계에서 7번째로 크며, 2050년에 5위를 차지할 정도로 커질 것으로 전망된다.[407] 중국과 인도는 2050년에 거의 확실히 서구 경제를 추월할 것이다.[408]

아시아는 역사적 전환의 와중에 있다. 최근 추세가 지속되면, 2050년까지 구매력기준으로 1인당 소득이 6배가 늘어, 현재의 유럽 수준 정도에 이를 수 있다. 아시아인 46억 명 중 30억 명이 풍요롭게 될 것이다. 2050년까지 아시아 지역이 GDP를 두 배 가까이 늘림으로써, 300년 전 산업혁명 이전에 아시아 지역이 누렸던 경제에서의 지배적

지위를 되찾을 것이다.409)

그러나 미래는 불확실하며 새로운 가능성이 등장할 수 있다. 아시아개발은행은 '아시아2050'에서 주요 미래 시나리오를 제시했다. 하나는 "아시아의 세기" 시나리오이며 다른 하나는 "중진국의 함정: 회피할 수 없는" 시나리오다.410) "아시아의 세기" 시나리오는 아시아가 2050년까지 지속적으로 경제성장을 이룰 것이라는 가정을 전제로 하고 있다. 이 시나리오에서 아시아 GDP가 2010년 17조 달러에서 2050년 174조 달러로 증가하여, 전 세계 GDP의 절반을 차지하게 된다. 참고로 아시아의 인구는 전 세계 인구의 절반을 차지한다.411) 아시아 지역의 1인당 GDP는 구매력 기준으로 4만 8백 달러가 될 것으로, 현재 서유럽의 1인당 GDP 수준에 거의 도달한다. 지금은 아시아 국가 중에 저개발국 단계에 있는 나라가 8개이나, 그때가 되면 저개발국으로 분류된 나라는 없을 것이다.412)

이 시나리오는 선호 미래이기는 하나, 이의 미래를 위협하는 요인으로는 "자원 집약적 생산, 즉 저비용 노동과 자본에 의한 성장이 생산성 중심 성장"으로 이행하는 것이 쉽지 않다는 것이다.413) 이의 이행이 실패하는 경우 경제성장은 정체되거나 혹은 심지어 마이너스 성장을 겪을 것이다.414)415)

"아시아의 세기" 시나리오 달성 확률을 높이려면 무엇이 필요할까? 아시아개발은행에 따르면 이 시나리오가 실현되는 경우, 아시아 지도자는 여러 위험과 도전을 관리해야 하는데, 그중 특히 다음 위험과 도전이 중요하다.

- 사회적 통합과 안정성을 침해할 수 있는 국내 불평등 심화
- 국내의 경제적·사회적·정치적 이유로 인해 "중진국의 함정"에 빠

질 위험

- 아시아 소득 수준이 증가함에 따라 더 높은 생활수준을 요구하게 되고, 이는 천연자원에 대한 치열한 경쟁 초래
- 국가 간 소득 격차가 심화되는 경우, 지역 불안정성 제고
- 온난화와 기후위기로 식량 위기 초래 및 해안 주요 도시 및 주거지역을 위협
- 아시아의 모든 국가가 겪고 있는 열악한 거버넌스와 제도적 역량

아시아개발은행은 성장을 유지하고 빈곤을 근절하며 기후위기에 대응하기 위해, 아시아 지역의 신흥경제국이 교통망에서 수자원에 이르기까지 인프라 구축에 2030년까지 26조 달러를 투자해야 할 것으로 보았다.416) 그런데 인프라 구축은 경제적 요인에만 의존하는 것이 아니라, 사회적·문화적 내러티브에도 의존한다. 더 심층적 변화가 없다면 아시아는 선호미래로 가는 도중에 좌절할 수밖에 없다.

모한 말리크(Mohan Malik)는 국제 질서 속에서 강대국은 "언제나 상대적이며, 지속적으로 바뀌어 왔다. 국가는 경제성장, 전쟁, 제국의 확장으로 흥망성쇠한다."417)고 말하여 우리가 알고 있는 바를 다시 상기시켰다. 그는 2040년 아시아 태평양 지역에서 중국의 역할에 관한 대안적 미래연구에 다음과 같은 결론을 내렸다.418)

중국을 포함한 다른 강대국이 포용적 다자기구를 갖춘 다극적(multipolar) 아시아를 위해 일한다면, 평화와 안정이 정착이 될 수 있을 것이다. 그러나 경쟁이나 더 나아가 분쟁이 일어난다면, 양극적 대립상황이 다시 나타날 수 있을 것이다. 혹은 중국의 베이징이 과거의 영광을 되돌리려는 시도를 할 수도 있다. 즉, 이웃 국가를 속국으로 만들어, 한족 중심의 계층적 아시아 국제 질서를 구축하려고 시도할 수 있을

것이다.

따라서, 아시아가 세계에서 수행하게 될 미래의 역할과 아시아가 미국이나 다른 서구 강대국과 어떤 관계를 가지게 될 것인가는 아시아가 현재 선택한 경로에 의해 결정될 것이다. 예를 들어, 아시아의 미래를 가시화하는 세 가지의 시나리오가 존재한다. (1) 중국 중심의 단극적 세계질서, (2) 미국 대 아시아, 아시아 대 중국 혹은 미국+중국과 같은 세 가지의 양극적 협정, (3) 미국 혹은 중국이 주도하거나, 아시아가 서로 조화롭게 협력하는 "아시아 콘서트"와 같은 세가지 형태의 다극적 질서가 그것이다.419) 아시아 콘서트가 더욱 바람직한 미래로 판단된다. 이 미래 시나리오가 "중국의 정치적 자유화가, 투명하며 신뢰성이 높고 효과적 지역 조직을 기반으로 한 민주적 협력 확대를 가능"하게 하기 때문이다.420)

이외에 다양한 미래 시나리오가 존재한다. 지정학적 갈등, 노령화로 인한 성장 둔화, 핵무기 및 기타 원인으로 인한 파멸적 재앙, 자본주의 붕괴, 협력적 혹은 대안적 포스트 희소 사회(Post Scarcity Society)의 발달, 경제와 에너지 및 기술의 파괴적 혁신 등의 시나리오가 이에 해당한다. 어떻든 현재 추세가 지속된다면, 아시아는 세계의 변방이 아닌 중심이 될 것이며 그러한 의미에서 세계는 그리 멀지 않은 미래에 완전히 다른 모습이 될 것이다.

앞에서 논의한 것과 같이, 세계에서 특허권을 주도하는 4개국 중 한국, 중국, 일본의 3개국이 아시아에 속한다.421) 따라서 아시아 지역은 경제규모뿐만 아니라, 과학과 기술에서도 분명한 리더십을 보여주고 있다.422) 미국 국가정보위원회의 「글로벌 트렌드 2030 보고서」는 아시아가 2030년까지 미국과 유럽을 추월할 것으로 예상했다.423)

아시아는 인구규모, 국내 총생산, 군사 지출 및 기술 투자를 고려할

때, 미국과 유럽을 합친 것보다 더 많은 "전반적인 힘"을 보유하게
될 것이다.

결론적으로,[424]

아시아는 중세시대의 마지막까지 보유했던 세계적 지위를 다시 누릴
것이며, 서구는 350년간의 상승을 끝내고 아시아에 뒤처질 것이다.

아시아의 영향력 증가는 이러한 변화를 최대한 활용할 수 있는 방
법을 연구하는 국가적·사업적 예측 프로젝트가 다수 발생하는 데서도
확인할 수 있다.[425]

이러한 경제와 "권력"의 상승은 아시아 사회에 어떤 영향을 미치게
될까? 가장 중요한 변화는, 수산타 구나틸라케(Susantha Goonatilake)가
10년 전에 주장한 것으로, "그 자신에게 Yes"라고 말할 수 있는, 자신감
에 찬 아시아를 창조하는 것이다.[426]

구나틸레케는 다음과 같이 주장했다.

아시아로 세계경제의 중심이 이동하는 것은 역사적 변화다. 이는 대
항해시대, 르네상스, 과학혁명, 산업혁명 및 계몽주의와 같은 유럽의
주요사건과 비견되는 것으로, 이들 모두가 20년이라는 기간 동안 압
축적으로 진행될 것이다. 이러한 변화는 필요한 것이며, 우리에게 진
지한 질문을 제기한다. 그런데 남아시아인은 이러한 질문에 대한 답
을 탐색함에 있어서, 맥컬레이(McCaulay)의 식민지적 시각에 대해
단호하게 반대해야 한다. 맥컬레이의 시각은 잘 알려져 있는데, 그는
"유럽에서 만들어진 양질의 책 수십 권이 인도와 중동의 문학 전체
정도의 가치가 있다"고 말했다. 그는 남아시아의 미래를 이끌 청년들

에게 "피와 피부색은 인도인이라 하더라도, 취향, 의견, 도덕과 지성 면에서 영국을 따를 것을" 촉구했다.

구나틸라케는 아시아의 세계관이, 특히 인도 문명에 그 기원을 둔 불교 사상이, 파괴적 신기술 기반의 미래에 오히려 적합할 것이라고 주장했다.[427]

불교적 의미에서 현실주의자인 나는, 자아를 비어 있는 것으로 믿는다. 따라서 나는 이러한 현실주의적 시각으로 정보 하이브리드의 다가오는 세계를 바라보는 경향이 있다. 정보 하이브리드 세계는 사이보그와 두 개의 새로운 단어인 문화유전학적 보그(Borg), 문화인공물적 보그로 표현될 수 있다. 서구의 기독교 창조신화에서 파생된 프랑켄슈타인의 이미지와 구원받는 영혼의 개념은 내게 감흥을 일으키지 않는다. 터미네이터와 같은 프랑켄슈타인이 내 앞을 지나간다면, 보아 뱀을 야생에서 보았을 때와 같이, 나 또한 겁을 먹으며 혐오감을 느낄 것이다. 그렇다고 그것이 창조근본주의자가 느낄 수 있는 존재론적 불안을 느끼게 하지는 않는다. 그런 의미에서 나는 다가오는 다중적이며 하이브리드인 정보의 정글 생태계에 대비하고 있다. 나는 이를 큰 어려움 없이 헤쳐 나갈 수 있어야 한다고 믿는다.

따라서 이는 단순한 경제적 변화보다 더욱 심층적이다. 이는 우리의 인식체계를 전환시킬 것이다. 즉, 현실을 조직하고 인지하는 방식의 전환이 있을 것이다. 즉, 해석의 변화가 아니라, 지식 자체를 구조화하는 방식의 전환이다. 구나틸라케의 글을 계속해서 인용하겠다.

바렐라(Varela) 등은 『체화된 인지론(Embodied Mind)』에서 다음과 같이 썼다. "아시아 철학, 특히 그중에 불교의 재발견이 서구의 역사에 있어서 두 번째 르네상스가 될 것이며, 유럽의 르네상스에서 그리스 사상을 재발견한 것과 동등할 정도의 잠재적 중요성을 지니고 있다는 것이, 우리가 주장하는 바다."[428]

아시아에서 경제상승은 강력한 트렌드에 해당하며, 특히 출원의 증가 또한 명백한 미래 신호에 해당한다. 그러나 해석적 인식체계의 전환은 아직 이머징 이슈에 해당한다.

몇 년 전에 고지도가 발견되었는데, 이 지도는 서구가 대항해 시대를 시작하기 전에 중국이 아메리카 대륙을 먼저 탐험했다는 주장의 근거가 되었다. 이 지도는 중국의 탐험가인 정화(鄭和)[429]가 아메리카 신대륙의 존재를 서구에 앞서서 알고 있었음을 의미한다. 정화는 당시의 과학기술 수준으로 보아 어느 정도 정확성을 지닌 세계전도를 가지고 있었던 것으로 보인다.[430] 이는 아시아가 문화적 전환을 가져올 잠재력을 가지고 있다는 신념을 강화하게 할 수 있다. 물론 정화의 지도는 위조된 것일 수 있다. 그러나 그 지도는 스스로에 대해 자신감을 가지는 새로운 아시아의 출현에 긍정적 영향을 줄 수 있다.[431] "우리가 아메리카 대륙을 발견했다"는 새로운 내러티브가 될 수 있다. 터키 대통령인 레제프 타이이프 에르도안(Recep Tayyip Erdogan)은 1178년 이슬람 선원이 아메리카 신대륙을 먼저 발견했다고 주장했다.[432] 이러한 논쟁은 앞으로도 끊이지 않을 것이다.[433]

아시아가 변방에서 중심으로 이동하는 전환은 문화적인 것이다. 그리고 그러한 변화의 씨앗은 이미 심어졌다.

아시아의 문화는[434] 그것이 전통적이든 현대적이든 혹은 그 둘 간의 융합이든, 제조업과 신기술산업과 융합하여 신성장동력이 될 수 있다. 생명공학, 경영, 육체와 정신, 영적 건강, 정보기술과 같은 거의 모든 영역에서의 아시아 사상의 재발견은 아시아에게 새로운 자신감을 부여한다. 그리고 구나틸라케는 아시아 사상이 풍부하다고 주장하기도 했다. 미국의 비즈니스위크 지[435])는 이제 다르마i)를 따르는 사람들 (Dharma Dons)과 그들의 카르마(Karma)ii) 자본주의를 찬양했다. 카르마 자본주의는 기업의 사회적 책임을 강조하는데, 이는 바가바드 기타 (Bhagavad-Gita)와 선을 행하고 보다 높은 의식을 추구하는 철학의 실천이다. 앞에서 이미 논의한 바와 같이 한국은 문화적 창의성에 보다 집중함으로써 이러한 방식을 주도하고 있다.[436])

하나의 일화인데, 아시아 국가 총리실을 위한 미래예측 워크숍 참석자는 2030년까지 자신의 국가가 세계 중심지 중 하나가 되는 것을 상상하는 것을 전혀 어려워하지 않았다.[437]) 이들은 건강하고 부유하며 혁신적인 그들 국가의 미래의 지위에 대해 자랑스러워했다. 과거 아시아에 속한 국가의 국민이 자신의 국가를 세계의 중심으로 분류하고, 그리고 그것을 기꺼이 진술하는 것이 드물었기 때문에, 놀라운 일이었다. 이는 아시아가 스스로에 대해 자신감을 가지게 되었다는 것을 의미한다. 이러한 자신감을 다시 발견할 수 있게 한 아시아의 강점과 영감은 8개의 핵심 영역에서 찾을 수 있다.

첫 번째로, 지식의 중심은 지난 수백 년간 그것이 유럽과 미국에서 존재했던 것과 마찬가지고, 아시아에 있을 가능성이 높다. 말레이시아가 서남아시아에서 온 유학생을 유인하고 있는 것은,[438]) 아시아가 지식의 중심이 되는 초기 신호로 보아야 한다. 아시아 대학의 순위가 상승하고 있는 데 반해, 다수의 미국과 유럽 대학의 글로벌 대학 순위는 하락하고 있다.[439])

---

i) 역자주: 우리말로는 달마를 의미한다.
ii) 역자주: 우리말로는 업(業)을 뜻한다.

아시아 대학이 학계를 놀라게 하고 있다. 불과 1년 만에 4개 이상의 대학이 세계 200대 대학에 합류했다. 타임스의 고등교육 세계 대학 랭킹(the Times Higher Education World University Rankings) 2014~15년에 선정된 세계 상위 200개 대학 중 약 8분의 1이 아시아에 위치한 대학이다. … 이러한 속도가 지속되면, 2040년까지 세계 최고 대학의 4분의 1이 아시아 대학이 될 것이다.

두 번째로, 아시아, 특히 중국과 인도로의 관광이 급격하게 증가하고 있다. 아시아로의 관광객 수는 앞에서도 이미 논의되었는데, 현재 수억 명에 이르며, 지속적으로 증가할 가능성이 높다.

세 번째로, 공자 아카데미가 전 세계적으로 부상하고 있으며, 그 외에도 간디 센터와 오로빈도(Aurobindo) 센터와 같은 인도의 센터가 전 세계 퍼지고 있어, 영국문화원의 영향력과 같은 소프트 파워가 커지고 있다.440) 이는 동아시아와 남아시아가 세계의 두 중심지로 다시 상상(reimagine)되는 새로운 선순환을 만들 것이다.

네 번째로, 아시아의 지식경제로의 전환이다. 이제 경제뿐만 아니라 지식도 아시아에 그 기반을 두게 됨에 따라, 국제회의, 다양한 교육과정, 과학적 발견 및 특허가 아시아에서 기하급수적으로 늘어나는 것을 상상할 수 있게 되었다. 현재는 미국이 노벨상 수상자의 과반수를 차지하고 있으나,441) 인도인과 중국인이 이들 글로벌 상을 수상하면서, 아시아가 노벨상의 과반수를 가져가는 것을 상상하는 일은 어렵지 않다.

다섯 번째로, 아시아의 명상과 같은 활동이 대중화되고 있다. 명상 등에 대한 실질적 효과가 입증되면서, 전 세계의 교육 및 보건 담당 정부 부처는 명상442)443)을 정규 교육과정이나 보건활동으로 편입하는 것을 상상할 수 있다. 유럽연합은 요가의 날(Yoga Day)을 이미 지원하고 있다. 참고로 요가의 날을 전지구적 행사로 만드는 것은 인도의 열망이

기도 하다.444)

여섯 번째로, 진보에 대한 새로운 척도로, 번영, 생태환경, 사회적 포용 및 영성의 4중 기준선을 들 수 있다.445) 이에 대한 초기 증거로 부탄의 국민총행복지수를 들 수 있다.446)447)

1971년 부탄은 GDP만으로 국가 발전을 측정하는 것을 거부했다. 대신 국민총행복지수(GNH)의 원칙과 시민의 영적·육체적·사회적·환경적 건강과 자연환경을 통해 국가의 번영을 측정하는 새로운 기준을 채택했다.

부탄은 국민총행복지수의 접근을 진지하게 받아들여, 지난 20년 동안 국민의 기대 수명이 두 배로 늘었으며, 환경보호를 헌법에 명시적으로 규정했다. 필리핀 건축가인 팔라폭스(Palafox)와 같은 사상가는 도시 설계 전반에서 3중 기준선을 추구하고 있다.448) 3중 기준선이란 사람 우선, 생태계 및 이익의 3가지 기준을 통과해야 함을 의미한다.

일곱 번째로, 아시아는 평화 지향적이어야 한다. 과거의 식민주의를 극복하기 위해 군비 확충에 몰입하고 공격적인 아시아를 통해 아시아가 자신감을 얻게 되면, 아시아가 다른 국가와 공존하고 평화적으로 부상한다는 것과는 상충할 것이다. 그러나 아시아의 평화적 전통과 새롭게 일어나는 평화 지향 운동은 아시아가 다른 국가에 대해 공격적으로 되는 것을 막을 수 있을 것이다.

마지막으로, 아시아가 산업적 세계관에서 탈 근대를 뛰어넘는 트랜스 모던으로 바로 이행할 수 있을 것이다. 즉, 현대성의 장점과 전통의 장점을 비판적으로 수용하여 새로운 미래를 만들 수 있을 것이다.

이러한 새로운 아시아의 미래를 요약하기 위해 다음에 다중인과계층분석을 제시했다. 다중인과계층분석에서 혼잡과 환경오염이 일상적인

"서양이 최고야", "Copy & Paste"와 서구 따라 하기 전략에서, 스마트하며 환경 친화적이고 포용적 도시로 이어지는 스스로에게 자신감 있는 아시아로 전환하는 것을 보여준다.

〈표 9-1〉 자신감에 충만한 아시아

	현재	2040년
현상(Litany)	• 국민총생산	• 국가 발전과 진보에 대한 새로운 기준
시스템	• 소비자 주의 • 전통과 현대 사이의 긴장 • 자동차와 도로 • 서양 시스템 복제	• 지식 생산자 • 일과 삶의 균형 • 모든 이해관계자와의 협력 • 젠더 평등 • 전통을 이용한 혁신
세계관	• 현대성 • 가부장사회 • 성장	• 대안적 근대성 • 트랜스 모더니티
메타포어	• 서양이 최고야 • Copy & Paste	• 아시아인의 재발견 • 도약하는 개구리

아시아에는 다수의 발달된 도시가 있으나, 이는 일반적으로 부유층을 위한 것이다. 앞으로 등장할 미래에는, 아시아 전체가 전 세계적으로 번영하고 발전하며 안전하고 자연생태계와 공존하는 오아시스가 될 것이다. 이러한 미래로 가는 길은 직선적 발전이거나 혹은 반복적 역사의 패턴 한 지점이 아니라, 나선형의 역사적 전개 패턴iii)을 보일 것이다.

---

iii) 역자주: 이나야툴라 교수는 거시 역사적 변화의 패턴을 선형 발전, 반복, 순환, 나선으로 분류했다.

이는 전통과 현대성의 장점을 비판적으로 융합한 새로운 미래가 될 것
이다. 아시아가 도약하고 세계를 인도할 것이다.

핵심내용

- 도약하는 개구리는 아시아가 "Copy & Paste"와 빠른 추격자를 초월하여, 발전된 미래로 바로 뛰어넘는 것을 상징한다. 산업사회의 시스템은 오히려 미래로 뛰어넘는 것을 방해하고 지체할 수 있으므로, 현대적 기술과 인프라가 없는 것이 오히려 장점이 될 수 있다. 특히 아시아는 3차산업혁명에 대한 걱정 없이 바로 태양광 시대와 디지털 전환 사회 혹은 그 이상의 사회로 바로 도약할 수 있다.

- 그렇게 되려면 아시아와 아시아인의 스스로에 대한 인식의 전환이 있어야 한다. 아시아는 그 자신의 역사 속에서 과거의 성공을 기억하여, 자신감을 가지고 세계의 중심이 될 것이라는 믿음을 가져야 한다. 뿐만 아니라 현재의 경제, 기술, 문화 및 교육적 발전은 아시아가 새로운 미래로 도약하는 발판이 될 수 있다.

- 아시아 2040은 사회적, 경제적, 생태환경적, 영적 4중 기준선의 프레임워크로 새롭게 구조화될 수 있다. 지속가능한 번영을 위한 4중 기준선인 사회 공동체, 생태계, 경제적 번영 및 삶의 목적이 새로운 아시아의 새로운 지침이 될 수 있을 것이다.

결 론

이머징 이슈를 분석하는 이유는 현재 시점에 우리의 미래에 대한 전망과 이해를 뒤엎음으로써, 이전에는 존재하지 않았던 새로운 기회를 탐색하여 미래의 문제를 현재 해결하고자 하는 것이다. 이머징 이슈에 대한 탐색과 분석은 우리로 하여금 현재로부터 거리두기를 통해 문제를 객관적이고 새로운 방향으로 보도록 한다. 미래에 대한 통찰력을 주는 것이 이러한 거리두기이다. 그런데 이러한 거리두기의 과정에서 개연성은 항상 문제가 된다.

필자인 이나야툴라 박사는 30년 넘게 이머징 이슈 분석 기법을 사용해왔는데, 최근의 위기와 파괴적 사건에 근거하여 볼 때, 아시아와 관련하여 개연성의 성격이 변하였다는 것을 알 수 있다. 예를 들어, 싱가포르에 대한 세계의 태도는 사스(SARS, 급성호흡기증후군) 이후 확실히 바뀌었다. 사스로 인해 글로벌 대도시가 전염병에 취약하다는 것이 드러났기 때문이다. 글로벌 금융 위기에서도 유사한 현상이 일어났다. 자본주의 체제의 취약함이 드러났고, 대안적 경제 체제 및 사회 체제가 변혁된 미래를 구상하고 만드는 과정을 마련하는 것이 시급해졌다. 기술혁신은 기존의 안정된 체제를 변혁시킨다. 사회적 공유 경제, 3D 프린팅 기술, 무인자동차, 배양육, 신재생에너지 기술은 현재의 상태를 도전하고 위협한다. 기후위기, 특히 해수면 상승과 지구 온난화를 뒤따를 신 빙하시대의 도래 가능성 또한 파괴적 변혁을 가져올 것이다. 후쿠시

마에서와 같은 자연 재해가 다시 일어나거나, 핵무기나 생물학 무기를
한 번만 사용하면, 우리가 현재 생각하고 있던 미래에 대한 이미지는
극적으로 변하게 될 것이다. 코로나-19로 우리는 새로운 질서체계를
고민하고 있는 상황이다.

과거에는 발생이 불가능하다고 판단되었던 것이, 갑자기 일어날 수
있는 일로 생각될 수 있다. 앞으로 20년 후까지 많은 일들이 현재와 같
이 안정적으로 유지될 것이나, 또한 많은 일들이 극적으로 변화할 것이
다. 아시아가 앞으로 경제적 · 조직적 · 문화적으로 보다 투명하고 친환경
적이며, 젠더 평등적이며, 다양성을 지니며, 부분적으로는 아시아 연맹
발전할 수 있을 것이다. 그와 동일한 가능성을 가진 다른 미래도 존재
한다. 강조하는 것이나, 이러한 의미에서 확률적으로 가능성이 높은 미
래란 존재하지 않으며, 복수의 대안 미래만이 존재하며, 이들 대안 미
래는 모두 현실화가 가능하다. 예를 들어, 아시아가 위기에 대응하여
창의성과 혁신을 촉발하지 않는다면, 경제적 쇠퇴를 맞이하게 될 것이
다. 이는 젠더 평등을 제고하고 환경규제를 강화하여 얻는 이득을 제거
할 것이다. 이는 권위주의적 과거의 문화로 복귀하는 것을 의미하며 고
전적 '뱀과 사다리' 게임에서 뱀에 미끄러져 과거의 상태로 후퇴하게 됨
을 의미한다.

아시아 연맹이라는 선호 미래 대신, 아시아에 극적인 분열이 일어
날 수도 있다. 중국과 남아시아의 갈등이 극에 도달해, "전쟁 국가" 시
대로 돌아갈 수도 있다. 서언에서 서술했듯이, 노령인구의 증가는 그 사
회의 혁신 속도를 떨어뜨려 "장기 침체" 사회도 가능할 것이다. 경제적
쇠퇴의 미래를 두려워하는 개인은 소비지출을 줄이게 되며 이는 장기적
경기 침체를 발생시킬 것이다. 어떤 면에서 일본의 오늘은 아시아의 내
일이 될 것이다.

    미래의 결과가 무엇이 되든, 이머징 이슈와 트렌드는 앞으로 수십 년간 상당한 파괴적 변화가 올 것을 암시한다. 이들 미래 신호는 다양한 미래가 열려 있음을, 그래서 현재 시점에서 다양한 미래가 동시에 가능한 것을 알려준다. 아시아에서 경제적 불평등이 심화되고 있는데 이를 해결하지 못한다면, 아시아는 앞으로 내부적으로 분열될 것이다. 즉, 상층부에 있는 자들은 그들의 지위를 유치하기 위해 벽을 높이 쌓으려 할 것이고, 하층부에 있는 자들은 그 벽을 해체하려 할 것이다. 이렇게 아시아의 에너지가 분열되면, 아시아가 세계 최고가 될 수 있는 결실은 맺지 못하게 될 것이다. 따라서 갈등 조정과 사회적 통합을 통해 더 나은 미래를 기대할 수 있으며, 여기에는 아시아인과 인류 모두를 위한 혜택이 포함되어야 한다. 더 나은 미래를 보장하는 가장 좋은 방법 중 하나는 아시아가 경제적으로 열악한 하위 10억 명과 협력하는 것이다. 그리고 이는 아시아의 많은 조직이 이미 실행하고 있는 것이기도 하다.

    이 책은 독자가 미래를 만들고자 할 때 지혜로운 결정을 내릴 수 있도록, 혼란의 본질과 가능한 대안미래를 탐색할 수 있는 미래 지도를 제공하고자 하는 것이다. 이 책에서 2040년 아시아에 대한 많은 가능성과 희망의 비전을 공유했다. 아시아의 다양한 대안적 미래 중에서 그 어느 것도 단순하게 등장하지는 않을 것이다. 이들은 모두 창조되어야 하는 미래다. 그리고 그 미래는 우리의 새로운 현실이 될 것이다. 독자에게 주어진 과제는 미래를 상상하고 창조하는 것이다. 인도의 철학자인 사카르(Sarkar)는 다음과 같이 썼다.[449]

하나의 램프가 다른 수많은 램프에 불을 붙인다. 위대한 한 명의 개인이 무수한 잠자는 심장을 깨운다. … 이것이 인류의 미래는 … 눈부시게 빛날 것이라 말하는 이유다.

미 주

* 특별한 언급이 없으면, 미주에 포함된 URL은 2020년 12월 6일 기준 모두 접근이 가능했습니다.
* 해당 QR코드를 스캔하면 아래 내용의 미주를 다운로드 받으실 수 있습니다.

서언

1) Graham Molitor, "How to Anticipate Public Policy Changes," Advance Management Journal (Summer 1977), 1-13; Graham Molitor, 2004. The Power to Change the World - the art of forecasting. Potomac, Maryland: Public Policy Forecasting, 2004.

2) Igor Ansoff, "Managing Strategic Surprise by Response to Weak Signals," California Management Review (Winter 75, Vol. 18, Issue 2), 1975.

3) Elina Hiltonen, "The Future Sign and Its Three Dimension," Futures (Volume 40, Issue 3, April 2008): 247-260.

4) Nassim Taleb, The Black Swan: The impact of the highly improbable. New York, Random house, 2007.

5) Sohail Inayatullah, Ed. The Causal Layered Analysis Reader. Tamsui, Tamkang University, 2004; Sohail Inayatullah and Ivana Milojevic, Eds, CLA 2.0. Tamsui, Tamkang University, 2014; Sohail Inayatullah and Ivana Milojevic, eds., CLA 2.0: Transformative Research in Theory and Practice. Tamsui, Tamkang University, 2015. For CLA and futures research, see Sohail Inayatullah, What Works: Case Studies in the Practice of Foresight. Tamsui, Tamkang University, 2015.

6) "Gross National (Un)Happiness," The Friday Times, 2017.10.20, https://www.thefridaytimes.com/gross-national-unhappiness/

7) Sohail Inayatullah, "The Concept of the Pacific Shift," Futures (Vol. 17, no. 6, 1985): 580-587.

8) Michael Schuman, "China Could Overtake the U.S. as the World's No. 1 Economy This Year," Time, April 30, 2014.04.30, http://time.com/82225/china-

world-biggest-economy/. 구매력 기준으로, 중국은 2014년 미국을 뛰어 넘어 세계에서 가장 큰 경제력을 가진 나라가 되었다. See: Mike Bird, "China Overtook The US As The World's Largest Economy," Business Insider Australia, 2014.10.09, http://www.businessinsider.com/china-overtakes-us-as-worlds-largest-economy-2014-10

9) Joyce Ho, "Asia-Pacific ocertakes US as home to most billionaires," Nikkei Asian Review, 2017.10.27, https://asia.nikkei.com/Politics-Economy/Economy/Asia-Pacific-overtakes-US-as-home-to-most-billionaires

10) Shibani Mahtani, "Singapore No. 1 for Millionaires – Again," The Wall Street Journal, 2012.06.01, https://www.wsj.com/articles/BL-SEAB-874

11) Clive Cookson, "China poised to opt global corporate patents," Financial Times, 2017.03.15, https://www.ft.com/content/384ba4b4-08dc-11e7-ac5a-903b21361b43?mhq5j=e2

12) Sean Harkin, "Will China really dominate?," World Finance, April 19, 2012.04.19, https://web.archive.org/web/20140904163118/http://www.worldfinance.com/columnists/will-china-really-dominate. 과거 일천 년간의 GDP 변화에 대한 다음 인포그램을 참고하는 것도 좋다. "Share of the World GDP Throughout History," Infogram, http://infogr.am/Share-of-world-GDP-throughout-history?src=web

13) Ilcheong Yi and Thandika Mkandawire, Learning from the South Korean Development Success. London, Palgrave Macmillan, 2014.

14) Hossein Azadi, Gijs Verheijke and Frank Witlox, "Pollute First, Clean Up Later?", Global and Planetary Change, 78, nos. 3-4, https://people.unipi.it/static/rocchi/SR/GG_files/sdarticle.pdf (or: first pollute, then clean up); Matthew Currell, "Shanghai's 'airpocalypse': can China Fix its Deadly Pollution?", The Conversation, 2013.11.10, http://theconversation.com/shanghais-airpocalypse-can-china-fix-its-deadly-pollution-21275

15) Immanuel Wallerstein, "A World-System Persepctive on the Social Sciences," The British Journal of Sociology 27, no. 3, Special Issue, History and Sociology (1976.09):343-352, https://www2.southeastern.edu/Academics/Faculty/jbell/wallerstein.pdf

16) "The Road to 2040: A Summary of Our Forecast," Geopolitical Futures, 2015.11.02, https://geopoliticalfutures.com/the-road-to-2040-a-summary-of-the-forecast/

17) Michael Auslin, "Asia's Precarious Rise," America Enterprise Institutee, 2017.03.03, https://www.aei.org/articles/asias-precarious-rise/

18) Elise Boulding, "Image and Action in Peace Building," in E. Boulding and K. Boulding (eds.), The Future: Images and Processes, Sage, Thousand Oaks, CA, 1995, p. 100

19) E. Masini, and Y. Atal, eds., The Futures of Asian Cultures, Bangkok, UNESCO, 1993; Melissa Leong, "How Korea Became the World's Coolest Brand," Financial Post, 2014.08.02, http://business.financialpost.com/2014/08/02/how-korea-became-the-worlds-coolest-brand/; "The Psy Effect: According to BBC 'South Korea's New Economic Force'," KpopStarz, October 5, 2012.10.05, http://www.kpopstarz.com/articles/15159/20121005/psy-the-new-economic-force-of-south-korea-bbc.htm

20) Melissa Leong, "How Korea Became the World's Coolest Brand," Financial Post, 2014.08.02, http://business.financialpost.com/2014/08/02/how-korea-became-the-worlds-coolest-brand/; "The Psy Effect: According to BBC 'South Korea's New Economic Force'," KpopStarz, October 5, 2012.10.05, http://www.kpopstarz.com/articles/15159/20121005/psy-the-new-economic-force-of-south-korea-bbc.htm

21) 이는 비자를 발급하는 데만도 수십 만 불이 투자되므로 비자 없는 국제 여행은 매우 중요하다. "Singapore Passport Becomes 'Most Powerful' in the World," Channel Newsasia, 2017.10.25, https://geographyeducation.org/2017/11/06/singapore-passport-becomes-most-powerful-in-the-world/.

22) "Overall Rankings 2016," UI GreenMetric, University of Indonesia, 2016, http://greenmetric.ui.ac.id/overall-ranking-2016/

23) Sohail Inayatullah, Ellisha Nasruddin and Reevany Bustami, "Transformative Foresight: University Sains Malaysia Leads the Way," Futures (Vol. 44, 2012): 36-45.

24) Sohail Inayatullah, Shakil Ahmed, Pushpita Alam, Susan Davis, and Syed Hashemi, "Alternative Futures of BRAC University," On the Horizon (Vol. 21, no. 4, 2013): 275-285.

25) Organized by Oxfam, Chulalongkorn University (Thailand) and the Lew Kuan Yew School of Public Policy (Singapore), with support of the Rockefeller Foundation, Bangkok, Thailand, March 7-8, 2013.

1장

26) David Barboza, "How a Chinese Billionaire Built Her Fortune," The New York Times, July 30, 2015.07.30, https://www.nytimes.com/2015/08/02/business/international/how-zhou-qunfei-a-chinese-billionaire-built-her-fortune.html; Forbes, "Zhou Qunfei & family," Forbes.com, 2020.06.12, https://www.forbes.com/profile/zhou-qunfei/?sh=82488ce39e9f

27) Feliz Solomon, "Three Things to Know About Taiwan's President Tsai Ing-wen, Who Rattled China by Phoning Trump," Time, 2016.12.05, http://time.com/4590048/taiwan-taipei-tsai-ing-wen-donald-trump-chin

a-phone-call/

28) John Liu, "Taiwan Gender Equality Ranked 2nd Globally Due to Political Engagement: DGBAS," Global Gender, 2013.08.08., http://www.globalgender. org/en-global/news/detail/21; "Making Progress on Gender equality," Taiwan Today, March 15, 2014.03.15, http://taiwantoday.tw/news.php? unit=2,23,45&post=3319.

29) "Forbes Releases World's Self-Made Women Billionaires List," Forbes, 2017.03.08, https://www.forbes.com/sites/forbespr/2017/03/08/forbes-releases-worlds-self-made-women-billionaires-list/#1db1ea26203f; Chloe Sorvino, "It's a Record-Breaking Year For Self-Made Women Billionaires. Here's Why," Forbes, 2017.03.21, https://www.forbes.com/sites/chloesor vino/2017/03/21/2017-record-breaking-self-made-women-world-billion aires-list-wealth/#77247dfa58bc

30) "Chinese Men Outnumber Women by 33 MIllion After Decades of Gender Bias," Radio Free Asia, 2015.01.22, http://www.rfa.org/english/news/ china/gender-01222015125826.html

31) 2002년의 공식 통계에 따르면 중국의 인구는 12억 8천만 명이며 그 중 여성이 6억 2천 3백 4십만 명으로 48.5%, 남성이 6억 6천 1백 2십만 명으로 51.5%를 차지하여, 여성 인구가 남성에 비해 3천 7백 8십만 명이 적다. "Women and Men in China: Facts and Figures 2004," Department of Population, Social, Science and Technology, National Bureau of Statistics of China, 2004.08, http://www.stats.gov.cn/english/statisticaldata/otherdata/200509/U020150 722579392934100.pdf

32) Kentaro Iwamoto, "Asia's Gender Imbalance is Bad News for Growth," Nikkei Asian Review, 2017.04.13, https://asia.nikkei.com/Economy/Asia-s-gender-imbalance-is-bad-news-for-growth#:~:text=In%20either%20c ase%2C%20the%20gender,growth%20on%20an%20even%20keel; John Burn-Murdoch, "Culture and Policy Explain Why Sex Ratios are Skewed in Asia," Nikkei Asian Review, 2017.04.13, https://asia.nikkei.com/Features/Too-many-men/Culture-and-policy-explain-why-sex-ratios-are-skewed-in-Asia

33) Hailey Reissman, "Why is My Daughter Strong? I Didn't Clip Her Wings: Ziauddin Yousafzai at TED2014," TEDBlog, 2014.03.17, https://blog.ted. com/why-is-my-daughter-strong-because-i-didnt-clip-her-wings-ziauddi n-yousafzai-at-ted2014/

34) Ibid.

35) Christina Larson, "In China, More Girls Are on the Way," Bloomberg, 2014.08.01, https://www.bloomberg.com/news/articles/2014-07-31/chinas-girl-births-ratio-improves-as-country-gets-more-educated

36) Chris Weller, "'This is Death to the Family': Japan's Fertlity Crisis is

Creating Economic and Social Woes Never Seen Before," Business Insider Australia, 2017.05.22, http://www.businessinsider.com/japan-fertility-crisis-2017-4?utm_content=buffer95078&utm_medium=social&utm_source=facebook.com&utm_campaign=buffer-ti

37) Ibid

38) Sylvia Ann Hewlett and Andrea Turner Moffitt, "Women in Asia Are More Financially Savvy than Women in the U.S.," Harvard Business Review, 2017.08.25, https://hbr.org/2015/08/women-in-asia-are-more-financially-savvy-than-women-in-the-u-s

39) Ibid

40) "Futures Deck," Brunei Futures Initiative, 2017, http://bfi.org.bn/resources/future-decks/

41) Christina Larson, "In China, More Girls Are on the Way," Bloomberg, 2014.08.01, https://www.bloomberg.com/news/articles/2014-07-31/chinas-girl-births-ratio-improves-as-country-gets-more-educated

42) Jessica Zartler, "Coding the Future: Asia's Female Developers Powering Global Shift," Taskworld, November 16, 2015.11.16, http://blog.taskworld.com/engineer-female-developers-asia-coding-future/.

43) Sohail Inayatullah "Global Transitions and Asia 2060," Futures (Vol. 44, no. 3 2012.03): 189-191.

44) Sohail Inayatullah and Mei-Mei Song, "Visions of Democratic Governance in Asia," Futures (Vol. 60, 2014): 1-13.

45) "The Future Asia Pacific Women Want," Development Alternatives with Women for a New Era (DAWN), 2012.11.03, https://dawnnet.org/publication/the-future-asia-pacific-women-want/

46) "Women and Men in China: Facts and Figures 2012," Department of Population, Social, Science and Technology, National Bureau of Statistics of China, 2012.08, http://archive.unicef.cn/en/publications/comprehensive/2065.html

47) Christina Larson, "In China, More Girls Are on the Way," Bloomberg, 2014.08.01, https://www.bloomberg.com/news/articles/2014-07-31/chinas-girl-births-ratio-improves-as-country-gets-more-educated

48) Chris Weller, "'This is Death to the Family': Japan's Fertlity Crisis is Creating Economic and Social Woes Never Seen Before," Business Insider Australia, 2017.05.22, http://www.businessinsider.com/japan-fertility-crisis-2017-4?utm_content=buffer95078&utm_medium=social&utm_source=facebook.com&utm_campaign=buffer-ti

49) "Dangal: India's Wrestling Blockbuster Delights China," BBC News, 2017.05.18, http://www.bbc.com/news/world-asia-39958041

50) Terence Chulavachana, "Grant Thornton: 'Number of Women in executive Roles in Thailand Grows Whilst Global Stagnates'," Thai Intel Economics News, 2014.03.22, http://entrepreneurthai.wordpress.com/2014/03/22/grant-thornton-number-of-women-in-executive-roles-in-thailand-growswhilst-global-stagnates/; 전체 보고서는 다음 사이트에서 볼 수 있다. "Thailand a Leader in Top Promotions for Women, Global Survey Finds," The Nation, 2014.03.08, http://www.nationmultimedia.com/business/Thailand-a-leader-in-top-promotions-for-women-glob-30228667.html (2020.12.06 현재 접근할 수 없음)

51) Ibid

52) Ibid

53) "Female Bank CEOs Deepen Malaysia Expertise Pool," Thanhnien News, 2014.09.18, http://www.thanhniennews.com/world/female-bank-ceos-deepen-malaysia-expertisepool-31292.html

54) Mary E. Scott, "Asia's 50 Power Businesswomen 2016," Forbes Asia, 2016.04.06, https://www.forbes.com/sites/forbesasia/2016/04/06/asias-50-power-businesswomen-2016/#2a04fd0d59ef

55) N. Kabeer & L. Natali, "Gender Equality and Economic Growth: Is there a Win-Win?," Institute of Development Studies, 2013.02.26, https://www.ids.ac.uk/publications/gender-equality-and-economic-growth-is-there-a-win-win/

56) Michael Foster, "Toward an Equal Future: Making Gender Equality a Reality," in Development Asia, No. 2, (2008.11):13, https://think-asia.org/bitstream/handle/11540/1332/december-2008.pdf?sequence=1

57) Simon Montlake, "Gender Inequality Costs Asia $47 billion Annually," The Christian Science Monitor, 2011.05.09, https://www.csmonitor.com/World/Asia-Pacific/2011/0509/Gender-inequality-costs-Asia-47-billion-annually

58) Rhitu Chatterjee, "Women are the face of India's Mars mission, But They're Still the Exception," Public Radio International, 2014.09.26, https://www.wnyc.org/story/women-are-the-face-of-indias-mars-mission-but-theyre-still-the-exception/ 물론 인도의 우주 관련 기관의 전문직 중 단 10%만이 엔지지어로, 젠더 평등을 위해 가야할 길이 멀다.

59) Shaheen Pasha, "Twin Visions of Islamic Feminism Split Muslim Community," The Daily Beast, 2014.09.21, https://www.thedailybeast.com/twin-visions-of-islamic-feminism-split-muslim-community

60) "Life Expectancy for Japan's Men Tops 80 For First Time; Women Keep Crown," The Japan Times, July 31, 2014.07.31, https://www.japantimes.co.jp/news/2014/07/31/national/life-expectancy-japans-men-tops-80-first-time-women-keep-crown/

61) Penny Timms, "South Koreans to Live Longest Among Developed Nations by 2030, Researchers Project," ABC: The World Today, 2017.02.22, http://www.abc.net.au/news/2017-02-22/southkoreans-to-live-longest-among-developed-nations-by-2030/8293228

62) Candice Stevens, "Gender in the green economy," United Nations Research Institute for Social Development, 2012.06.15, http://www.unrisd.org/news/stevens

63) IJISD (International Journal of Innovation and Sustainable Development). Special Issue on Gender and Sustainable Development, Volume 4, No 2-3, 2009.

64) OECD (Organisation for Economic Co-operation and Development). Gender and Sustainable Development: Maximising the Economic, Social and Environmental Role of Women. Paris, OECD, 2008.

65) Community work centres would ensure that work is cooperative and not isolated (working from home). A community work centre would have start-ups, digital designers, think tanks, NGOs and other groups working near the home.

66) The bamboo ceiling relates to discrimination against Asians in Western countries.

67) Hailey Reissman, "Why is My Daughter Strong? I Didn't Clip Her Wings: Ziauddin Yousafzai at TED2014," TEDBlog, 2014.03.17, https://blog.ted.com/why-is-my-daughter-strong-because-i-didnt-clip-her-wings-ziauddin-yousafzai-at-ted2014/

68) Ibid.

2장

69) Matthew Moore, "Japanese Gamer 'marries' Nintendo DS Character," The Telegraph, 2009.11.25, http://www.telegraph.co.uk/technology/video-games/6651021/Japanese-gamer-marries-Nintendo-DS-character.html

70) Kyung Lah, "Tokyo Man Marries Video Game Character," CNN, 2009.12.17, http://edition.cnn.com/2009/WORLD/asiapcf/12/16/japan.virtual.wedding/

71) Catherine de Lange, "Cure for Love: Fall for a Robot to Fend off Heartache," New Scientist, 2014.02.14, http://www.newscientist.com/article/dn25057#.VCpYORZDRTE

72) "SAL9000 & Nene Anegasaki," Know Your Meme, 게재일이 특정되지 않음, http://knowyourmeme.com/memes/events/sal9000-nene-anegasaki

73) EJ Dickson, "Thousands of Japanese Men Have a Virtual Girlfriend Named

Rinko," Daily Dot, 2015.12.15, https://www.dailydot.com/irl/video-game-girlfriend-loveplus-japan/

74) Rachel Lowry, "Meet the Lonely Japanese Men in Love With Virtual Girlfriends," Time, 2015.09.15, https://amnesiainternational.net/en/meet-l onely-japanese-men-love-virtual-girlfriends

75) James Temperton, "Campaign Calls for Ban on Sex Robots," Wired, 2015.09.15, http://www.wired.co.uk/news/archive/2015-09/15/campaign-against-sex-robots

76) "Japanese Couple Married by Robot Called i-Fairy," The Telegraph, 2010.05.17, http://hypedtalk.blogspot.com/2010/05/japanese-couple-married-by-robot-called.html?m=0

77) Aleisha Riboldi, "A.I. Say I do: Japan's First Ever Robot Wedding," Sora News 24, 2015.07.04, http://en.rocketnews24.com/2015/07/04/a-i-say-i-do-japans-first-ever-robot-wedding/

78) Cheyenne Macdonald, "Would YOU Marry a Robot? Chinese engineer Gives up on Search for a Spouse and Builds his own 'Wifebot'," Daily Mail, 2017.04.04, http://www.dailymail.co.uk/sciencetech/article-4376804/Engineer-gives-search-spouse-marries-robot.html

79) Olivia Goldhill, "Experts Predict Human-robot Marriage will be Legal by 2050, Quartz, 2016.12.24, https://qz.com/871815/sex-robots-experts-predict-human-robot-marriage-will-be-legal-by-2050/

80) Cheyenne Macdonald, "Would YOU Marry a Robot? Chinese engineer Gives up on Search for a Spouse and Builds his own 'Wifebot'," Daily Mail, 2017.04.04, http://www.dailymail.co.uk/sciencetech/article-4376804/Engineer-gives-search-spouse-marries-robot.html.

81) Lance Ulanoff, "Japan's New Robot Museum Guides are All Too Human," Mashable Australia, 2014.06.25, http://mashable.com/2014/06/24/japans-new-robots-are-scary/

82) Ibid.

83) Ram Mashru, "It's a Girl: The Three Deadliest Words in the World," The Independent Blogs, 2012.01.18, https://web.archive.org/web/20131212 082637/http://blogs.independent.co.uk/2012/01/16/it%E2%80%99s-a-girl-the-three-deadliest-words-in-the-world/

84) Ibid.

85) 로봇 소피아는 대화 중에 62개의 표정을 지을 수 있다. https://youtu.be/5bK zeYO_rCg

86) Leander Kahney, "The New Pet Craze: Robovacs," Wired, 2003.06.16, http://archive.wired.com/science/discoveries/news/2003/06/59249

87) Ibid.

88) "For Anxious Dementia Patients, Robot Pets May be a Solution," Science 2.0, 2013.06.24, http://www.science20.com/news_articles/anxious_dementia _patients_robot_pets_may_be_solution-115320

89) Yaling Chou, "The Changing Social Meanings of Pets and Their Alternative Futures," Journal of Futures Studies (Vol 17, no. 2, 2012). 1-14

90) "Indonesia's Aceh Province Imposes Caning for Gay Sex," The Phuket News, 2014.09.27, http://www.thephuketnews.com/indonesia%E2%80%99s -aceh-province-imposes-caning-for-gay-sex-48910.php

91) Jonathan Tcheng, "A First in Asia: Taiwan to Legalize Same-Sex Marriage," Human Rights Watch, 2017.05.24, https://www.hrw.org/news/ 2017/05/24/first-asia-taiwan-legalize-same-sex-marriage

92) Keoni Everington, "Taiwan's Constitutional Court Rules in Favor of Same-sex Marriage," Taiwan News, 2017.05.24, http://www.taiwannews.com. tw/en/news/3171403

93) Ibid.

94) Ibid.

95) Jamie Merrill, "Gay Rights Storm in Beijing as Senior British Diplomat Marries Boyfriend at Ambassador's Residence," Independent, 2014.09.09, http://www.independent.co.uk/news/world/asia/gay-rights-storm-as-seni or-british-diplomat-marries-boyfriend-at-ambassadors-residence-inbeiji ng-9721502.html

96) Pavan Shamdasani, "Pink dollar App Fights Gay Prejudice," South China Morning Post, M2014.03.14, http://www.scmp.com/lifestyle/arts-culture/ article/1447848/pink-dollar-app-fights-gay-prejudice

97) Connie Levett, "Singapore - The new Mecca for Asia's Pink Dollar," The Age, 2004.08.14, http://www.theage.com.au/articles/2004/08/13/10923404 57194.html

98) "LGBT Pride Events in Singapore," Wikipedia, https://en.wikipedia.org/ wiki/LGBT_pride_events_in_Singapore

99) Fridae Editor, "Foreigners Banned From Singapore Pink Dot," Fridae, 2017.05.15, https://www.fridae.asia/gay-news/2017/05/15/13833.foreigners-banned-from-singapore-pink-dot

100) "Pink Dot 2017: Foreigners Not Allowed to Attend Annual LGBT Pride Event Due to New Changes to Regulation," The Online Citizen, 2017.05.14, https://www.theonlinecitizen.com/2017/05/14/pink-dot-2017-foreigners-not-allowed-to-attend-annual-lgbt-pride-event-due-to-new-changes-to-regulation/

101) Yi Shu Ng, "Foreigners Banned From Singapore's Only Pride Event,"

Mashable Australia, 2017.05.15, http://mashable.com/2017/05/15/pink-dot-foreigners-barred/#Z1EHLBYhaqqi

102) Ibid.

103) Charlie Campbell, "Shari'a Law is Threatening LGBT Rights Across Muslim-majority Souteast Asia," Time, 2014.09.25, https://time.com/3424509/malaysia-transgender-lgtb-sharia-southeast-asia-gay-homosexuality-transexual-transwoman/

104) Web Desk, "Transgenders Have Equal Rights in Pakistan: Supreme Court," The Express Tribune, 2012.09.25, http://tribune.com.pk/story/442151/transgenders-have-equal-rights-in-pakistan-supremecourt/.

105) Jim Dator, Stuart Candy, Jake Dunagan and Aaron Rosa, "What Futures for Families?," Hawaii Research Center for Futures Studies, University of Hawaii, 2007, http://www.futures.hawaii.edu/publications/families/FuturesFamilies2007.pdf

106) "The Flight From Marriage," The Economist, 2011.08.20, http://www.economist.com/node/21526329

107) Ibid.

108) Ibid.

3장

109) Cotterell, Arthur, A History of South East Asia, 2014, Marshall Cavendish Editions, Singapore. p. 59.

110) Ibid.

111) Roku Okada, "Japanese Proverbs and Proverbial Phrases," Japan Travel Bureau, Tokyo, (1955):28; Liwei Jiao and Benjamin Stone, 500 Common Chinese Proverbs and Colloquial Expressions: An Annotated Frequency Dictionary, (Routledge: 2014):380.

112) 가명으로, 본명을 감추었다.

113) "Pakistan Rehman Malik: Passengers Force Ex-minister off Plane," BBC, 2014.09.16, https://www.bbc.com/news/world-asia-29218939

114) "Angry Passengers Stop Former Minister Malik From Boarding Pakistan Airlines Flight... After He Delayed it for Two Hours," Daily Mail, 2014.09.17., http://www.dailymail.co.uk/indiahome/indianews/article-2758349/Angry-passengers-stop-interior-minister-Malik-boarding-Pakistan-airline-flight-videoclip-incident-goes-viral.html

115) Rimmel Mohydin, "Arjumand Hussain Sacked," Newsweek, 2014.10.01, http://newsweekpakistan.com/arjumand-hussain-sacked/

116) Nosheen Abbas, "Pakistan Rehman Malik: Passengers Forse Ex-minister

off Plane," BBC News, 2014.09.16, http://www.bbc.com/news/world-asia-29218939.

117) "Singapore - Companies Urges to Introduce Flexible Work Arrangements to Enhance Productivity," Daily News, 2014.02.26, https://www2.staffingin dustry.com/row.../Editorial/Daily-News/Singapore-Companies-urges-to-i ntroduce-flexible-work-arrangements-to-enhance-productivity-29139

118) Ibid; Susie East, "A six-hour workday7 could be good for you - and your employer," CNN, 2016.11.04, http://edition.cnn.com/2016/11/04/ health/6-hour-workday-sweden-glasgow/index.html

119) Ibid.

120) Wu Soo Mee and Chester Wee, "Singapore Budget 2014: Thought Leadership," EY, N.D., http://www.ey.com/SG/en/Services/Tax/EY-singapore-budget-thought-leadership-workplace-flexibility. 2020.12.06 일 현재 조회되지 않음

121) Liau Y-Sing, "Mothers Wanted Back in Workforce as Malaysia Seeks Growth," Bloomberg, 2014.08.20, https://www.bloomberg.com/news/ articles/2014-08-19/malaysia-seeks-to-draw-women-back-to-work-sou theast-asia

122) Geetha Subramaniam, Balasundram Maniam and Ershad Ali, "Can Workplace Flexibility Have an Effect on Women's Lifestyles and Work-life Balance?," International Journal of Business 11, no. 4, (2011.07), https://law-journals-books.vlex.com/vid/workplace-flexibility-lifestyles-balance-336268194

123) Megha Bahree, "Work Life Balance: A Challenge for Both Genders in Asia," The Wall Street Journal, 2017.05.17, http://blogs.wsj.com/indiarealtime/ 2012/05/17/work-life-balance-a-challenge-for-both-gendersin-asia/.

124) "50% of Indian Employees are Satisfied With Salary But Not With the Job," Times Business Solutions, 2014.07.03, http://www.tbsl.in/?p=2131.

125) "Takeaways From the eorld Futures Learning Lab, Malaysia," Engagedforesight, 2014.07.01, https://www.engagedforesight.com/takeaways-from-the-world-futures-learning-lab-malaysia/

126) The workshop was organized by UNESCO in cooperation with Thinkcity and the World Futures Studies Federation on city futures in Penang March 31-April 1, 2013.

127) Universiti Teknikal Malayisa Melaka, "Strategic Plan 2012-2020," N.D., http://vc.utem.edu.my/download/Buku_Pelan_Strategik2012-2020.pdf

128) Markus Waibel, "Surveillance Robot Chases Late Workers," Robots Podcast, 2008.07.18, http://www.robotspodcast.com/forum/viewtopic. php?f=16&t=93. 2020.12.06일 현재 조회되지 않음

129) dedi.r, "The Debate of Workplace Surveillance," Testbig, 2014.09.27, https://www.testbig.com/others-essays/debate-workplace-surveillance

130) Organized by Oxfam, Chulalongkorn University (Thailand) and the Lew Kuan Yew School of Public Policy (Singapore)

4장

131) "About Khan Academy," Khan Academy, N.D., https://www.khanacademy.org/about.

132) "About Program for International Student Assessment," OECD, N.D., http://www.oecd.org/pisa/aboutpisa/

133) "Asian Countries Top OECD's Latest PISA Survey on Sate of Global Education," OECD, 2013.12.03, https://www.oecd.org/newsroom/asian-countries-top-oecd-s-latest-pisa-survey-on-state-of-global-education.htm

134) "About Program for International Student Assessment," OECD, N.D., http://www.oecd.org/pisa/aboutpisa

135) "East Asia Again Leads PISA Survey," VOA News, 2017.02.28, https://learningenglish.voanews.com/a/singapore-east-asia-leaders-in-science-and-math-according-to-2015-pisa-resulst/3743918.html

136) "What's New," OECD, N.D., http://gpseducation.oecd.org/Home

137) PISA, "PISA Results in Focus," OECD, 2015, https://www.oecd.org/pisa/pisa-2015-results-in-focus.pdf

138) Harry Anthony Patrinos, "East Asia's Success is no Miracle, and no Secret at all, It is a Result of Hard Work and Good Policy," Harry Patrinos, 2017.02.13, https://hpatrinos.com/2017/01/13/east-asias-success-is-no-miracle-and-no-secret-at-all-it-is-a-result-of-hard-work-and-good-policy/

139) M. Niaz Asadullah and Liyanage Devangi Perera, "Guest Blog: Vietnam's PISA Surprise; It's Not About the Resources," Young Lives, 2015.11.02, https://www.younglives.org.uk/content/guest-blog-vietnam%E2%80%99s-pisa-surprise-its-not-about-resources

140) Nick Gibb M.P., "Rote Learning will Bring Pupils 'on Par With Peers in Far East'," The Telegraph, 2014.02.18, https://www.telegraph.co.uk/education/educationopinion/10645954/Rote-learning-will-bring-pupils-on-par-with-peers-in-Far-East.html.

141) Emma Vanbergen, "Shanghai PISA Pupils: 'They're Not Super Clever - Just Study machines'," The Telegraph, December 4, 2013.12.04, https://www.telegraph.co.uk/news/worldnews/asia/china/10496039/Sha

nghai-PISA-pupils-Theyre-not-super-clever-just-study-machines.html
142) Ibid.
143) Ibid.
144) Anne McElvoy, "Asia's Classrooms Have So much to Teach us," The Telegraph, 2015.07.26, https://www.telegraph.co.uk/education/educationopinion/11763112/Asias-classrooms-have-so-much-to-teach-us.html
145) Ibid; "OECD iLibrary Index," OECD iLibrary, N.D., http://www.keepeek.com/Digital-Asset-Management/oecd/education/measuring-innovation-in-education/country-index_9789264215696-26-en#page1; "Measuring Innovation in Education: A New Perspective," OECD iLibrary, N.D., http://www.oecdilibrary.org/education/measuring-innovation-in-education/country-index_9789264215696-26-en;jsessionid=5k3k6tr14hl3f.x-oecd-live-02.
146) Dyna Rochmyaningsih, "OECD Ranks Indonesia No.2 in Education Innovation," Sci Dev Net, 2014.06.28. https://www.scidev.net/asia-pacific/education/news/oecd-ranks-indonesia-no-2-in-education-innovation.html
147) Ingvi Hrannar, "14 Things That are Obsolete in 21st Century Schools," ingvirhrannar.com, 2014.02.26. http://ingvihrannar.com/14-things-that-are-obsolete-in-21st-century-schools/
148) "Future Work Skills 2020," Insititute for the Future, N.D. https://www.iftf.org/futureworkskills/
149) Adrianne Bibby, "11 Skills You'll Need in the Future Workplace," Flexjobs, 2017.02.05. https://www.flexjobs.com/blog/post/skills-need-future-workplace/
150) Matthew Tarpey, "The Skills You Need for the Jobs of the Future," Career Builder, 2017.02.16. https://www.careerbuilder.com/advice/the-skills-you-need-for-the-jobs-of-the-future
151) Alex Gray, "The 10 Skills You Need to Thrive in the Fourth Industrial Revolution," World Economic Forum, 2016.01.19. https://www.weforum.org/agenda/2016/01/the-10-skills-you-need-to-thrive-in-the-fourth-industrial-revolution/
152) "Chung Hwa Middle School - 90 Years Old," The Daily Brunei Resources, 2012.10.12. http://bruneiresources.blogspot.com/2012/10/chung-hwa-middle-school-90-years-old.html
153) "Chung Hwa Middle School - Home Page," chunghwa.edu.bn, N.D., http://home.chunghwa.edu.bn/
154) Editors, "Microsoft Names Leading Education Innovators in Asia-Pacific," eGov Innovation, 2014.11.09. https://www.flexlearnstrategies.net/microsoft-

names-leading-education-innovators-in-asia-pacific/

155) Ibid.

156) "IAF Homepage," IAF, N.D., http://www.iaf-world.org/IAFWorldwide/ Asia/AsianFacilitatorNetworks.aspx

157) See Sohail Inayatullah, ""Universities in Malaysia in Transformation," Journal of Futures Studies 17, no. 2 (December 2012): 111-124. Also Sohail Inayatullah and Ivana Milojevic, "Augmented Reality, the Murabbi and the Democratization of Higher Education: Alternative Futures of Higher Education in Malaysia," On the Horizon 22, no. 2 (2014): 110-126.

158) See Sohail Inayatullah, "Universities in Malaysia in Transformation," Journal of Futures Studies 17, no. 2 (December 2012): 122

159) Ali Shah, "A Fortnight of Foresight," Metafuture, http://www.metafuture. org/COMSTECH_A%20Fortnight%20of%20Foresight.pdf.

160) Ng Jing Yng, "Our Singapore Conversation Themes Identified, Dialogue to Continue," Today Online, 2013.06.15, http://www.todayonline.com/ singapore/themes-identified-spore-conversationcould-continue. And: "Our Singapore Conversation Survey Findings," Ministry of Communications and Information, Singapore Government, N.D., https://www.reach.gov.sg/read/our-sg-conversation. See also the full report "Our Singapore Conversation Survey, Ministry of Communications and Information, Singapore Government, N.D., https:// www.reach.gov.sg/~/media/oursingaporeconversation/fullreportofoursgc onversationsurvey.pdf?la=en.

161) "Resilient Cities, Brighter Futures," UNESCO, 2014.05, https://en.unesco. org/events/resilient-citiesbrighter-futures. 2020.08.20 접근. The conference design, however, understanding the importance of not going too far in the future ensured that the first day was focused on expert lectures. Day 2 and 3 were interactive participant based workshops.

162) "Meeting Documents, Education Beyond 2015," UNESCO, October, 2013, https://unesdoc.unesco.org/ark:/48223/pf0000231217. 2020.08.20 접근

163) 학생중심으로의 전환이 성공하지 못한 이유는 교사의 저항이 있었기도 하나, 학생 중심의 학습이 아시아의 맥락에 기반해서 수행되어야 할 필요가 있다는 주장도 있 다. 이에 대해서는 Thanh Pham Thi Hong의 논문을 참고하라. "Issues to consider when implementing student-centred learning practices at Asian higher education institutions," Journal of Higher Education Policy and Management 33, no. 5 (2011). 이외에 다음의 논문도 참고가 될 것이다. Thanh Thi Hong Pham and Peter Renshaw, "How to enable Asian teachers to empower students to adopt student-centred learning,"

Australian Journal of Teacher Education 38, no. 11 (2013): 65-85, http://ro.ecu.edu.au/cgi/viewcontent.cgi?article=2134&context=ajte. 2020.08.20 접근

164) "Has the Flipped Classroom Already Become the Norm?" Panopto, 2015.03.31, https://www.panopto.com/blog/has-the-flipped-classroom-already-become-the-norm/; "Universities Adopting 'Flipped Classroom' Learning," Opinion, 2015.06.13, https://www.straitstimes.com/opinion/universities-adopting-flipped-classroom-learning; Kevin Oleksy, "Flipped Classroom Empowers students," Rapid City Journal, September 23, 2014, https://rapidcityjournal.com/community/chadron/schools/flipped-classroom-empowers-students/article_de88452a-4355-11e4-bf8c-9b7c00e339ea.html

165) Marc R, Prensky, Teaching Digital Natives: Partnering for Real Learning. 1st edition (Thousand Oaks, California: Corwin, 2010). In contrast are universities which are "future avoiders". See: Sohail Inayatullah, "Future Avoiders, Migrants and Natives," Journal of Futures Studies 9, no. 2 (2004.12): 83-87. Translated in Mandarin for Tamkang News (2004.12): 2.

166) Working group on the Futures of Teaching and Learning facilitated by Shakil Ahmed. OIC Comstech course with BRAC University. September 21-24, Dhaka, Bangladesh. Notes from Shakil Ahmed. shakilahmed84 @gmail.com. Email 2020.08.20

5장

167) https://educalingo.com/en/dic-ms/jalan 2020.08.26 접속
168) "China Tourism," Travel China Guide, N.D., https://www.travelchinaguide.com/tourism/ 2020.08.26 접속
169) Ibid.
170) Ibid
171) Ibid
172) Ed Fuller, "How India has become a booming supplier of outbound tourists," Forbes, 2017.03.14. https://www.forbes.com/sites/edfuller/2017/03/14/ignore-india-at-your-peril/#650fddc42258. 2020.08.26 접속
173) Ibid
174) Ibid
175) Elizabeth Becker, "Only Governments Can Stem the Tide of Tourism Sweeping the Globe," The Guardian, 2017.08.06. https://www.theguardian.com/commentisfree/2017/aug/05/only-governments-can-stem-tide-of-t

ourism-sweeping-the-globe 2020.08.26 접속

176) Email 인터뷰. 2014.09.04.; 박성원 박사는 2020년 8월 현재 현재 국회미래연구원 연구위원으로 재직중이다.

177) Ibn Battuta, Travels in Asia and Africa: 1325-1354. London, Routledge and Kegan Paul, 1929.

178) WEF, "The Fourth Industrial Revolution, by Klaus Schwab," World Economic Forum, N.D.,https://www.weforum.org/about/the-fourth-industrial-revolution-by-klaus-schwab. 2020.08.26 접속

179) James Dator and Yongsok Seo, "Korea as the Wave of the Future: The Emerging Dream Economy of Icons and Aesthetic Experience," Journal of Futures Studies 9, No.1 (August 2004): 31-44.

180) Rolf Jensen, The Dream Society: How the coming shift from information to imagination will transform your business. New York, McGraw-Hill, 1999, vii.

181) Ibid

182) Rolf Jensen, The Dream Society: How the coming shift from information to imagination will transform your business. New York, McGraw-Hill, 1999, vii: 121

183) Douglas McGray, "Japan's National Cool," Foreign Policy, N.D., https://foreignpolicy.com/2009/11/11/japans-gross-national-cool/ 2020.08.26 접속

184) "Index Ranks Japan Asia's Most Efficient Innovator," Inquirer.net, 2014.09.12. http://globalnation.inquirer.net/111034/index-ranks-japan-asias-most-efficient-innovator#ixzz50LQJiFVU. 2020.08.26 접속. In the innovation ranking, Japan and South Korea rank ahead of the USA.

185) https://www.connectedtoindia.com/singapore-ranked-8th-in-global-innovation-index-report-5895.html. 2020.08.26 접속

186) Dominique Strauss-Kahn, "A Leadership Role for Asia in Reshaping the Post-Crisis Global Economy," International Monetary Fund, 2009.11.13, https://www.imf.org/en/News/Articles/2015/09/28/04/53/sp111309 2020.08.26 접속

187) Sohail Inayatullah, "Emerging World Scenario Triggered by the Global Financial Crisis," World Affairs: The Journal of International Issues 14, No 3 (2010): 48-69.

188) John McKay, "The Asian 'Miracle' After the Global Financial Crisis: Some Lessons for Africa," The Brenthurst Foundation, 2010.07, http://www.thebrenthurstfoundation.org/workspace/files/asian-miracle.pdf. 2020

189) Jonathan Kirshner, "Geopolitics after the Global Financial Crisis," September 3, 2014, https://www.files.ethz.ch/isn/187867/ISN_183303_

en.pdf 2020.08.26 접속

190) "Sharp Growth for Inbound Tourism to Souteast Asia," (Datagraphic), Euromonitor International, January 18, 2014, http://blog.euromonitor. com/2014/01/datagraphic-sharp-growth-for-inbound-tourism-tosouthe ast-asia.html 2020.08.26 접속

191) Ara Pachmayer, "Tourism in East Asia" Slideshare, 2013.05.16, http://www. slideshare.net/brittneycunningham/lecture-11-tourism-in-east-asia. 2020.08.26 접속. China is considered the third most visited nation in the world.

192) "Asia's Global Travel Boom," BBC, 2014.01.30, http://www.bbc.com/ news/world-asia-24481410 2020.08.26 접속

193) "China Tourism," Travel China Guide, N.D., https://www.travelchinaguide. com/tourism/2012statistics/outbound.htm 2020.08.26 접속

194) "Chinese Outbound Tourism Remains on Track to Reach 200 Million by 2020. CLSA Survery Indicates Travellers Focused on Cultural destinations Rather Than Shopping," CLSA, 2016.01.19, https://www.clsa.com/chinese-outbound-tourism-remains-on-track-to-reach-200-million-by-2020-clsa-survey-indicates-travellers-focused-on-cultural-destinations-rather-tha n-shopping/ 2020.08.26 접속

195) "Dorjee Sun," Featured Young leaders, September 6, 2015, http://www.futureyoung leaders.org/featured-young-leaders/dorjee-sun

196) Email 인터뷰. 2014.09.07

197) 모바일 게임은 지속적으로 성장할 것으로 보인다. 이미 아시아에서만 모바일 게임 은 210억 달러의 산업으로 발전했다. 몇 년 안에 시장규모가 300억불로 성장할 것 으로 기대된다. Jeff Grubb, "Analyst: Mobile-gaming Revenues will Surpass $21B in 2014 With—Guess Who?—Asia Leading the Way," VB, September 4, 2014, http://venturebeat.com/2014/09/04/analyst-mobile-gaming-revenues-will-surpass-21b-in-2014-with-asia-leading-the-way 2020.08.26 접속

198) Tadashi Nezu, "Samsung Virtual Reality Headset Wows Tokyo Game Show," Nikkei Asian Review, Semptember 19, 2014, https://asia.nikkei.com/ Business/Samsung-virtual-reality-headset-wows-Tokyo-Game-Show 2020.08.26 접속

199) C. Custer, "Oculus Rift Preorders Available in Taiwan and Japan, but Cost a Small Fortune," Techinasia, 2016.01.07, https://www.techinasia.com/ oculus-rift-preorders-taiwan-japan-cost-small-fortune

200) 영국의 파키스탄계 미래학자인 지우아딘 사다르(Ziuadin Sardar)가 여러 곳에서 주장한 것으로, 노인을 공경하는 것은 그 노인이 멍청하지 않은 경우에만 유의미하 다(개인 메일에). 이나야툴라 교수의 '정책수립과 미래' 과목을 수강하는 대만 탐캉

대 학생은 노령화 사회에 대한 대응으로 노인이 죽어서 사라지는 시나리오를 제시했다. 이에 대하 이나야툴라 교수가 놀라자, 이 학생들은 노인은 대안적 미래를 만들어가는 데 부담이 되며, 따라서 노인을 공경하는 것에는 제한이 있어야 한다고 주장했다.

201) James Dator, "The Protestant Ethic in Japan," The Journal of Developing Areas (October 1966).

202) 이들은 쉽게 상처받는다는 면에서 스트로베리 세대라고도 불리운다. SGeraldine Mark and Lim Yufan, "A Soft Y Generation?," The New Paper, 2012.05.16., http://www.asiaone.com/print/News/Latest%2BNews/Singapore/ Story/A1Story20120515-345887.html 2020.08.26 접속

203) "Cultural Creatives and the emerging Planetary Wisdom Culture," culturalcreatives.org, 2017, http://culturalcreatives.org/. Also see: Hardin Tibbs, "Changing Cultural Values and the Transition to Sustainability," Journal of Futures Studies 15, no. 13 (2011): 13 - 32.

204) "The Full Lotus" The Economist, November 14, 2014, http://www.economist.com/ news/asia/21632648-smaller-government-thats-stretch-full-lotus

205) Ibid

6장

206) Rosamma Thomas, "Bishnois Step in to Quench Thirst of Deer," The Times of India, 2017.05.08, https://timesofindia.indiatimes.com/city/ jaipur/bishnois-step-in-to-quench-thirst-of-deer/articleshow/58578945. cms

207) Mohammed Iqbal, "Bishnoi farmers Fill Troughs of Water for Deer," The Hindu, May 9, 2017, http://www.thehindu.com/news/national/other-states/bishnoi-farmers-fill-troughs-of-water-for-deer/article18415808.ec e, Rosamma Thomas, "Bishnois Step in to Quench Thirst of Deer," The Times of India, May 8, 2017, http://timesofindia.indiatimes.com/city/ jaipur/bishnois-step-in-to-quench-thirst-of-deer/articleshow/58578945. cms.

208) Michael Tobias, "Desert Survival by the Book," New Scientist, 17 December 1988: 31, https://books.google.com.bn/books?id=PfHEmTgm HacC&pg=PA31&dq=bishnoi&hl=en&sa=X&redir_esc=y#v=onepage&q=bi shnoi&f=false.

209) P SivaRam, "Community Initiatives in Environment Manafement - A Case Study of Bishnois in Jodhpur District," National Institute of Rural Development & Panchayati Raj, http://www.panchayatgyan.gov.in/ documents/30336/0/4.+Article.+Bishnois.pdf/af465a78-dab9-403f-a2f7-

4949644848b8.
210) Mohammed Iqbal, "Bishnoi farmers Fill Troughs of Water for Deer," The Hindu, 2017.05.09, http://www.thehindu.com/news/national/other-states/bishnoi-farmers-fill-troughs-of-water-for-deer/article18415808.ece
211) "The Bishnois are Practicing Naturalists!," Good News India, 2000.10, http://www.goodnewsindia.com/Pages/content/traditions/bishnoi.html
212) Michael Tobias, "Desert Survival by the Book," New Scientist, 17 December 1988: 31, https://books.google.com.bn/books?id=PfHEmTgmHacC&pg=PA31&dq=bishnoi&hl=en&sa=X&redir_esc=y#v=onepage&q=bishnoi&f=false.
213) Blaine O'Neill, "Bishnoi Villagers Scarifice Lives to Save Trees, 1730," Global Nonviolent Action Database, 2010.12.12, https://nvdatabase.swarthmore.edu/content/bishnoi-villagers-sacrifice-lives-save-trees-1730
214) Ibid
215) Clifton Flynn, "Social Creatures: A Human and Animal Studies Reader," Google Books, https://books.google.com.bn/books?id=d6nT4VGleOEC&pg=PA91&lpg=PA91&dq=jamsagar+jamboje&source=bl&ots=w-7vaHubgdt&sig=exNv6Uj12kQw2UE__F7GkllZPaE&hl=en&sa=X&redir_esc=y#v=onepage&q=jamsagar%20jamboje&f=false.
216) Ibid
217) Robin McKie, "Global Warming to Hit Asia Hardest, Warns New Report on Climate Change," The Guardian, 2014.03.23, https://www.theguardian.com/environment/2014/mar/22/global-warming-hit-asia-hardest
218) United Nations, "Climate Change and the Most Vulnerable Countries: An Imperative to Act" (Background paper, UN General Assembly, July 8, 2008), United Nations, 2008.07, https://www.un.org/en/ga/president/62/pdf/letters/20080701-climatechange.pdf.
219) OECD, "Ranking of the World's Cities Most Exposed to Coastal Flooding Today and in the Future," OECD, 2007.12.04, http://www.oecd.org/environment/cc/39729575.pdf
220) Ibid
221) Michael Richardson, "Rising Sea Levels: Stakes High for Port Cities," Wild Singapore News, 2008.09.15, http://wildsingaporenews.blogspot.com/2008/09/rising-sea-levels-stakes-high-for-port.html.
222) OECD, "Ranking of the World's Cities Most Exposed to Coastal Flooding Today and in the Future," OECD, 2007.12.04, http://www.oecd.org/environment/cc/39729575.pdf.
223) Michael Richardson, "Rising Sea Levels: Stakes High for Port Cities," Wild Singapore News, 2008.09.15, http://wildsingaporenews.blogspot.

com/2008/09/rising-sea-levels-stakes-high-for-port.html

224) OECD, "Ranking of the World's Cities Most Exposed to Coastal Flooding Today and in the Future," OECD, 2007.12.04, http://www.oecd.org/environment/cc/39729575.pdf.

225) "Unchecked Climate Change = 125 Million Refugees in South Asia," Greenpeace, 2008.03.28, http://www.greenpeace.org/international/en/news/features/climate-change-refugees-india-280308/.

226) "Climate Change and Health," World Health Organisation, 2018.02, https://www.who.int/news-room/fact-sheets/detail/climate-change-and-health

227) "Climate Change and Human Health in Asia and the Pacific: From Evidence to Action," (Report fo the Regional Workshop, Bali, Indonesia, 10-12 December, 2007), World Health Organisation, 2008.12, https://www.who.int/publications/i/item/climate-change-and-human-health-in-asia-and-the-pacific-from-evidence-to-action

228) Ibid

229) Henrik Urdal, "Demographic Aspects of Climate Change, Environmental Degradation and Armed Conflict," Centre for the study of Civil War, The International Peace Research Institute, Norway, in Population Distribution,Urbanization, Internal Migration and Development: An International Perspective, (United Nations,2011):243, https://www.un.org/development/desa/pd/sites/www.un.org.development.desa.pd/files/unpd_egm_200801_demographic_aspects_of_climate_change_urdal.pdf

230) Environmental Justice Foundation, 2014.

231) Henrik Urdal, "Demographic Aspects of Climate Change, Environmental Degradation and Armed Conflict," Centre for the study of Civil War, The International Peace Research Institute, Norway, in Population Distribution,Urbanization, Internal Migration and Development: An International Perspective, (United Nations,2011):243, https://www.un.org/development/desa/pd/sites/www.un.org.development.desa.pd/files/unpd_egm_200801_demographic_aspects_of_climate_change_urdal.pdf

232) Ibid

233) IEA, "Southeast Asia energy Outlook, 2015," International Energy Agency, 2015 https://webstore.iea.org/weo-2015-special-report-southeast-asia-energy-outlook

234)

235) Todd Woody, "Carbon Catastrophe: Asia Pacific Nations will Concsume More than Half the World's Energy by 2035," Quartz Media, 2013.10.14, https://qz.com/135082/asia-pacific-nations-will-consumemore-than-hal

f-the-worlds-energy-by-2035/

236) United Nations, "Climate Change and the Most Vulnerable Countries: An Imperative to Act" (Background paper, UN General Assembly, 2008,07.08), United Nations, 2008.07, http://www.un.org/ga/president/62/ThematicDebates/ccact/vulnbackgrounder1July.pdf

237) "Climate Change and Health," World Health Organisation, 2017.07, http://www.who.int/mediacentre/factsheets/fs266/en/

238) Arnold Toynbee, A Study of History, London, Oxford, 1972

239) Damian Carrington, "Can Narendra Modi Bring the Solar Power Revolution to India?," The Guardian, 2014.09.30, http://www.theguardian.com/environment/2014/sep/30/-sp-narendra-modi-india-solar-renewables-energy

240) Joshua Hill, "China Installed 34 Gigawatts of New Solar PV in 2016, Says NEA," Clean Technica, 2017.02.18, https://cleantechnica.com/2017/01/18/china-installed-34-gw-new-solar-pv-2016-nea

241) "China to Close Nearly Two Thousand Small Coal Mines," Reuters, 2014.04.04, https://www.reuters.com/article/china-coal/china-to-close-nearly-two-thousand-small-coal-mines-idUSL4N0MW2OJ20140404

242) Office of the Press Secretary, "U.S.-China Joint Announcement on Climate Change," The White House, 2014.11.11, http://www.whitehouse.gov/the-press-office/2014/11/11/us-china-joint-announcement-climate-change

243) "Green Cities," Asian Development Bank, N.D., http://www.adb.org/green-cities/index.html

244) Ibid

245) Sohail Inayatullah, "Visions and Scenarios for Democratic Governance in Asia 2030" (Report prepared for Oxfam), Metafuture.org, 2013, https://wfsf.org/scenarios-for-democratic-governance-2030-sohail-inayatullah-2013/

246) "Signals of Change Articles" [database], Forum for the Future, N.D., https://www.forumforthefuture.org/blogs/signals-of-change

247) See, for example, the Association of Academies of Sciences in Asia, Towards a Sustainable Asia: Green transition and innovation (Beijing: Science Press Beijing, 2011).

248) Sohail Inayatullah, Pushpita Alam, Shakil Ahmed, Susan David and Syed Hashemi, "Alternative futures of BRAC University," On the Horizon 21, no. 4 (2013): 275-285.

249) Sohail Inayatullah, Futures Studies in Asia: Players and Institutions (Report for the Third Global Knowledge Conference), Kuala Lumpur, December 2007. Funded by the Swiss Development and Cooperation,

Agency. Available from www.metafuture.org

250) BFI, Brunei Futures Initiative, 2017, www.bfi.org.bn; Agahi, Pakistan Foresight Initiative, 2017, http://www.agahi.org.pk/foresightlab

7장

251) "Shi Yigong," Center for China & Globalization, N.D., http://en.ccg.org.cn/html/about/2428.html

252) "Shi Yigong," Center for China & Globalization, N.D., Jiaming Sun and Scott Lancaster, "Chinese Globalization: A Profile of People-Based Global Connectionsin China," Google Books, N.D.: 151-153, https://books.google.com.au/books?id=jgMnLLmLNWYC&pg=PA152&lpg=PA152&dq=dr+shi+princeton+china&source=bl&otsGcP0C_oxai&sig=zk5ZGAbb-Ss-2g8Ys-jc5GOX6270&hl=en&sa=X&ved=0ahUKEwjEyI36uf3TAhUGzLwKHY9NCmsQ6AEIRjAH#v=onepage&q=dr%20shi%20princeton%20china&f=false.

253) "Curriculum Vitae, Ygong Shi," Tsinghua University, December 2010, http://ygshi.life.tsinghua.edu.cn/CV_YigongShi.pdf

254) Jiaming Sun and Scott Lancaster, "Chinese Globalization: A Profile of People-Based Global Connections in China," Google Books, N.D.: 151-153, https://books.google.co.kr/books?redir_esc=y&id=LdrexyRtc4wC&q=yigong+shi#v=snippet&q=yigong%20shi&f=false

255) Ibid

256) Sharon La Franiere, "Fighting trend, China is Luring Scientists Home," New York Times, 2010.01.06, http://www.nytimes.com/2010/01/07/world/asia/07scholar.html

257) Ibid

258) Ibid

259) Ibid

260) Ibid

261) Ibid

262) Sun and Lancaster, Chinese Globalization, 152

263) La Franiere, "Fighting trend, China is Luring Scientists Home," New York Times, January 6, 2010, http://www.nytimes.com/2010/01/07/world/asia/07scholar.html

264) Ibid

265) "Singapore Implements Scheme to Bring Home Top Scientists," Asian Scientist, 2013.10.29, https://www.asianscientist.com/2013/10/topnews/singapore-implements-scheme-bring-home-top-scientists-nrf-riec-2013/

266) Reinhilde Veugelers, "Rise of Scientific Powerhouses Not Stemming PhD Outflow," University World News, 2013.05.25, http://www.universityworldnews. com/article.php?story=2013051710525761

267) Susan Forbes Martin, "Women and Migration" (United Nations Division for the Advancement of Women (DAW) Consultative Meeting on 'Migration and Mobility and How this Movement Affects Women', Malmö, Sweden, 2003.12.02~04), United Nations, 2004.01.14, http://www.un.org/ womenwatch/daw/meetings/consult/CM-Dec03-WP1.pdf

268) Gloria Chammartin, "Global Perspective: The Feminization of International Migration," International Migration Programme, ILO, N.D., http://library. fes.de/pdf-files/gurn/00072.pdf

269) Ivana Milojević, "Alternative Futures of Globalization: Globotech versus Ecarmony." Journal of Futures Studies 5, no. 4 (2001): 65-78, http://jfsdigital. org/wp-content/uploads/2014/06/054-A04.pdf

270) Bandita Sijapati, Women's Labour Migration from Asia and the Pacific: Opportunities and Challenges, IOM, 2015.

271) Ibid

272) Karen Glichrist, "Italy is Giving Away Over 100 Castles for Free - There's Only One Catch," CNBC, 2017.05.18, https://www.cnbc.com/ video/2017/05/19/italy-is-giving-away-over-100-castles-for-free-theres -only-one-catch.html

273) Considered the top Asian city on the Mercer Quality of Life Index. Deborah Jacobs, "The Best Foreign Retirement Havens," Forbes, November 21, 2012, http://www.forbes.com/sites/deborahljacobs/2012/ 11/21/the-best-foreign-retirement-havens/

274) Stephen Dinan, "U.S. Immigaration From Souteast Adia, Middle East Skyrockets," The Washington Times, 2014.09.25, https://www.washingtontimes. com/news/2014/sep/25/us-immigration-southeast-asia-middle-east-sky rocke/

275) Department of Economic and Social Affairs, "International Migration report, 2015," United Nations, 2016, http://www.un.org/en/development/ desa/population/migration/publications/migrationreport/docs/Migratio nReport2015_Highlights.pdf

276) Nicola Piper, "New Perspectives on Gender and Migration: Livelihood, Rights and Entitlements," United Nations Research Institute for Social Development, 2007. https://www.unrisd.org/80256B3C005BCCF9/(http Publications)/8F874541B75E2B08C12573AD004B1675

277) "Largest Increase in International Migrants in Asia: UN Report," NDTV, 2013.09.12, http://www.ndtv.com/world-news/largest-increase-in-international-

migrants-in-asia-un-report-534388

278) Department of Economic and Social Affairs, "International Migration report, 2015," United Nations, 2016, http://www.un.org/en/development/desa/population/migration/publications/migrationreport/docs/Migratio nReport2015_Highlights.pdf

279) Ibid

280) Ibid

281) Ibid

282) Ibid

283) Ibid

284) Stephen Castles and Mark Miller, "Migration in the Asia-Pacific Region," Migration Policy Institute, 2009.07.10, http://www.migrationpolicy.org/article/migration-asia-pacific-region

285) Jon Gorvett, "Souteast Asia Woos the World," New York Times, January 26, 2010, http://www.nytimes.com/2010/01/22/greathomesanddestinations/22iht-remalay.html?pagewanted=all&r=0

286) Justin Harper, "British Retirees Flock to South-east Asia," The Telegraph, 2013.01.02, http://www.telegraph.co.uk/finance/personalfinance/expat-money/9775258/British-retirees-flock-to-south-east-Asia.html

287) Katie Holliday, "For Western Retirees, The Asian Lure is Hard to Resist," CNBC, 2013.10.02, http://www.cnbc.com/2013/10/02/for-western-reti rees-the-asian-lure-is-hard-to-resist.html

288) Department of Immigration and Emigration, Sri Lanka, "My Dream Home Visa Programme," Sri Lankan Government, 2017, http://www.immigration. gov.lk/web/index.php?option=com_content&id=156&Itemid=199

289) "The World's Best Places to Retire in 2017," International Living, January 1, 2017, https://www.nextavenue.org/10-best-places-world-retire-2017/

290) Kathleen Peddicord, "The Perks of Retirement in Thailand and The Philippines," U.S. News, 2014.09.30, https://money.usnews.com/money/blogs/on-retirement/2014/09/30/the-perks-of-retirement-in-thailand-a nd-the-philippines

291) Nick Martindale, "The End Game," European Pensions, 2012.10, http://www.europeanpensions.net/ep/the-end-game.php

292) Hester Plumridge, "Europe's Pension Crisis yet to Come of Age," The Wall Street Journal, 2012.06.07, https://www.wsj.com/articles/SB1000142 405270230329660457745048394638736

293) Ibid

294) Ed West and Fraser Nelson, "The Strange Death of the British Middle Class," The Spectator, 2013.08.24, https://www.spectator.co.uk/article/the-

strange-death-of-the-british-middle-class

295) Ibid

296) Hester Plumridge, "Europe's Pension Crisis yet to Come of Age," The Wall Street Journal, 2012.06.07, https://www.wsj.com/articles/SB100014 24052702303296604577450483946387736

297) "Rise of Asian Managers Means it's End of the Line for Expats," The Australian, 2012.03.28, http://www.theaustralian.com.au/business/wall-street-journal/rise-of-asian-managers-means-its-end-of-theline-for-ex pats/news-story/689d71583cd4a08e41b7b1206865a51d?nk=f7bec44e1a2 d24914811820331c2cc3a-1495274288

298) OECD, "The Future of International Migration to OECD Countries," OECD, 2009, p. 14, https://www.oecd.org/publications/the-future-of-international-migration-to-oecd-countries-9789264064126-en.htm

299) "Unchecked Climate Change = 125 Million Refugees in South Asia," Greenpeace, 2008.03.28, http://www.greenpeace.org/international/en/ news/features/climate-change-refugees-india-280308/

300) Maryam Omidi, "Maldives Sends Climate SOS with Undersea Cabinet," Reuters, October 17, 2009. http://www.reuters.com/article/us-maldives -environment-idUSTRE59G0P120091017

301) Rebecca Boyle, "Population of The Maldives Could Move to Australia," Australian Popular Science, January 11, 2012, https://www.smh.com.au/ environment/climate-change/climate-change-castaways-consider-move -to-australia-20120106-1pobf.html

8장

302) "About AFC," Asian Football Confederation, 2017, https://www.the-afc.com/ afc-home/about-afc/overview/

303) Peter Ho, "Singapore's Success Depends on Not Being Afraid to Change," Today Online, 2017.05.18, http://www.todayonline.com/commentary/ spores-success-depends-not-being-afraid-change

304) Ibid

305) Patrick Barron, "Subnational Conflict: The Dark Underbelly of a Rising Asia," The Asia Foundation, 2014.08.06, http://asiafoundation.org/2014/ 08/06/subnational-conflict-the-dark-underbelly-of-a-rising-asia/

306) "Aiding Asia: The Challenge of Subnational Conflict," Overseas Development Institute, 2013.07.03, https://www.odi.org/events/3257-aiding-asia-challenge-subnational-conflict

307) Patrick Barron, "Subnational Conflict: The Dark Underbelly of a Rising

Asia," The Asia Foundation, 2014.08.06, http://asiafoundation.org/2014/ 08/06/subnational-conflict-the-dark-underbelly-of-a-rising-asia/

308) "Aiding Asia: The Challenge of Subnational Conflict," Overseas Development Institute, 2013.07.03, https://www.odi.org/events/3257-aiding-asia-challenge-subnational-conflict

309) Neil Bhatiiya, "Subnational Conflict and the International Community: The Limits of Aid in a Warzone," The Century Foundation, 2013.06.19, https://tcf.org/content/commentary/subnational-conflict-and-the-international-community-the-limits-of-aid-in-a-warzone/

310) Howard Steven Freidman, "China's Dependency-Ratio Turning Point," Huffpost, 2014.09.09, https://www.huffingtonpost.com/howard-steven-friedman/chinas-dependency-ratio-t_b_5813344.html

311) "China's Achilles Heel," The Economist, 2012.04.21, www.economist.com/node/ 21553056

312) "A Tale of Three Islands," The Economist, 2011.10.19, http://www.economist. com/node/21533364

313) Howard French, "China Scrambles for Stability as Its Workers Age," New York Times, 2007.03.22, http://www.nytimes.com/2007/03/22/world/asia/ 22china.html?pagewanted=all&_r=0

314) "East Asia's Aging Working Populations Could Shrink 15 Percent by 2040: World Bank, Reuters, 2015.11.09, http://www.reuters.com/article/ us-asia-economy-aging-idUSKBN0TS0Q320151209

315) "The European Higher Education Area and the Bologna Process," European University Association, 2017, http://www.ehea.info

316) Singapore is likely a perfect centre as it gives a strong role in protecting intellectual property. "Singapore's IP Ranking," Intellectual Property Office of Singapore, https://www.ipos.gov.sg/about-ipos/ singapore-ip-ranking

317) Selcuk Colakoglu, "ASEAN: Is an Asian union Possible? - Analysis," Eurasia Review, 2012.06.12, https://www.eurasiareview.com/12072012-asean-is-an-asian-union-possible-analysis/

318) Dan Twining, "Global Trends 2030: Scenarios for Asia's Strategic Future," Foreign Policy, 2012.11.11, http://foreignpolicy.com/2012/12/ 11/global-trends-2030-scenarios-for-asias-strategic-future/

319) Leigh Phillips, "Southeast Adian Countries Plan EU-style Union by 2015," EU Observer, 2009.03.02, http://euobserver.com/foreign/27699

320) "Who We Are," Asean Trade Union Council, N.D., http://aseantuc.org/ who-we-are/

321) "Structure and Function of the shangahai Cooperation Organisation,"

The Shangai Cooperation Organisation, 2017, http://eng.sectsco.org/

322) Michel Chossudovsky, "Historic Shift in Geopolitical Alignments: India and Pakistan Join Shanghai Cooperation Organization (SCO)," Global Research, 2017.08.01, http://www.globalresearch.ca/historic-shift-in-geopolitical-alignments-india-and-pakistan-join-shanghai-cooperation-organizationsco/5601568

323) "ADB's Asia 2050 Vision, Roadmap: Empowering the Filipino People," Asean Trade Union Council, 2011.08.11, http://aseantuc.org/2011/08/adbs-asia-2050-vision-roadmap/

324) Ibid

325) "2014 Kuala Lumpur - Trade Liveralisation and Facilitation," Confederation of Asia-Pacific Chambers of Commerce and Industry, https://www.cacci.biz/advocacies/2014-1/

326) "ASEAN Economic Community," ASEAN, N.D., http://asean.org/asean-economic-community/

327) Endy M. Bayuni, "At 50, Asean is a Neighbourhood, Not Yet Community," The Straits Times, 2017.07.29, http://www.straitstimes.com/opinion/at-50-asean-is-a-neighbourhood-not-yet-community

328) Cristina Ortega, "The Asean Economic Community: A Work in Progress," The Manila Times, 2017.07.30, http://www.manilatimes.net/the-asean-economic-community-a-work-in-progress-2/341432

329) Oxford Business Group, "The GCC and the AEC - New Opportunities for 2015 - Jana Treeck," Thomson Reuters Zawya, 2014.09.08, https://www.zawya.com/story/The_GCC_and_the_AEC__New_Opportunities_for_2015-ZAWYA20140908135926

330) "RIS Studies on Regional Cooperation and Economic Integration in Asia," News Asia Forum, N.D., http://newasiaforum.org/research_studies.htm

331) "The New Asia Forum: Networking for An Asian Economic Community," New Asia Forum, N.D., http://newasiaforum.org/about_NAF.htm

332) 이 행사는 미국에 본사를 둔 미래재단(Foundation For the Future), 한국의 경희대학교, 대만의 탐캉대가 후원했다.

333) Sohail Inayatullah, "Global Transitions and Asia 2060," Futures 44, no. 3 (March 2012):190

334) Ibid

335) Mohammed Iqbal, "Kuldip Nayar backs South Asian Economic Union," The Hindu, 2012.01.24, http://www.thehindu.com/news/national/kuldip-nayar-backs-south-asian-economic-union/article2829220.ece

336) http://www.straitstimes.com/the-big-story/asia-report/editorials/story/sky-should-be-no-limitasean-20141002. Accessed 2 October 2014.

337) Benjamin Barber, "From US to China: The Fall of Nations and The Rise of Cities," The Guardian, 2013.10.24, https://www.theguardian.com/local-government-network/2013/oct/24/benjamin-barber-fall-of-nations
338) 세계에서 가장 큰 50대 조직 중, 7개가 아시아에 속한다. "Top 100," Corporations.org, 2002.01.03, http://www.corporations.org/system/top100.html

9장

339) Jane Ciabattari, "Why is Rumi the Vest-selling Poet in the US?," BBC Culture, 2014.10.21, http://www.bbc.com/culture/story/20140414-americas-best-selling-poet
340) Chian Okuyucu, "Rumi," Google Books, https://books.google.com.bn/books?id=1BFRCwAAQBAJ&pg=PT12&dq=rumi+controversy&hl=en&sa=X&redir_esc=y#v=onepage&q=rumi%20controversy&f=false
341) Shahriar Shahriari, "Rumi 116," Rumi on Fire, 1998.03.25, http://www.rumionfire.com/shams/rumi116.htm
342) 국제 메블라나 재단(the International Mevlana Foundation) 웹사이트: http://www.mevlana.net/
343) Nihát Tsolak, "Poems by Rumi," A Buddhist Library, http://www.abuddhistlibrary.com/Buddhism/H%20-%20World%20Religions%20and%20Poetry/Poetry/Rumi/Five%20Poems/Poems%20by%20Rumi%20II.htm
344) Shahriar Shahriari, "Rumi 116," Rumi on Fire, 1998.03.25, http://www.rumionfire.com/shams/rumi116.htm
345) Jane Ciabattari, "Why is Rumi the Vest-selling Poet in the US?," BBC Culture, 2014.10.21, http://www.bbc.com/culture/story/20140414-americas-best-selling-poet
346) Sr. Mary John Mananzan, OSB, http://www.isa.org.ph/encounters.htm 2017.05.24 접근
347) Deborah Wall, "Feminism and Spirituality Like a Brath of Fresh Air!," KASAMA 12, No.2 (1998), http://cpcabrisbane.org/Kasama/1998/V12n2/Maryjohn.htm
348) "The Oneness of Body and Mind," Soka Gakkai International, N.D., https://www.sgi.org/ru/philosophy/buddhist-concepts/oneness-of-body-and-mind.html
349) Oliver Balch, "The Relevance of Ghandi in the Capitalism Debate," The Guardian, January 28, 2003, http://www.theguardian.com/sustainable-business/blog/relevance-gandhi-capitalism-debate-rajni-bakshi 협력, 평등, 윤리적 해결책에 대한 탐색을 통해 간디는 그의 사상에서의 결론을 도출했다.

350) http://gurukul.edu/publication/the-works-of-p-r-sarkar

351) 인도의 철학자 사카르(Sarkar)의 사상에 대해 더 알고 싶으면 다음의 세 개의 글을 찾아보기 바란다. Sohail Inayatullah. Understanding Sarkar, Leiden: Brill, 2002; Sohail Inayatullah. Situating Sarkar. Maleny: Gurukul, 1999 and Sohail Inayatullah and Jennifer Fitzgerald, eds., Transcending Boundaries, Maleny: Gurukul, 1999

352) 이에 대해서는 다음과 같은 책을 참고하라. Sohail Inayatullah, Prout in Power: Policy Solutions That Recreate our Futures. Delhi: Proutist Block of India Publications, 2017

353) Susantha Goonatilake. Coming Intellectual Shifts to Asia: The Indic Possibilities1; Towards a Global Science: Mining Civilizational Knowledge Indiana University Press 1999, http://www.academia.edu/ 2659107/Coming_Intellectual_Shifts_to_Asia_The_Indic_Possibilities1

354) Marc Galanter, "Spirituality, Evidenced-Based Medicine and Alcoholics Anonymous," American Journal of Psychiatry 165, No.12 (December 2008): 1514 - 1517; Marc Galanter, Spirituality and the Healthy Mind: Science, Therapy and the Need for Personal Meaning, New York: Oxford University Press, 2005.

355) 미래세대에 대한 고려와 고민을 담은 다양한 논문을 참고하기 위해서는 다음 논문을 참고하라. "Future Generations Bibliography," Department of Political Science, University of Hawaii, http://www.futures.hawaii.edu/publications/ future-generations/FutureGenerationsBibliography2008.pdf.; Tae-Chang Kim, Institute for the Integrated Study of Future Generations, ed., Why Future Generations Now? Kyoto: Future Generations Alliance Foundation, 1994.; Sohail Inayatullah, "Futures Generations Thinking," Futures 29, no. 8 (October, 1997): 701-706.

356) Elise Boulding, "Visioning and Future Studies," interview by Julian Portilla, Beyond Intractability, 2003. Transcript. http://www.beyondintractability. org/audiodisplay/boulding-e-3-future-studies4

357) Jakob Rigi, "Peer to Peer Production as the Alternative to Capitalism: A New Communist Horizon," Journal of Peer Production, Issue 1, https://www.indymedia.org.uk/en/2012/08/498544.html

358) Umar Sheraz and M.N. Farooqi, "Demystifying the Hawala System Using Causal Layered Analysis," Journal of Futures Studies 19, No.1 (2014): 1-12

359) 'Cradle to Cradle' 웹사이트, http://www.cradletocradle.com

360) "3D Printing - Asia's Untapped Potential," SpirE-Journal, 2014, https://www. spireresearch.com/wp-content/uploads/2014/07/SpirE-Journal-Q2-2014 _3D-Printing_Asias-untapped-potential.pdf 아시아는 3D 프린팅에 있어서

다소 뒤처져 있는데, 이는 3D 프린팅 기술 성숙 및 적용을 관망하고 그 이후 채용 여부를 결정하겠다는 것으로 판단된다. 제조업의 파괴적 혁신과 실업의 파급이 이러한 혁신이 부족한 이유를 설명할 수 있을 것이다.

361) "Dynamic Balance (Prama)," PROUT Globe, N.D., http://proutglobe.org/prout/ideology/dynamic-balance

362) Sohail Inayatullah, "Spirituality as the fourth bottom line," Prout Journal 22, No.11 (January 2011): 31-34.

363) Sohail Inayatullah, "The Yoga of Economics," Prout Journal 25, no. 6 (June 2014): 35-39.

364) P.R. Sarkar, "Keep the money rolling." In Proutist Economics, Kolkata: Ananda Marga Publications, (1992): 30-32.

365) 이들의 유사성과 차이점에 대해서는 다음 논문을 보라. Sohail Inayatullah, "Ghandi and Sarkar: The Interview," PROUT Globe, N.D., http://proutglobe.org/2012/02/gandhi-and-sarkar-the-interview/

366) Ho Kwon Ping, "The Future of Growth in South-east Asia," Straits Times, May 23, 2017, http://www.straitstimes.com/opinion/the-future-of-growth-in-south-east-asia

367) Mario Pezzini, "An Emerging Middle Class," OECD Observer, 2012, http://oecdobserver.org/news/fullstory.php/aid/3681/An_emerging_middle_class.html

368) Ibid

369) Ibid

370) Rakesh Kochhar, "A Global Middle Class is More Promise than Reality," Pew Global, July 8, 2015, http://www.pewglobal.org/2015/07/08/a-global-middle-class-is-more-promise-than-reality

371) Brian Wang, "Global Middle Class Growth will be 88% in Asia for Next Five Years," Next Big Future, 2017.08.28, https://www.nextbigfuture.com/2017/08/global-middle-class-growth-will-be-88-in-asia-for-next-five-years.html

372) Ian Mitroff, Elizabeth Denton and Can Murat Alpaslan, "A Spiritual Ausit of CorporateAmerica: Ten Years Later," Center for Catastrophic Risk Management, Berkeley University of California, http://ccrm.berkeley.edu/pdfs_papers/2.09/New_Spirituality_Paperfinal%282%29.pdf

373) Immanuel Wallerstein, "Capitalism's Demise?" Interview by Jae-Jung Suh, Resilience, 2009.01.12, http://www.resilience.org/stories/2009-01-12/capitalisms-demise-immanuel-wallerstein-interview; David Wilson, "Does Capitalism Have a Future?." Review of Does Capitalism Have a Future?, by Immanuel Wallerstein, et.al. South China Morning Post, 2014.11.17, http://www.scmp.com/lifestyle/books/article/1356669/book-

review-does-capitalism-have-future-immanuel-wallerstein-et-al

374) Nouriel Roubini, "Is Capitalism Doomed?," Project Syndicate, 2011.08.15, https://www.project-syndicate.org/commentary/is-capitalism-doomed

375) Michael Nystrom, "Social Cycles and the Coming golden Age (part 1)," Review of The New Golden Age: The Coming Revolution Against Political Corruption and Economic Chaos, by Ravi Batra, Bull, not Bull!, 2007.03.23, http://news.goldseek.com/bullnotbull/1174662330.php. Ravi Batra의 또 다른 논문은 다음의 사이트에서 찾을 수 있다. http://www.ravibatra.com/

376) Ho Kwon Ping, "The Future of Growth in South-east Asia," Straits Times, 2017.05.23, http://www.straitstimes.com/opinion/the-future-of-growth-in-south-east-asia

377) Dada Maheshvarananda, After Capitalism: Economic Democracy in Action, (San Germán, Puerto Rico: InnerWorld Publications, 2012).

378) Michael Bauwens and Franco Iacomella, "Peer-to-Peer Economy and New Civilization Centered Around the Sustenance of the Commons," Wealth of the Commons, N.D., http://wealthofthecommons.org/essay/peer-peer-economy-and-new-civilization-centered-around-sustenance-commons

379) Neal Gorenflo, "How Platform Coops Can Beat death Stars Like uber to Create a Real Sharing Economy," Shareable, 2015.11.03, https://www.shareable.net/how-platform-coops-can-beat-death-stars-like-uber-to-create-a-real-sharing-economy

380) Shivarama Varambally and B.N. Gangadhar, "Yoga: A Spiritual Practice with Therapeutic Value in Psychiatry," Asian Journal of Psychiatry 5, No.2 (2012.06): 186-189, http://www.asianjournalofpsychiatry.com/article/S1876-2018(12)00080-9/abstract

381) Sharon Begley, "Can You Build a Better Brain?" Newsweek, 2012.02.03. http://www.newsweek.com/can-you-build-better-brain-66769

382) Jill Sakai, "Study Reveals Gene Expression Changes with Meditation," University of Wisconsin-Madison News. http://www.news.wisc.edu/22370

383) James Stahl, Michelle Dosset, Scott LaJoie, John Denninger, Darshan Mehta, Roberta Goldman, Gregory Fricchione and Herbert Benson, "Relaxation Response and Resiliency Training and its Effect on Healthcare Resource Utilization," PLOS One, 2015.10.13, http://journals.plos.org/plosone/article?id=10.1371/journal.pone.0140212

384) Sohail Inayatullah, Prout in Power, (New Delhi: Proutist Bloc India Publications, 2017). http://www.metafuture.org/product/prout-power-

2017-pdf/

385) Katrin Elborgh-Woytek, Monique Newiak, Kalpana Kochhar, Stefania Gavrizio, Kangni Kpodar, Philippe Wingender, Benedict Clements and Gerd Schwartz, "Women, Work, and the Economy: Macroeconomic Gains from Gender Equity," International Monetary Fund, 2013.09, https://www.imf.org/external/pubs/ft/sdn/2013/sdn1310.pdf 위의 IMF 보고서는 여성의 경제적 참여가 증가함에 따른 거시 경제적 효과에 초점을 맞추고 있다.

386) Paul Polman and Lynn Forester de Rothschild, "   ,"   World Economic Forum, 2014.05.26, https://www.weforum.org/agenda/2014/05/can-capitalism-be-inclusive-sustainable/

387) 지속가능 발전과 영성 글로벌 센터(The Global Centre for Sustainable Development and Spirituality)의 작업 결과는 다음 인터넷 사이트에서 참고할 수 있다. http://www.gcssfs.org/global-centre.html

388) P.R. Sarkar. Proutist Economics. Tiljila, Kolkata: Ananda Marga Publications, 1992

389) "2015 GNH Survey Report," Centre for Bhutan Studies & GNH, 2015, http://www.grossnationalhappiness.com

390) Department of Economic and Social Affairs, "World Population Porspects: The 2015 Revision," United Nations, 2015, https://esa.un.org/unpd/wpp/Publications/Files/Key_Findings_WPP_2015.pdf

391) Ibid

392) Ibid

393) http://www.yogajournal.com/views/769_1.cfm; Paul Kendall, "Power Yoga: How Money Has Changed a Spiritual Pursuit," The Telegraph, 2011.11.05. https://www.telegraph.co.uk/lifestyle/wellbeing/8867059/Power-yoga-how-money-has-changed-a-spiritual-pursuit.html

394) James Stahl, Michelle Dosset, Scott LaJoie, John Denninger, Darshan Mehta, Roberta Goldman, Gregory Fricchione and Herbert Benson, "Relaxation Response and Resiliency Training and its Effect on Healthcare Resource Utilization," PLOS One, 2015.10.13, http://journals.plos.org/plosone/article?id=10.1371/journal.pone.0140212

10장

395) 아래의 두개 시나리오는 2011년 8월 e-Health 계획을 수립하는 3일 일정의 미래 워크숍의 참석작에 의해 작성된 것이다. 당시 워크숍의 명칭은 "방글라데시 의료정보 시스템과 e-Health에 대한 미래 시나리오 플래닝"이었다. 이 워크숍의 상세 절차와 결과는 다음의 논문에서 찾을 수 있다. Umar Sheraz, Sohail Inayatullah

and Ali Shah, "E-health Futures in Bangladesh," Foresight 15, no. 3 (2013): 177-189.

396) "USAID Recognizes mPower Social Enterprise for innovative Telemedicine App," USAID Asia Facebook Feed, 2015.01.21, https://www.facebook.com/ notes/usaid-asia/usaid-recognizes-mpower-socialenterprise-for-innovati ve-telemedicine-app/910721438939259/?fref=mentions.: Mridul Chowdrey, "Life's Work: An Interview With Mridul Chowdhury,Founder and CEO, mPower Social Enterprises," interview by Future Startup, Future Startup, 2017.08.19, https://futurestartup.com/2017/08/19/lifes-work-interview- mridul-chowdhury-founder-ceo-mpower-social-enterprises/

397) Huddart, S, "Renewing the Future: Social Innovation Systems," Technology Innovation Management Review (July 2012): 5-9.

398) A. Groot and B. Dankbaar, "Does Social Innovation Require Social Entrepreneurship?," Technology Innovation Management Review 4, no.12, (2014): 17-26

399) S. Kaplan, Leapfrogging: Harness the Power of Surprise for Business Breakthroughs. Berrett-San Francisco:Koehler Publishers, 2012.

400) D Roberts and C. Woods, "Changing the World on a Shoestring: The Concept of Social Entrepreneurship," UAB Review, (Autumn 2005): 45-51

401) J. Mair and I. Marti, "Social Entrepreneurship Research: A Source of Explanation, Prediction, and Delight," Journal of World Business 41, no.1 (2006): 36-44

402) S. Abu-Saifan, "Social Entrepreneurship: Definition and Boundaries," Technology Innovation Management Review (February 2012): 22-27

403) 과거 천년간 GDP 변화를 도식화한 것은 다음 자료에서 찾을 수 있다. "Share of the World GDP Throughout History," Infogram, https://infogram.com/ share-of-world-gdp-throughout-history-1gjk92e6yjwqm16

404) "Emerging Economies: When Giants Slow Down," The Economist, 2013.07.27, https://www.economist.com/briefing/2013/07/27/when- giants-slow-down

405) Manas Chakravarty, "Can India Replace China as Driver of World GDP Growth Over Next 20 Years?" liveMINT, 2017.04.25, http://www.livemint. com/Opinion/vkb2yEZEeWP3KTHA6xfqgM/Doesglobalization-really-mea n-Asianization.html

406) Chen Longxiang, "China Needs More Than GDP," ChinaDaily USA, 2014.10.10, http://usa.chinadaily.com.cn/china/2014-10/10/content_ 18720412.htm

407) Stephanie Myers, "Young, Online and Ready to Buy: Southeast Asia

Deserves Attention from Gloval Brands," The Drum, 2014.09.22, https://www.thedrum.com/opinion/2014/09/22/young-online-and-ready-buy-southeast-asia-deserves-attention-global-brands

408) Datablog, "GDP Projections from PwC: How China, India and Brazil will Overtake the West by 2050," The Guardian, N.D., https://www.theguardian.com/news/datablog/2011/jan/07/gdp-projections-china-us-uk-brazil

409) "Asia 2050, Realizing the Asian Century," Asian Development Bank, 2011.08, https://www.adb.org/publications/asia-2050-realizing-asian-century

410) Ibid

411) Ibid

412) Ibid

413) Ibid

414) Ibid

415)

416) Enda Curran & Karl Lester M Yap, "ADB Says Emerging Asia Infrastructure Needs $26 Trillion by 2030", Bloomberg, 2017.02.28, https://www.bloomberg.com/news/articles/2017-02-28/adb-says-emerging-asia-infrastructure-needs-26-trillion-by-2030-izouvxn8

417) Mohan Malik, "China in the Asia Pacific in 2040: Alternative Futures." In Rouben Asisian and Artyom Lukin (eds.), APEC 2011 to APEC 2012: American and Russian Perspectives on Asia, Pacific Security and Cooperation, sourced online at: Asia-Pacific Center for Security Studies, 2012: 162, https://apcss.org/wp-content/uploads/2012/09/Chapter13.pdf

418) Ibid

419) Dan Twining, "Global Trends 2030: Scenarios for Asia's strategic future", Foreign Policy, 2012.12.11, https://foreignpolicy.com/2012/12/11/global-trends-2030-scenarios-for-asias-strategic-future/

420) Ibid

421) Kevin Kwang, "Asia Leads Global Patent Filings, But Maturity Needed," ZD Net, 2011.10.17, http://www.zdnet.com/asia-leads-global-patent-filings-but-maturity-needed-2062302543

422) 예를 들어 미세조류에 대한 특허의 84%를 한국, 중국 및 일본이 보유하고 있다. Spanish National Research Council, "Japan, China and South Korea Account for 84 Percent of the Macroalgae Patents," Phys.org, July 9, 2013, https://www.eurekalert.org/pub_releases/2013-07/snrc-jca070913.php

423) "Asia 'to eclipse' US and Europe by 2030 - US Report," BBC News, December 10, 2012, http://www.bbc.com/news/world-us-canada-20671917

424) Tom Gjelten, "The World in 2030: Asia Rises, The West Declines,"

National Public Radio, 2012.12.10, http://www.npr.org/2012/12/10/166 895624/the-world-in-2030-asia-rises-the-west-declines

425) "BP Energy outlook 2016 Edition: Outlook to 2035," bp.com, 2016, https://www.bp.com/content/dam/bp/business-sites/en/global/corporat e/pdfs/energy-economics/energy-outlook/bp-energy-outlook-2016.pdf; "Current Market Outlook 2016-2035," Boeing, 2016, http://www.boeing.com/ resources/boeingdotcom/commercial/about-our-market/assets/downloa ds/cmo_print_2016_final_updated.pdf; Moming Zhou, "World Energy Consumption to Increase 56% by 2040 Led by Asia," Bloomberg, 2013.07.26, https://www.fa-mag.com/news/world-energy-use-to-rise-56 --by-2040-led-by-asia--group-says-14972.html; "IEA Says Asia Will Consume 90% Middle East Oil by 2035," BBC, 2012.11.13, http://www.bbc. com/news/av/business-20307406/iea-saysasia-will-consume-90-middle-e ast-oil-by-2035; Seng Boey, Peter Dortmans and Joanne Nicholson, "Forward 2035: Defence Science and Technology Organisation Foresight Study," Department of Defence, Australian Government, https://www.dst. defence.gov.au/sites/default/files/publications/documents/Forward-2035.pdf

426) "Going with Asia," Sunday Times, 1999.08.29, http://www.sundaytimes. lk/990829/plus11.html

427) Susantha Goonatilake, "Towards a Post-European, Post-Enlightenment Future" in Sohail Inayatullah, The Views of Futurists: The Knowledge Base of Futures Studies, Vol. 4. Brisbane: Foresight International, 2002

428) Francisco Varela, Evan Thompson, and Eleanor, Rosch, The Embodied Mind: Cognitive Science and Human Experience, Cambridge: MIT, 1991, 22

429) G. Menzies, 1421 - The Year China Discovered the World, London: Bantam Press, 2002

430) "China Beat Columbus to It, Perhaps," The Economist, 12 January 2006, http://www.economist.com/books/displaystory.cfm?story_id=5381851

431) S. Goonatilake, Toward a Global Science: Mining Civilizational Knowledge. Bloomington: Indian University,1998. Also see: S. Goonatilake, "Coming Shifts to Asia: The Indic Possibilities," Infinity Foundation, N.D., http://www.infinity foundation.com/indic_colloq/papers/paper_goonatilake.pdf

432) Associated Press, Istanbul, "Muslims Discovered America, says Turkish President," The Guardian, 2014.11.17, https://www.theguardian.com/ world/2014/nov/16/muslims-discovered-america-erdogan-christopher-c olumbus

433) Michael Zennie, "Does This Map From 1418 Prove Historian's Controversial Claim That The New World Was Discovered by the CHINESE 70 Years Before Columbus?" Daily Mail, 2013.10.08, http://www.dailymail.co.uk/

news/article-2449265/Who-Discovered-America--Controversial-histori
an-Gavin-Menzies-claims-Chinese-reached-New-World-first.html

434) Eleonora Masini and Yogesh Atal, eds., The Futures of Asian Cultures,
Bangkok: UNESCO, 1993.

435) "How Bhagavad Gita has Charmed US Corporates," Rediff, 2006.11.02,
http://www.rediff.com/money/report/bspec/20061102.htm

436) Melissa Leong, "How Korea Became the World's Coolest brand,"
Financial Post, 2014.08.02, http://business.financialpost.com/2014/08/
02/how-korea-became-the-worlds-coolest-brand/

437) 이 회의는 2013년 12월 12일 열렸다.

438) Mariani Dewi, "Slow but Steady Growth in Foreign Branch Campuses,"
University World News, no. 245, 2012.10.28, http://www.universityworldnews.
com/article.php?story=20121025152705175

439) Gerard Postiflione, "Asian Universities Continue Rise in the Rankings,"
Social Science Space, 2014.10.01, http://www.socialsciencespace.com/
2014/10/asian-universities-continue-rise-in-the-rankings

440) "Confucius Says," The Economist, 2014.09.13, https://www.economist.com/
china/2014/09/13/confucius-says

441) Sarah Ransohoff, " Which Country Has Won the Most Nobel Prizes?
Check This Map," Mic, 2013.10.10, http://mic.com/articles/67109/
which-country-has-won-the-most-nobel-prizes-check-this-map 2020년
현재 미국은 390개의 노벨상을 수상했으며, 인도가 12개 중국이 8개를 수상했다.

442) Jill Sakai, "Study Reveals Gene Expression Changes with Meditation,"
University of Wisconsin-Madison News, 2013.12.04, http://www.news.
wisc.edu/22370

443) Perla Kaliman et al., "Rapid Changes in Histone Deacetylases and
Inflammatory Gene Expression in Expert Meditators," Psychneuroendo
crinology 40, (2014): 105.

444) "Prime Minister Narendra Modi's Yoga day Proposal Wins EU Support,"
NDTV, 2014.11.04, http://www.ndtv.com/article/india/prime-minister-
narendra-modi-s-yoga-day-proposal-wins-eusupport-621109

445) Sohail Inayatullah, "Spirituality and the future bottom line?," Futures 27,
(2005): 573-579

446) "2015 GNH Survery Report," Centre for Bhutan Studies & GNH, 2015,
http://www.grossnationalhappiness.com

447) Annie Kelly, "Gross National Happiness in Bhutan: the Big Idea From
tiny State That Could Change the World," The Guardian, 2012.12.02,
https://www.theguardian.com/world/2012/dec/01/bhutan-wealth-happi
ness-counts

448) "Leading Architect Calls for Visionary Leadership," 2014.11.14, https://manilastandard.net/real-estate/163047/leading-architect-calls-for-visionary-leadership.html

결론

449) "The Flame of a Lamp," Thoughts of P.R.Sarkar, 2010.12.06, http://thoughtsof.prsarkar.com/the-flame-of-a-lamp/

저자 소개

소하일 이나야툴라(Sohail Inayatullah)

소하일 이나야툴라 교수는 유네스코 미래연구 의장을 맡고 있으며, 말레이시아 국제 이슬람 대학(IIUM)에서 지속가능성과 인류를 위한 세자흐떼라(Sejahtera) 센터를 맡고 있다. 대만 탐캉 대학 정교수이며, 멜버른 대학의 멜버른 경영 대학교 부교수를 맡고 있다. 아부다비 정부의 문화관광부에서 미래의 주거에 대해 미래학자로 참여하고 있다. 미래연구 기관인 Metafuture.org 공동 책임자이다. 이나야툴라 교수는 1990년 하와이 대학교에서 정치학으로 박사학위를, 2011년 세인스 이슬람 대학교에서 명예박사학위를 받았다.

이나야툴라 교수는 책의 저자 혹은 편집자로 35권 이상의 책을 출간했으며, 학술지 등에 350개 이상의 논문을 게재하고 편집논평을 썼다. 그는 유네스코 평생지원 백과사전의 특정 테마의 편집자를 맡았었으며, 옥스포드 평화 백과사전(Encyclopedia of Peace), 영국의 다국적 출판사인 루트리즈(Routledge)의 철학 백과사전 및 맥밀란(Macmillan)의 미래 백과사전에 글을 올렸다. 그는 다수의 아시아 국가의 총리실에서 미래연구 및 자문을 맡았다. 또한 대한민국 서울, 방글라데시 다카, 브루나이의 수도인 반다르세리베가완(Bandar Seri Begawan), 중국의 베이징과 홍콩, 인도의 뉴델리, 인도네시아의 발리, 이란 테헤란, 일본의 텐리(天理)와 교토(京都), 말레이시아의 쿠알라룸푸르, 조호바루, 페낭, 파키스탄의 이슬라마바드와 카라지, 필리핀의 세부, 라오아그 및 마닐라, 태국의 방콕, 터키의 이스탄불, 아랍에미레이트의 두바이, 베트남의 하노이에서 미래예측 실무 교육과정과 워크숍을 실시했다. 이나야툴라 교수에 대한 연락처 등을 알고 싶다면 https://www.metafuture.org/를 방문하기 바란다.

루나(Lu Na)

이 책의 저자 중 또 다른 한 명인 루나는 아시아 태평양 지역의 연구원이다.

역자 소개

윤기영

역자인 윤기영은 한국의 전문 미래연구자이다. 한국외국어대학교 경영학부에서 겸임교수로 있으며 미래학과 4차산업혁명과 디지털 전환을 가르치고 연구하고 있다. 또한 사단법인 미래학회의 연구이사를 맡고 있다. 역자는 코로나 이후의 미래를 전망한 『뉴노멀』, 디지털전환의 의미를 탐색한 『디지털트랜스포메이션을 위한 비즈니스 모델링』을 포함하여 5권의 책의 공저자이며, 1권의 책을 공역했다. 현재까지 31편의 논문, 학술대회 발표를 했다.

그는 미래전략 전문 컨설팅 회사인 에프엔에스컨설팅의 대표 겸 미래전략연구소장으로 있으며, 한겨레에 「윤기영의 원려심모」, 이투데이의 「윤기영의 미래토크」에 기고하고 있고, 한국소프트웨어정책연구소의 월간소프트웨어중심사회의 편집위원으로 있다.

역자는 경희대학교에서 법학, KAIST 문술미래전략대학원에서 미래학 석사, 성균관대학교 행정학 박사를 수료했으며, 정보통신과 디지털 분야에서 오랫동안 실무와 컨설팅 경력을 갖고 있다. 다양한 분야에서 미래전략, 디지털전략에 대해 조언하고 있으며, 미래학, 디지털, 정책학, 경영학 등을 관통하고 융합하려는 시도를 멈추지 않고 있다.

한국과 아시아의 미래 2040
: 세상을 변화시킬 10가지 미래 동인

초판발행	2021년 5월 31일
지은이	Sohail Inayatullah · Lu Na
옮긴이	윤기영
펴낸이	안종만 · 안상준
편 집	최은혜
기획/마케팅	이영조
표지디자인	최윤주
제 작	고철민 · 조영환
펴낸곳	(주) **박영사**
	서울특별시 금천구 가산디지털2로 53, 210호(가산동, 한라시그마밸리)
	등록 1959. 3. 11. 제300-1959-1호(倫)
전 화	02)733-6771
f a x	02)736-4818
e-mail	pys@pybook.co.kr
homepage	www.pybook.co.kr
ISBN	979-11-303-1264-4 93300

* 파본은 구입하신 곳에서 교환해 드립니다. 본서의 무단복제행위를 금합니다.
* 역자와 협의하여 인지첩부를 생략합니다.

정 가   15,000원